KB216492

지구촌 빛과 어둠의 역사
한승연 엮음

이 도서의 국립중앙도서관 출판예정도서목록(CIP)은 서지정보유통지원시스템 홈페이지(http://seoji.nl.go.kr)와 국가자료종합목록 구축시스템(http://kolis-net.nl.go.kr)에서 이용하실 수 있습니다.
(CIP제어번호 : CIP2020012748)

한승연 엮음

지구촌 빛과 어둠의 역사

백두대간 천혜의 땅!
배달한민족 위기를 극복하는
희망의 메시지!

오! 지구 자장이 정축으로 바로 세워진다는 말법시대, 세계가 한민족을 중심으로
'Super Pax-Korean' 시대가 새롭게 열린다는 21세기,
구세주 동서화합 무극조화를 이루는 동방의 빛이로다!!
오! 남쪽 나라 십자성, 천왕봉과 운봉은 배달한민족 세우신 백보좌,
구주미륵 화엄운기의 숨결이여!

한누리미디어

Contents

눈과 귀를 한껏 열어야 할 때

　빛과 어둠이 교차하는 이 세상에 태어난 인간에게 최종으로 다가오는 결과는 무엇인가?

　이 세상에 인자人子로 출현하신 고등종교 스승들께서 인간 중생들에게 설파하신 그 지침의 말씀은 만물의 근원이신 대우주적인 음양陰陽 태극이성太極理性으로 조화를 이루신 천지부모님 하나님은 사랑과 자비가 풍만하시며 공의로우신 하나님이라고 하시었다.

　그런데 오늘 우리가 살아가는 세상풍경은 어떠한가?

　삼악도가 따로 있는 것이 아니다. 오만 벌레들이 몰려다니며 연근뿌리를 괴롭히는 진흙밭 같은 오탁악세五濁惡世, 이 세상에 태어난 인간은 누구나가 부모와 자식, 그 인연의 탯줄을 끊으면서부터 울음을 달고 태어나 온갖 시련과 고통을 겪으며 살아가기 마련이다.

　그것이 이 세상에 태어난 미완된 인간영혼을 성숙시키기 위해 본체이신 천지부모 참사랑의 하나님께서 주신 고통의 십자가로 기독교 스승 성자 예수께서 누구에게나 각자 몫으로 주어진 그 십자가를 짊어지고 나를 따르라고 하시며, 그 귀한 성체에 물과 피를 흘리신 고난을 표본으로 보이시고, '나는 길이요, 진리요, 생명이라' 하신 그 심도 깊은 의미개념을 이 글을 쓰면서 다시 상기시켜 보게 해 주었다.

오늘 이처럼 어둡고 혼탁한 세상에 천지부모 하나님께서 섭리하신 천기운행天氣運行의 《지구촌 빛과 어둠의 역사》를 묶어 펼쳐야 하는 것이 내 몫으로 주신 타고난 운명이었던 것인지 유별나게 살아온 삶의 역정 속에서 위로를 얻기 위해 크고 작은 종교 집단을 휩쓸고 다니면서 남다르게 얻어낸 수수작용의 기파(Energy) 경력이 오늘 이 손놀림을 할 수 있게 해 주었기 때문이다.

그렇게 각 사람이 이 세상에 타고난다는 운명론이 불교의 교조教祖이신 석가 붓다께서 중생들에게 설파하신 그 삼세인과법三世因果法으로, 오늘 네 모습을 보면 전생前生이 보이고, 오늘 네 생각을 보게 되면 다음 생生이 보인다고 하시었다.

그와 같은 설법은 기독교 스승 성자 예수께서도 마찬가지였다. '너희가 심는 그대로 거두리라' 하시며 포도나무에서는 포도열매를, 가시나무에서는 찔러대는 아픔의 엉겅퀴를 얻게 된다는 그 말씀이 불교에서 말하는 전생의 인과법因果法이나 다를 것이 없는 이치다. 그것이 우리 조상들이 생활 속에서 말해 온 각 사람이 타고난다는 운명론으로 오행육합五行六合에 의한 사주팔자四柱八字라고 했다.

그러한 연계성에서 이 세상에 태어난 인간은 저마다 타고난 그 에너지(energy) 기파가 삶의 방향성을 추구해 나간다는 것이며, 그것이 각 사람이 타고난 운명론이기 때문에 그 사주팔자 도망을 가면 그 팔자가 벌써 앞에 와서 있더라고 우리 조상들이 주고받던 말이 그 뜻을 내재하고 있었음을 새삼 되새겨 보게 해 준다.

오늘《지구촌 빛과 어둠의 역사》그 주제를 들고 골몰하는 손놀림의 작업은 누가 강요하고 시켜서 하는 일도 아니다. 그런데 거기에 몰두하고 심취하여 밤을 지새우는 것 또한 내게는 고통의 연속이기 때문에 운명적으로 글쟁이로 타고나서 내가 짊어져야 할 십자가라며 그 팔자타령을 할 때도 없지 않아 있었다.

그러나 어쩌다가 가끔씩 주위로부터 보내오는 박수와 위로에 보람을 느끼기도 하면서 살아가고 있다고나 할까?

누가 가르쳐 주고 시켜서 하는 작업도 아닌 특히나 기독교성경 창세기와《요한 계시록》을 읽고 자신의 생각에 심취하여 휘적거리며 펼쳐낸 내용이 천지창조 'Alpha Omega' 하나님께서 목적하신 지상 낙원의 세계가 해가 뜨면 제일 먼저 비친다는 지구의 원천源泉, 동방에서 이루어지게 될 것이라는 그 주제의 제목을 앞전에는 '우주씨 배꼽'이라고 했었다.

그 내용을 독자들이 읽고 어떤 느낌을 받게 될 것인지 몹시 궁금하고 조바심이 발동하여 가끔씩 모임을 갖곤 했었던 회원님들 속에 유난히 그 정신의식이 맑아 보이시던 눈빛 얼굴이 떠올랐다.

그 분은 서울대학교 대학원 강사를 지내시고, 보건정책학 박사로 주위로부터 존경을 받고 있던 교수님이셨다. 그래서 그 원고를 읽으시고 느낌을 좀 말해 주셨으면 감사하겠다고 부탁을 했었다.

그런데 그 글의 내용을 읽으신 교수님께서 뜻밖에도 다음과 같이 서평을 해 주시었다.

한승연 작가님의 문단 등단 이래 최고의 역작이라고 볼 수 있는 이 작품은 흔히들 진부한 소재를 가지고 상업적 위주의 소설 창작 기법과는 근본적으로 확연히 다른 창의적이고 파격적인 소재를 바탕으로 하고 있다.

우리 한민족이 지구촌 중심의 축이었다는 사실을 해박한 역사철학과 종교철학을 가지고 논리정연하게 기술해 나가고 있다. 여기에서 인류 조상의 뿌리가 아담과 이브라는 서구 신학자들의 성서 해석이 잘못된 것이라는 것을 성서를 바탕으로 하여 이해시키려는 객관적인 비판서이며 역사서임에 틀림없다고 생각하면서… 이 글에 대한 발문을 쓰게 된 것에 가슴이 벅찰 뿐이다.

건네준 원고의 내용이 그렇듯이 지구상에 존재하는 모든 인류는 그들을 있게 해 준 조상 뿌리와 그 흐름에 대한 역사를 독자적으로 각기 가지고 있으며, 그것은 곧 그들의 정신적인 가치와 삶의 방향을 제시해 주고 있음은 논의의 여지가 없을 것이다.

우리 민족 역시도 예외 없이 숭고한 조상님의 뿌리 역사를 가지고 있다. 이를 통해 〈한얼사상〉이라는 위대한 정신적 가치의 유산을 가지고 있으나 유감스럽게도 이 땅에 건너온 서양사상의 뿌리 곧, 인류의 시조가 아담과 이브라는 것과, 그들을 창조한 여호와 하나님이 유일하신 절대자 하나님이라는 서구 신학자들의 모순된 성서풀이 해석 그 오류 속에 묻혀 버리려 함에 작가는 매섭게 비판을 가하면서 펜 끝을 날리고 있다.

그야말로 사랑과 평화를 내세우는 기독교정신과는 달리, 구약의 성서는 그 주변 다른 민족과 끝없는 전쟁으로 일관해 왔던 이스라엘 민족의 전쟁기록 역사라고 작가는 말하고 있다. 우리는 성서 속에 등장하는 신들과 그들의 인류역사 진행과정 방식에서 누구나 성서를 읽는 이들로 하여금 한 번쯤 의구심을 가졌을 것이다.

그러나 16세기 기독교 혁명을 일으켰던 루터 이래 그 어느 누구도 성서기록에 대하여 비판을 가하는 일은 금기시 되어왔던 것이 사실이다. 그런데 이 작품의 내용 속에서 성서 속에 감추어져 있는 비밀(인봉)한 수수께끼와 그 의문점을 하나 둘 파헤쳐가는 냉철한 작가의 의도와 용기, 그리고 그 열정 앞에 저절로 숙연해진다.

작가는 우리 한민족의 성지인 백두산 태백을 중심으로 모든 인류의 역사가 시작되었고, 그리고 심지어는 성서 역사의 원천이 동방의 에덴(Eden)임을 주장하는 작가의 원대한 역사관, 그 활력 넘치는 지혜, 거기에 따르는 안목은 오늘날 우리 민족의 전통문화라면 하찮게 여기고, 서구 문화라면 무조건 맹목적으로 받아들이고 추구하는 지식인들과 젊은이들에게 커다란 가르침이자 교훈으로 작용될 것임을 굳게 믿는다.

우리 한민족의 뿌리 역사인 환인, 환웅 그리고 단군왕검으로 이어지는 조화의 홍익인간 사상은 신약성서 속의 그리스도 예수의 사랑, 그 정신뿐만 아니라 모든 종교의 가르침을 포괄하고 있고, 또한 모든 인류역사의 진행에 하나의 커다란 물줄기였다고 힘차게 붓끝을 날리고 있는 작가의 주장은 서구 기독교 선교사들이 유대민족의 우월성을 과시했듯이 우리 한민족의 우월성을 강조하고 있다는 점이다.

그렇게 추구해 나가는 작가의 해박한 한민족의 고대역사 지식을 중심으로 진지하게 이야기를 구성해 나가는 의도를 우리가 조금이나마 이 작품을 통해서 관찰할 수 있다면 너무나 흥미로운 일이 아닐 수 없을 것이다.

작가는 또한 당차게도 모든 인류 역사의 시발점이라고 할 수 있는 우리 한민족의 뿌리에 대한 역사와 사상이 일본의 침략정복의 지배적인 무기로 왜곡되고, 그와 다르지 않은 의도에서 서양에서 인류역사를 왜곡시킨 기독교논리에 의해서 굴절된 사실을 국수주의적인 감정의 표현이 아니라, 진정 그만이 가지고 있는 독특한 논리와 해박한 지식을 가지고 항거하고 있는 한 여류 작가의 몸부림을 이 작품을 통해서 적나라하게 엿볼 수 있었다.

오늘 그러한 비기독교적인 문화가 만연된 속에 살아가고 있는 우리들에게 작가는 서구 신학자들이 성서 해석을 잘못 풀이하고 있는 것이라고 주장하면서, 우리 한민족의 조상신 하느님은 그들이 말하고 있는 여호와 하나님이 아니라, 하늘나라 삼천의 조화신장들을 거느리고 하강하신 환웅천제였으며, 그 밝고 웅장하신 근원의 천제님께서 우리 배달민족에게 가르치신 '한얼님' 사상이야말로 성자 예수로 세워진 기독교정신뿐만 아니라 유, 불, 선 모두를 포괄하고 있는 진리의 원통맥原通脈이었다고 그 논리를 성서를 바탕으로 이 작품 속에서 펼쳐가고 있다.

이러한 작가의 주장은 종교적인 혼란을 빚고 있는 현시점에서 우리에게 종교적인 진리의 공통분모를 찾게 해 주려는 것이 작가의 의도인 듯하다.

그러므로 한민족 긍지의 자존심을 성서를 바탕으로 하여 되찾아 우리 뿌리 역사를 바로 알자는 이 작품 끝에 이렇게 공간지면을 마련해 준 한승연 작가님의 정성과 노고에 힘찬 박수를 보낸다.

그리고 언제나 뵈올 때마다 느끼는 그 맑고 아름다운 미소와 지금까지 진중하게 간직하고 계신 그 정열을, 동방의 횃불을 높이 치켜들고 우리 한민족이 전세계에 우뚝 서는 그날까지 고이 간직하시기를 바라면서… 이 글을 읽는 독자들로 하여금 나와 더불어 있는 확고한 국가관이 바로 세워질 것이라는 은근한 기대가 이 작품이 우리 국민들에게 널리 읽혀지기를 바라는 마음으로 간절할 뿐이다.

(대학원 연구실에서 최 찬 호)

그처럼 극찬을 해 주신 교수님의 서평을 받아 읽게 된 느낌은 그것이 각 사람이 타고난다는 에너지 기파로 사주팔자四柱八字 그 운명론임을 다시 생각해 보게 해 주었다.

지난날 박 대통령 시절 영성적 기파(energy)를 남다르게 보유하신 국사님께서 우리 한민족 고문서古文書 규장각을 관리하면서 청와대를 출입하시었다는 분을 우연히 잡지사에서 만나게 되었다.

그런데 그 분이 살아온 삶의 행보가 유별나신 분이셨다. 지난날 군사정부시절 청와대를 출입하시면서 박 대통령 역시나 국모이셨던 육영수 여사처럼 그 비운의 비명횡사를 당하시게 될 것이 그 운명적인 팔자라고 차지철 권자에게 은근히 내비쳤다가 권총으로 한 방 얻어맞고 청와대에서 장례식장으로 실려 나갔었다는 것이다.

그렇게 초비상사태에 연락을 받고 달려온 식구들과 함께 주위 분들이 망자 관 뚜껑을 열어놓고 기도 염을 올리고 있을 그때, 눈을 번쩍 뜨고 다시 살아나서 주위를 놀라게 하신 분이라고 했다.

그 국사님은 군사정부시절 그처럼 박 대통령 측근을 맴돌며 우리 배달한민족의 조상님 환웅천제께서 하늘 선관 선녀들 그 삼천의 무리를 거느리시고 하늘문을 열어 개천開天을 하시고 중앙아시아 백두대간 백두산 영봉에 강림하시어 하늘 제사권祭祀權을 부여 받은 민족으로 뿌리를 창건하시었다고 주위에 설파를 하셨다는 분이다.

그러한 연계성에서 천상의 신선들 그 풍습을 전수 받은 문화민족으로 그 전통문화를 되살려야만 우주시대를 열어가는 시대에 세계를 주도해 나갈 수 있게 된다는 것으로, 거기에 하늘이 준비시켜 준 보배로운 보물이 유일하게 이북에 묻힌 천연자원으로 삼천리三千里 금수강산錦繡江山이라고 했다는 것이 거기에 연유된 지명임을 우리 국민들이 알아야 한다고 하셨다는 것이다.

　거기에 또한 준비된 인물이 냉전의 혼란 속에 조상 뿌리를 왜곡시키고 들어온 외세의 전략작전에 흔들리지 않고 유일하게 우리 배달한민족의 주체성을 확립하고 미美, 소蘇 연합군에 의해 5년간 신탁통치방안이 제의되었을 때, '소련은 우리 땅에서 물러가고, 남쪽에 주둔한 미군정도 물러가라!' 그처럼 강력하게 외친 북측의 김일성 수령이었다고 근대사까지 피력하신 분이었다.

　그렇게 북한체제는 인민들에게 애국애족의 정신을 고취시키기 위한 심성교육으로 단군릉을 복원하고 조상님께 천제를 올리는 행사를 실행토록 했으며, 심지어는 방송 아나운서조차도 조상으로부터 전래된 한복을 입고 나와 행사를 하게 했고, 외래적인 간판은 일체 붙이지를 못하도록 지시를 내렸다는 것이다.

　그러한 분위기는 지구촌에 물질문명을 발전시켜 나온 서양문화라면 무조건 선호하고 추종하면서 국권마저도 미군정에 넘겨주고 민족주체성을 잃어버린 남한처럼 강대국의 구호물자에 의존하지 않고 오히려 허리끈을 질끈 동여맨 인민들과 함께 천연자원 광산개발에만 심혈을 기울였다고 한다.

　그러한 북측의 정부체제이념이 김일성 수령의 주체사상으로 역사적인 규범교육과 기술교육에만 심혈을 쏟아 일본에 은밀하게 파견되어 주둔해 있던 조총련계에서 국제은행권을 획득할 수가 있게 되었던 것이라고 청와대 출입 도사님께서 귀띔해 준 것이라고 했다.

그 정보통신망에 의해서 박 대통령께서도 우리 한민족 주체성을 되살리기 위해서 자라나는 청소년들 학교 마당에 개국조開國祖이신 단군왕검 동상을 세우도록 지시했었다고 한다. 그러나 안타깝게도 조상 뿌리를 왜곡시키는 서구 기독신학 논리가 강대국에 의존하는 정치인들의 망국적인 정신에 의해서 가속화 되어 급속도로 국교처럼 뿌리를 내리고 있었기 때문에 학교 마당에 세워진 단군왕검의 동상이 밤사이에 빈번하게 파손되어 버리곤 했었던 것이다.

그처럼 민족 주체성을 회복할 수 없는 분위기 속에 그 당시 가톨릭 주요한 성당 신부가 기독신도 서울대 K 교수와 합세하여 곰탈을 만들어 얼굴에 덮어쓰고 신도들과 함께 서울시청 앞 광장으로 몰려나와 '곰의 자손은 물러가라!' 고 외친 그 시위 데모에 박 대통령은 어쩔 수 없이 그 계획을 중단할 수밖에 없게 되었다고 한다.

그렇게 외세에 의지하지 않고 민족주체성을 회복하기 위해 전력투구한 북한 김일성 수령처럼 확고하게 국권을 회복하기 위해 심혈을 기울였던 박 대통령의 애국애족정신은 그러나 안타깝게도 조상 뿌리 역사를 왜곡시키는 서양문화권의 종교논리 분위기에 그대로 무산되어 버리고 말았다는 것이다.

그 흔적이 박 대통령께서 삼청공원에 은밀하게 지혜를 모아 민족 주체성 되살리기를 위해 준비해 오던 그 사무실만 쓸쓸하게 역사적인 진통의 숨결처럼 그대로 남겨져 있게 된 것이라고 했다.

그처럼 우리 한민족뿌리 되찾기 운동본부를 열고 그 진행을 시도했지만, 그러나 지구촌에 오색인종五色人種으로 분파된 조상 뿌리 역사를 유대민족 혈족 뿌리에 단일화시킨 서구기독신학 선교사들의 궤변논리에 의해 안타깝게도 무산되고 말았다는 것이다.

물론 그것이 국운에 의한 시대적인 어둠의 역사라고도 할 수 있다. 그처럼 오직 애국애족의 민족정신을 되살리려고 부단한 노력을 하신 박 대통령이셨지만 그러나 타민족 지배적인 방안으로 조상의 뿌리까지 변조시키는 강세적인 서양의 종교논리에 의해 그 분위기를 바꿔놓지를 못하고 말았다.

그 형태가 약소국가의 취약점으로 어쩔 수 없이 청와대 출입도사님과 박 대통령이 구상한 모색방안이 한국적이며 세계적인 것으로 도약하기 위해서는 우리 조상들의 전통문화 예지藝智를 심도 깊게 담은 잡지 『월간한복』을 창간하여 우리 국민 모두가 종교를 초월해서 선호할 수 있도록 하자는 취지 아래 청와대의 후원과 지원으로 지금까지 그렇게 무게 있고 근사한 월간 잡지는 대한민국에 처음으로 출간되었다고 했다.

그런데 그것이 만나야 할 인연법에 의한 것이었던지 그 잡지사 발행인으로부터 『월간한복』 잡지에 연재를 맡아달라는 청탁을 받고 그 창간호에 실릴 원고를 써서 들고 발행인실로 들어갔을 때였다.

조그만 체구의 웬 신사가 벌떡 일어나 큰 눈을 뜨고 마주 쳐다보면서 대뜸 하는 말이 여간 당혹스럽지가 않았다.

"세상 살맛이 어떻습니까, 눈물이지요? 하지만 주어진 소명이 있기 때문에 하늘이 뿌리를 싹뚝 잘라놔서 그런 걸 어쩝니까, 허허……."

"하늘이 제게 주신 소명이 있다구요?"

"종교통일문서를 써야 하는 그 소명을 맡고 왔기 때문에 세상살이가 눈물일 수밖에 더 있겠소? 그 소명을 거부하면 신벌을 받게 되지

요, 훗훗……."

　너무나도 황당했다. 우리 한민족 뿌리 역사의 고문서古文書 도서관인 규장각을 관리해 왔다는 국사이신 선사님으로부터 종교통일문서를 써야 하는 소명을 받고 이 세상에 태어난 것이 내게 주어진 운명적인 그 사주팔자라는 말이었기 때문이다.

　그러나 나는 어려서부터 독실한 기독신앙 분위기 속에서 살아왔었기 때문에 '이게 무슨 소린가?' 하고 어리둥절해질 수밖에 없었다.

　그런데 그것이 세상풍경을 펼쳐내야 하는 글쟁이 팔자를 타고난 그 운명이었음을 뒤늦게 깨닫게 되면서 이제는 옷깃을 여미고 고개를 숙여 감사하면서 묵상을 하게 해 주었다.

　그 깨우침의 손놀림이 구약시대 이스라엘 백성들이 천주天主 하나님으로 믿고 섬기던 조상신(Yahweh)의 진두지휘로 이방민족과 능력격투로 죄 많은 유대 땅에 인류구원을 위해 성부 하나님의 대우주적인 사랑의 법계, '네 이웃을 내 몸처럼 사랑하라, 그것이 내 아버지의 뜻이니라!' 그 천도天道의 '새 계명'을 들고 출현하셨다가 이단의 괴수로 내몰려 성부 하나님, 그 사랑의 화목제물로 희생양이 되신 성자 예수께서 십자가를 짊어지셔야 했던 고난의 행보가 성서적으로 예정된 운명론이었음을 뒤늦게 밝혀 볼 수가 있었다.

　그와 동시에 그처럼 의문으로 남아있던 성서 예언적인 재림예수의 실체와 인류에 대한 하나님의 경고(요한 계시록 19장 11:15)에서 귀뜀해 주고 있는 지구 이변의 말법시대末法時代 천지부모 하나님의 장막, 그 천궁天宮을 세우기 위해서 처음(Alpha)과 끝(Omega)이라는 백보좌 성모님께서 백마를 탄 하늘군대를 거느리고 동방에 지상강림을 하시게 될 것이라는 그 성서 계시적인 내용을 다시 음미해 보게 해 주었다.

그 상황이 어느날 뜻밖에도 천신국天神國의 입장권 그 티켓(ticket)을 건네받게 해 주었기 때문으로 그것이 이 세상 풍경화를 그려내야 하는 글쟁이 운명을 타고나서 필연적으로 만나게 된 그 인연법에 의한 행운이었다고나 할까?

성서《요한 계시록》에서 천지부모 하나님의 뜻이 땅에서 이루어지게 될 것이라는 것이 말법시대다. 그때에 2000년 전 인류구원을 위해 이방민족과 능력격투로 피 흘림이 심했던 죄 많은 유대 땅에 성부 하나님 그 사랑의 천법天法을 들고 구세주로 출현하셨다가 희생양으로 산제사의 제물이 되셨던 성자 예수께서 다시 구세주의 소임을 맡고 재림하신다는 그 예언을 상고해 보게 해 주었다.

과거에 그처럼 유대 땅에 인자人子로 출현하신 성자 예수 그 출생환경 분위기나 외모가 볼품없이 출현하시어 이스라엘 백성들에게 그 믿음을 주지 못하고 인류구원을 위해 희생의 제사제물이 되심으로 성서적으로 '어린 양' 으로 묘사되고 있음이다. 구약시대 유대인들이 성전에서 행하는 율법제례의식은 어린 양을 잡아 제단에 올리는 것이 그 관례였기 때문이다.

그처럼 유대인들의 기복신앙적인 초급한 여호와(Yahweh) 율법시대를 마감하기 위해 희생의 화목제물이 되신 성자 예수의 능력이 무덤에 장사한 지 사흘 만에 생체부활을 하심으로 '아버지가 내 안에 내가 아버지와 함께 있느니라' 하셨던 그 말씀 그대로 천지창조 성부 하나님의 능력과 일체관계로 출현하셨음을 확고하게 입증시켜 주시고 원대복귀하신 것이었다.

그런데 그처럼 활달자재豁達自在하신 빛의 능력으로 승화하신 거룩하신 성령께서 처음(Alpha)과 끝(Omega) 천지부모 하나님이 목적하신 지상낙원세계를 이루시기 위한 말법시대, 인자人子로 다시 재림하실 것이라는(요한 계시록 7장 2:17) 내용을 다시 상고해 보게 해 주었다.

그때 이 땅에 세워지게 될 것이라는 하나님의 장막에 음양태극陰陽太極 천지부모 그 사랑과 자비의 우주정신이 인류평화를 위해 불을 밝힐 그 등燈이 되실 것이라는 성서 계시적인 분위기가 놀랍게도 오늘 펼쳐지고 있음을 직시할 수가 있게 되었기 때문이다.

그 상황분위기는 성서가 귀띔해 주고 있는 그대로였다. 구약시대 이방민족과 능력격투로 죄 많은 유대 땅에 사랑의 성부 하나님과 일체관계로 출현하셨다고 하시며, 생체 부활하심의 능력을 보여주셨던 성자 예수께서 인자人子로 다시 재림하시어 펼치실 기독교정신을 바탕으로 하는 그 사랑의 말씀이 해 돋는 곳으로부터 올라와 성전과 장막이 세워진다는 것이며, 거기에 흰옷을 입고 감사와 영광을 돌리는 자들이 큰 환란에서 나온 자들이라고 했다.

그 계시적인 내용에서 특히나 흰옷을 입은 무리는 동방의 백두대간에 조상 뿌리가 세워지고 이방민족과는 달리 일상생활 속에서 흰옷을 즐겨 입었다는 백의민족의 상징성임에는 틀림이 없다. 거기에 또한 인류역사에서 우리 한민족처럼 외세의 침략으로 큰 환란의 고통을 겪으며 끈질기게 살아남은 민족이 이 지구상에 없는 것은 사실이다.

그 역사적인 고난 또한 천지부모 하나님의 섭리역사에 의한 것으로 공자 성현께서도 하늘이 큰 사람을 만들기 위해서는 뼈를 깎는 고통을 준다고 하셨듯이 그와 다를 것이 없는 실태상황이었다.

그렇게 환란을 겪어 나오는 동안 특히나 지구촌에 물질문명을 발전시켜 나온 서구유럽에서 독보적으로 태동시킨 기독신학이다. 그런데 문제는 그 성서풀이 논리에서 타민족을 지배하기 위한 패권주의적 정당성 확보를 위해 지구촌에 동서東西로 분파된 오색인종五色人種을 유대민족 뿌리에 단일화시켜 하나님은 사랑이라는 기독교정신에 혼돈을 주는 오류를 크게 범하고 있는 실태다.

그처럼 불합리적인 종교논리에 의해 기독교 스승 성자 예수께서 물질은 일만 악의 뿌리라고 하시며, '내가 너희를 위해 수고한 것이 헛될까 염려하노라'고 하신 그와 같은 형국이 되고 말았다.

그러한 서구문명의 종교논리를 특히나 외세의 침략으로 주권을 잃어버렸던 일본 제국시대 한민족주체성 말살정책으로 미국이 한양에 그리스도교 성전을 건축할 때, 일본 정부도 거기에 거금을 기부하기도 했었다는 것이 그 시대 분위기의 기록으로 남아있다.

사상처럼 무서운 정복무기는 없다는 것이기 때문에 그렇게 조상 뿌리를 왜곡시킨 외래 종교가 혼돈의 시대에 들어와 그들의 전략작전대로 숭고한 우리 한민족의 주체성을 잃게 되고 말았었다.

그로 인해서 같은 혈통 자손끼리 조상님으로부터 전래된 그 사상을 달리하고 남북분단으로 신음을 하고 있는 실태상황이다. 그것이 오늘 우리 대한민국의 현실 분위기로 조상 뿌리를 왜곡시킨 그 외래 종교 논리가 마치 국교처럼 자리를 차지하고 있기 때문이다.

그런데 놀랍게도 그 진통의 역사가 해가 돋는 동방 이 땅에 펼치시는 은혜로우신 참사랑의 천지부모 하나님, 그 천기운행天氣運行에 의해 가까운 시간에 남북통일이 이루어지게 될 것임을 성서적으로 그 통합원리를 비유와 상징으로 귀띔해 주고 있기 때문에 믿고 기다려 볼 수밖에 없다. 자연의 이치가 새날의 아침 해가 뜨려면 새벽미명이 가장 어둡다고 하듯이 그와 같이 어두운 분위기가 오늘 이처럼 조상님의 은혜를 입고 남북분단으로 신음을 하고 있는 배달한민족 그 혈맥 자손들이기 때문이다.

그러나 하늘이 그 크신 뜻을 이루시고자 하시는 데는 모사재천謀事在天이요, 성사재인成事在人이라고 했음인데 놀랍게도 때가 이르면 이 땅에 다시 인자人子로 출현하신다는 재림예수께서 삼천리반도 금수강산 남쪽나라 십자성에서 '평화를 사랑하는 세계인'으로 그 원리를 그야말로 막힘과 주저함이 없는 정도오령正道五靈, 그 청룡의 기파(Energy)로 세계를 향해 인류구원의 그 날개를 펼치고 있음을 목도하게 해 주시었다. 그것이 어찌 우연한 일이겠는가?

뜻밖에도 그토록 영육을 완성시키는 심도 깊은 귀하고 복된 천신국天神國의 분위기를 볼 수 있는 은혜를 베풀어 주셨기 때문에 이제 '나는 할 수 있다!'라는 혼신魂神으로 음양조화주陰陽造化主 하나님의 운행하심에 따라 승리의 대장정의 문을 활짝 열고 고난 속에 살아온 우리 국민 모두가 함께 들어가기 위해서는 눈과 귀를 한껏 열어야 할 때라고 생각하면서 그 마음을 전하고 싶은 것이다.

그토록 간절한 마음이 시야를 넓혀 종교와 인종과 나라가 하나로 뭉쳐 지상낙원세계를 이루고자 하시는 그 평화의 말씀을 되새기고 아주我主!를 읊조리면서…《지구촌 빛과 어둠의 역사》를 조명하게 해 주신 하나님의 은총과 사랑이 어둠 세상에 그 성령의 빛으로 먼저는 분단된 국가복귀를 위해 역사하고 계심을 우리 국민 모두가 함께 보고 느낄 수가 있었으면 하는 마음으로 간절할 뿐이다.

지구촌 빛과 어둠의 역사

유 종 해
행정학박사 · 연세대 명예교수 · 미시간대 정치학박사

 내가 오랜 동안 글을 통해 잘 알고 있는 麗海 한승연 작가가 지리산 밑에 칩거하여 세인이 깜짝 놀랄 책을 준비하고 있다고 들어, 기대를 하고 있던 중 얼마 전 상경해서 그 원고 뭉치를 내 서재에 두고 갔다. 제목이 《지구촌 빛과 어둠의 역사》이며, 한국이 장차 Super Pax Koreana를 주도하는데 그 내용을 12개의 장으로 나누어 저술하였다. 대단한 업적이다.

 원래 한승연 작가는 여류작가로서는 도저히 생각할 수 없는 역사적, 종교적, 그리고 매우 철학적, 심지어는 역학적인 선이 굵은 시와 소설 등의 작품을 그동안 써왔다.

 한 작가의 그동안 업적은 대단하다. 간단히 정리해 본다면, 1986년 데뷔작 《바깥바람》을 시작으로 하여 이데올로기 해부작 《그리고 이브는 숲을 떠났다》에 이어 배달한민족의 뿌리역사 《개천 그리고 개국》을 펴냈으며, 한반도 주변 열강들의 역학관계를 분석한 《심상의 불길》, 그리고 신과 인간의 고리 《우주 통일시대 α & Ω》, 사람과 도인의 분석작 《묵시의 불》, 배달민족 가무의 파노라마, 그 풍류문화를 조명한 《꽃이 지기 전에》, 광복 후의 역사와 반역사를 분석한 《역사의 수레바퀴》에 이어서 《성서로 본 칠성님의 비밀》과 '조선은 이렇게 망했다'는 그 시대배경을 표출한 매천 황현 선생의 《매천야록》을 소설화 하였으며, 배달민족 상징의 꽃 《무궁화를 아십니까?》 그리고 말법시대의 기적 《진흙밭에 핀 연꽃》에 이어 《동방의 빛 Korea 불 밝혀라》 등 상당히 무게가 있는 작품들을 집필하여 내놓았다.

그런데 이번에 펴내는 《지구촌 빛과 어둠의 역사》를 요약하면, 첫째, 거시적 안목으로 썼다는 점이다. 그 내용의 논의는 한반도에 국한하지 않고 저술대상을 지구촌 전체를 통합하여 펴내는 작가의 의도가 참으로 놀랍기만 했다.

둘째, 작품이 매우 창조적이다. 예를 들면 서양의 대칭이 되는 용어를 용감하게 그리고 조직적으로 비교하여 우리 동방의 한민족 문화는 천상의 풍류문화로 서양의 문화보다 앞서고 우수하다는 주장을 하고 있다. 매우 설득력이 있다.

셋째, 한 작가가 발표한 그동안의 작품은 사물을 매우 긍정적으로 본다는 데 있다. 이번 작품에도 그런 흐름이 확실하게 펼쳐지고 있다. 특히 박정희 대통령이 이룩한 '한강의 기적'이 비단 경제적인 민족의 중흥뿐만 아니고, 세계 속의 최빈국가에서 단시일 내에 선진국으로 끌어 올린 한민족의 기적과 역량을 실례를 들어 우리 민족이 유능하여 지구촌의 빛이 될 것을 성서를 바탕으로 설득력 있게 설명한 점이 행정학자로서 높이 평가하고 싶다.

다시 말할 필요 없이 18세기는 영국시대 Pax Britanica였고, 19~20세기는 미국의 시대 Pax Americana였으며, 21세기는 한 작가의 주장과 같이 Pax Koreana, 바로 한국의 시대가 될 것인즉, 한민족의 역량과 한국인의 기질 등을 서양인과 비교 구별하면서 높이 평가하고 있다는 점에 새삼 놀라지 않을 수가 없다.

한 작가의 작품에서 세계의 평화는 동방의 나라 한국의 빛으로 실천된다는 그 애국적인 주장 또한 가슴을 뭉클하게 한다. 특히나 이 저서 《지구촌 빛과 어둠의 역사》는 남북분단으로 신음하고 있는 오늘, 우리 국민들에게 필독의 명저 길잡이가 될 것을 확신하고 일독을 권하며, 참으로 어려운 저술 작업에 심혈을 기울여 온 한승연 작가의 노고에 아낌없는 찬사를 보내는 바이다.

더불어 한승연 작가의 글을 읽으면서 이제는 고인이 된 박정희 대통령 각하에게 올렸던 추도사를 다시 꺼내어 읊조려 보게 되었기에 그 추도사를 다시 한 번 옮겨 본다.

추도사

오늘로서 박정희 대통령께서 서거하신 지 39주년이 되었습니다. 평소 박 대통령을 존경해 온 한 행정학자가 삼가 각하의 영전에 섰습니다.

대통령께서는 이 나라의 근대화에 집중적인 정성을 들여 한강의 기적을 이루셨고, 그 덕으로 현재 우리들은 세계 어디에 가도 인정받는 선진국 대열에 섰습니다. 우리가 누리고 있는 세계 최고 생활 수준의 질도 박 대통령께서 만들어주신 기반에서 이루어진 것이오니 다시금 감사의 마음을 표합니다. 각하께서 그토록 정성을 들이신 노력은 지난날 중국의 등소평, 그리고 싱가포르의 이광요 총리가 박 대통령의 경제적 업적, 애국심, 검소한 생활, 강인한 인품을 매우 높이 칭찬한 바 있습니다. 진실로 각하께서는 우리 국민들의 마음 속에 매우 높은 긍지를 심어 주셨습니다.

서두書頭에 제가 행정학자라고 소개한 데에는 이유가 있습니다. 각하께서는 행정학 분야에서 지대한 공적을 세우셨습니다. 한국행정학 선진화의 주역이십니다. 그 중에서 생각나는 몇 가지만 소개하면서 마음 속에서 우러나오는 감사의 말씀을 올리는 바입니다.

먼저 대통령께서는 우리나라를 경제개발하기 위해 경제개발 5개년 계획을 세우셨습니다. 그리고 그를 실천하기 위한 구체적인 방안으로써 1961년 7월 22일 경제기획원을 만들었고, 기획처와 부흥부를 통합하는 그야말로 한국행정 근대화의 선두에서 진두지휘하셨습니다.

그 다음으로 행정문서의 가로쓰기를 1961년 10월에 시행하여 그동안의 일본식 세로쓰기를 바꾸는 영단을 내리셨습니다. 이는 참으로 중차대하고 빛나는 행정의 근대화적인 단면입니다. 동시에 대통령께서는 한글 타자를 개발하도록 장려하여 공문서의 근대화, 그리고 곧 이어 발전한 정부 전산화에 앞장을 서셨던 공로자임을 제가 알고 있기 때문에 높이 평가하고 싶습니다.

계속해서 대통령께서는 1961년 10월 조달청 ALW 조달특별회계를 신설하여 당초 외자만 구매하던 외자청을 정부 내자구매까지 할 수 있도록 조달청으로 확대 개편하셨습니다.

박 대통령께서는 또한 복식 부기에 익힌 회계제도 채택으로 대한민국 정부제도의 현대화를 추진하고 선도하셨습니다. 뿐만 아니라 박 대통령께서는 1962년 1월 기금제도를 도입(예산회계법)함으로써 대한민국이 장차 필요한 재원확대 방안을 마련하여 우리나라의 수입과 지출을 직접 연계하셨습니다. 박 대통령의 혜안이 없으셨다면 이런 일이 준비되지 못했을 겁니다.

더욱 중요한 것은 오늘날 힘을 많이 쓰는 감사원을 1963년 3월에 설립하셔서 회계를 담당하는 심계원과 공무원 기강을 다루는 감찰위원회를 새롭게 통합하셨습니다.

이 일은 이승만 자유당 시절부터 전래된 공무원의 부정과 부패가 매우 심각하여 그를 방지하기 위한 박 대통령께서 내린 대단한 용기와 지혜의 영단이었습니다. 그 부분을 더욱 높이 평가합니다.

거기에 한 가지 더 특기할 일은 박 대통령께서는 공무원소청심사위원회를 1963년 4월에 신설하여 공무원들의 권익보호를 위해 심혈을 쏟으신 그 공적이라고 생각합니다. 거듭 강조합니다만 박정희 대통령께서 5.16 이후, 이 나라의 행정을 세계적인 수준으로 올려놓으신 것은 한강의 기적 못지않게 평가되어야 합니다.

존경하옵는 박정희 대통령님!

오래 전 대통령께서 강조하신 '우리도 노력하면 잘 살 수 있다' 하시면서 발표하신 새마을운동에 심취하여 본인도 대학 새마을 연구소장을 여러 해 동안 맡아 했습니다. 특히 대통령께서 간직하신 그 좌우명이 본인에게는 매섭게, 그리고 남을 위해서는 따뜻하라는 고사성어故事成語 지기추상持己秋霜, 대인춘풍對人春風의 말씀을 저는 좋아합니다.

대통령께서는 언제나 신상필벌信賞必罰과 하늘은 스스로 돕는 자를 돕는다는 그 신념으로 온 국민을 음지에서 양지로 이끌어주신 것을 늘 잊지 않고 있습니다. 근면, 자조, 협동의 새마을운동의 정신은 우리 국민들의 생활을 경제적으로 높여 주었을 뿐만 아니라, 우리보다 못 사는 나라 사람들에게 희망을 주었고, 새마을운동의 국제화가 지금도 세계 여러 곳곳에서 전개되어지고 있습니다. 그들은 모두 박 대통령님의 협동정신과 방법론에 감사하고 있습니다.

본인 역시도 대학 새마을 연구소장으로 있을 때 특히 EROPA라고 하는 행정학의 국제연합 공공행정기구에서 이 새마을운동의 우수함을 글로써 여러 번 발표한 바가 있습니다. 또한 행정학회의 규모와 역사로 볼 때, 세계에서 제일 큰 미국 행정학회(ASPA)에서 많은 학술활동을 하는 가운데 우리나라 새마을운동이 많이 발표되고 좋은 호응을 받았습니다.

새마을운동은 박정희 대통령의 창조성 발휘로 인정되어 세상을 떠나신 후에도 활발하게 많은 나라들에게 전수되고 있습니다. 박정희 대통령께서는 대한민국의 정치제도는 자유민주제, 그리고 시장경제제도를 처음부터 견지하여 한강의 기적을 이루어 내셨습니다. 일본 야노 기념회의 종합통계자료 발표에 따르면 2015년 기준 GDP에서는 한국은 1조 3천7백7십8억 7천3백만 달러의 소득을 얻게 되었다는 겁니다.

그것은 말할 필요도 없이 박정희 대통령께서 좋은 정치구조와 경제체제를 만들어 주셨기 때문입니다. 그러나 우리 사회 일부에서는 각하께서 독재를 했고, 과거 일제 강점기에 해군사관학교 출신이기 때문에 친일파라고 비난하는 부류도 있습니다. 그러나 그것은 나라가 일본에 빼앗겼던 그 시대상황의 분위기를 제대로 알지 못한 말도

안 되는 비방입니다. 박 대통령께서는 남북분단의 통일과업을 이루기 위해서는 외세의 경제지원을 받는 약소국가 형태를 벗어나야만 한다는 오직 그 굳은 신념 하나로 허리끈을 동여매고 국민들이 상상할 수도 없는 경제적 부흥을 일으켰습니다.

그렇게도 고결하신 숨결이 남아도는 뒷자리에 북한이 우리와 우리 민족끼리의 방식으로 통일을 추구해 보자는 눈치를 보였지만 그러나 거기에 문제가 대두되었던 것입니다. 그것은 그동안 북한은 로켓, 그것도 대륙간탄도탄(ICBM)을 개발하여 미국을 위협했고, 상당한 미사일 핵폭탄도 개발하여 미국과 UN의 규탄으로 공포위기적인 분위기를 만들기도 했었습니다. 그러나 지난 6월 12일 싱가포르에서 미국과 북한이 영수회담을 하여 세계평화가 일단 유지되고 있습니다.

존경하옵는 박정희 대통령님, 이런 국제적 분위기 상태에서 오늘 우리는 과연 어떻게 해야 합니까. 특히나 우리와 북한과의 관계개선에서 그 협의를 놓고 세계평화를 위해 민족통합이 이루어져야 되지 않겠습니까?

오늘 제가 박정희 대통령 각하께서 이룩하신 위대한 업적 중에 그 일부만 말씀드렸으나, 다시 한 번 그 위대함을 상기하면서 각하의 유지를 옮겨 계승하는 우리 대한민국 국민이 되어야 함을 저부터 자각하면서 각하의 영전에서 굳게 맹세합니다.

민족의 통합과 국가발전을 위해 그토록 심혈을 쏟으시다가 비명횡사를 당하신 각하와 육영수 여사님께서 영생복락을 누리시길 간절히 빌면서 추모사를 올리며 기도드립니다.

2018년 10월 26일

프롤로그

오늘날 세계화 추세의 시대에 한류는 이미 아시아를 넘어 중동지방을 지나 유럽을 휩쓸고 다시 미국을 거쳐 남미로 흘러가고 있다.

예술의 대중화 보편화 물결이 국경을 넘어 세계화되면서 동방 한국에서 비롯된 정신문화가 머지않아 거대한 바다를 넘어 지구를 덮게 될 것이라는 것을 기대해 본다.

그것이 성경뿐 아니라 지구촌 동서東西로 출현했던 성현聖賢, 현자賢者들 모두가 하나같이 예언하고 있는 '동방의 빛'이기 때문이다.

용비어천가龍飛御天歌에도 기재되어 있지만 우리는 세계가 인정하는 과학적인 글과 정신문화를 갖고 있는 민족이다. 하지만 우리 것을 움켜쥐고 '우리끼리' 잘 살자는 구시대 국경을 경계로 하는 편협한 민족주의로는 한류를 만들어 낼 수가 없다.

정신문화도 마찬가지다. 삼국시대 인도로부터 전래되어 고려시대 국교가 된 불교나, 고려시대 중국에서 전래되어 조선국의 국교가 된 유교나, 조선시대 서양에서부터 전래되어 대한민국 수립 후 신도 수에 있어서나, 그 영향이 국교 이상의 자리를 차지하고 있는 오늘의 기독교 모두가 외래 종교다.

그렇게 전래된 종교가 세계에서 그 유례를 찾아볼 수 없을 만큼 사이좋게 공존하고 있는 우리 문화는 조상들로부터 지구촌 전체의 공익과 조화의 협동정신을 배워 왔기 때문에 받아들여질 수가 있었던 것이다.

그것이 곧 너와 나를 유익하게 한다는 고조선시대 단군왕검께서 가르치신 홍익인간弘益人間 이념이다. 그래서 변화 속에 조화의 발전을 상징하는 태극기도 그렇지만, 우리 민족의 얼을 상징하는 무궁화 꽃 역시도 아름다운 삶의 가치와 정신문화예술의 다양성을 꽃피우는 우리 민족의 정체성이다.

그러나 오늘 우리 국민들은 고조선시대 12제국을 평화로써 다스려 왔다는 우리 조상들의 뿌리 역사가 민족 수난기에 허구의 단군신화로 왜곡된 채 잘려나가 버렸기 때문에 우리 민족의 정신문화와 그 본질의 정체성이 무엇인지를 전혀 모르고 살아가고 있다.

과거 우리 한민족 조상들은 사람으로서의 도리를 개천성조開天聖祖이신 환웅천제桓雄天帝님으로부터 배우고 마음을 비워 닦음으로써 인간중심적인 인간관과 우주관을 정립하였던 것이다.

그것이 참 주체성 확립으로 자기실현이며 우주의 원리라는 것을 깨우쳤기 때문에 고조선古朝鮮시대 이웃민족을 평화로써 다스려 군자국君子國이라는 칭송을 받을 수 있게 했던 그 원력이 '한사상' 이었다.

그러한 한민족의 정신적 본질을 오늘 우리가 바로 알고 정립했을 때, 사회적 병리현상인 나약한 주체성도, 고질적인 지방색과 학벌의식의 잘나고 못난 고착된 계급의식과 같은 비생산적인 유해 의식은 자연히 사라지는 반면에 인간이면 누구나 궁극적으로 찾아야 할 바른 종교 의식이 돋아날 것이다.

주체성主體性이란, 인간 또는 사물의 주체로서 본질을 의미하는 말이다. 자기의 판단에 의하여 행동하는 입장, 능동성能動性 또는 자발적 능동성의 뜻을 내포하는 인식상태의 의식을 뜻한다. 그렇기 때문에 내가 나의 주인공이라는 주체의식을 상실했을 때는 타他로부터 지배를 받을 수밖에 없게 되어 있다.

오늘 우리는 무엇보다도 먼저 우리 민족 정체성을 확립하게 하는 역사의식과 함께 우리의 현실에 대한 정확한 이해와 분별을 토대로 하여 지금까지 강대국에 의지해 오던 나약한 걸인근성을 버려야 할 때다.

그리고 우리가 처해 있는 자리에서 자립의 정신, 자주의 정신, 자조의 정신으로 지구촌에 물질문명을 발전시켜 나온 서구문화권의 비합리적인 종교논리까지도 무조건 선호하고 받아들인 그릇된 가치관에서 미래지향적인 바른 가치관으로 내가 나의 주인공이라는 '주체의식' 으로 깨어나 전향을 해야만 지난날 우리 조상들이 세계 속에서 자랑스러웠던 배달한민족의 후손이라고 떳떳하게 말할 수 있게 될 것이다.

나는 국가와 민족의 중심이며, 또한 시발점인 동시에 우주의 근본이며, 핵심이 된다고 했다. 그러한 사실을 오늘 우리가 새롭게 인식했을 때 자립, 자주, 자조는 자기애의 첨경으로 애국 애족이다. 나는 국가와 민족의 동력원이기 때문이다.

데카르트는 '나는 생각한다. 고로 존재한다' 라는 철학적인 명제를 내세웠듯이 인간은 생각할 수 있기 때문에 인간일 수가 있다.

오늘 우리는 나의 존재, 그 실체를 바로 알기 위해서는 먼저 배달한 민족의 뿌리 역사와 그 '얼'을 되찾고 어떠한 '나'를 사랑하느냐, 하는 것이 바로 정신 유신의 핵심이 되지 않을까 싶다.

민족과 국가는 공동운명체로서 나와 유기적으로 작용되는 불가분의 관계다. 그렇기 때문에 국가와 민족이 바로 서야 하는 시점에서 나의 실체를 바로 알기 위해서는 우리 조상으로부터 물려 내려온 정신문화 유산이 무엇인가 하는 것부터 바로 알고 정립해야 할 때다.

그것이 자기애의 첩경으로 애국애족하는 부끄럽지 않은 국민으로, 세계화 시대에 국제무대에 올라가 우리는 과거 동방의 등불이었던 화려한 금수강산 배달한민족의 후손이라고 힘차고 자랑스럽게 외칠 수가 있게 될 것이기 때문이다.

오! 대한민국 Korea! 하고 힘차게 쏟아지는 박수를 받으면서……

신계와 영계의 존재 근원

오늘 지구촌 현생인류는 우주 4차원의 과학문명 시대를 열어가고 있다. 그 실제 분위기가 과거 구약시대 천상의 사람, 그 신족들이 실제적인 우주선 로켓 운송수단으로 하늘과 땅을 그처럼 자유자재로 왕래하며 그 능력행사를 보여주었듯이 마찬가지다. 우주선 로켓을 연구 개발하여 쏘아올리고 달나라를 다녀왔으며, 이제 화성 진입을 서두르고 있다는 것은 이미 잘 알려져 있다.

거기에 또한 문명된 지구촌 생물학자들의 연구가 시험관 아이를 설계 창조하고 그 의식을 거듭 시험해 보고 있다는 이야기는 지구촌에 공개된 사실이다.

그만큼 현생인류는 이제 4차원의 지적의식 수준에 도달해 있음을 나타내주고 있는 현상이다. 특히 생물학자들이 그처럼 시험관 아이를 만들어 연구하고 있다는 창조능력 행사는 과거 6000년 전 구약시대 천상에서 지구에 내려와 자신의 영광을 위해 물체인간을 창조설계하고 그와 같이 무지했다는 원시인간 의식을 여러 가지 행사형태로 거듭 시험을 해 보고 있었던 유대민족의 창조주신 여호와 신의 행사기록 장면이나 크게 다를 것이 없다.

그와 같이 진화 발전된 오늘 현대 과학문명 앞에서 아직까지도 구약시대의 원시성을 탈피하지 못하고 있는 서구 기독신학이다. 그것이 현대인들의 비난이다. 그 논리가 여전히 과거 유대민족에 국한된 채 지엽적인 여호와 유일신唯一神 숭배사상을 그대로 주입시키고 있기 때문이다.

그처럼 합리성이 없는 기독신학이 현대인의 의식을 원시적으로 퇴보시키고 있다는 것이며, 그와 같은 비난의 화살이 특히 문명된 지구촌 과학자들의 비판이다. 하지만 그러한 논리에 아직까지도 맹신하고 있는 신도들은 위험한 망언이라고 반발했고, 더구나 교황 베네딕토 16세는 더 말할 것도 없이 거기에 항의를 했었다.

그러나 이제 문명된 지구촌 현생 인류는 그처럼 이치에 부합되지 않는 종교논리는 미신이라고 고개를 돌리기에 이르렀다. 그만큼 현대인들은 합리적이지 못한 서구 기독신학 유일신 논리에 '왜?'라는 질문을 던지게 된 것이다.

그런데도 여전히 그와 같이 정리되지 않은 비성경적인 성직자들의 성서풀이는 지금까지 그래왔듯이 여호와 신의 이름을 내세워 '의심은 죄나라' 하고 과거에 그래왔듯이 무조건적인 맹신을 강요하고 있는 실태다.

하지만 이제 4차원의 신문명 시대로 돌입해 들어가고 있는 현대인들의 지적 의식은 변화를 보이기 시작하면서 서양문화권 속에서 만들어져 나온 그와 같은 성서 풀이의 원시성을 과감하게 비판하고 기독교가 여호와 유일신唯一神 숭배사상에서 깨어나야만 진정한 자아를 찾음과 동시에 인간 존엄성을 회복하고 인류평화를 기대할 수 있다고 말하기를 주저하지 않고 있다.

오늘 진보 발전된 현대인들의 의식에 대두되고 있는 것이 바로 그 '지적설계론'으로 1990년 이후 새롭게 등장한 과학이론이다. 그 논제가 서구 기독신학의 합리적이지 못한 생명의 기원과 복잡성에 대해 과학적 이론으로 반격하고 있는 서구 기독신학과 과학자들과의 대결구도다. 현대 물리학에서나 천문학자들이 보는 우주의 기원은 150억 년이다. 그러한 과학자들의 견해와는 달리 지구 최초의 인간이 여호와 신으로부터 창조된 시간대 그 6000년으로 놓고 보는 기독신학 논리는 어불성설이라는 비판이다.

그처럼 문명된 오늘 지구촌 고고학자들의 연구는 지구에 생명체가 존재하게 된 기원은 기독신학자들이 인류의 조상이라고 내세우는 '아담' 그 훨씬 이전부터 존재해 왔었음을 지구 도처에서 발굴된 동식물의 화석체들과 기원 미상의 유적들이 거기에 입증이 되고 있다는 반증을 내놓고 있다.

그렇게 고고학자들이 발굴해 내놓는 실증적인 고대 화석체의 증거물에 인류시원을 아담의 창조연대 6000년대로 놓고 보는 기독신학자들의 입장에서는 난해할 수밖에 없다. 그러나 오늘 그처럼 고고학자들의 연구에 그 입증이 되어주고 있는 기원미상의 유적과 동식물의 화석체들이 그동안 지구에 6번에 걸친 지구대이변의 개벽이 있어 왔음을 성경 계시록을 통해서 유추해 볼 수 있게 해 주고 있다.

그 내용의 기록이다(요한 계시록 16장 1절).

> 또 내가 들으니 성전에서 큰 음성이 나서 일곱 천사에게 말하되,
> 너희는 가서 하나님 진노의 일곱 대접을 땅에 쏟으라 하더라.

위의 성구에서 나타내 주고 있는 그 핵심 부분이 '일곱 천사' 들에게 땅에 쏟으라는 '일곱 대접' 이다. 그 계시의 기록을 통해서 보더라도 그동안 지구는 천지가 진동하는 대이변의 개벽이 거듭 몇 차례 있어 왔고, 거기에 입증이 되어주고 있는 증거물이 그처럼 지구도처에서 출토되어 오늘도 고고학자들이 연구하고 있다는 그 반화석체들이다.

그와 같은 고고학자들의 연구 자료에 성서적인 기록의 계시가 그 문제의 숙제를 풀어나가는 데 정보를 제공해 주는 암호 해득서로 그 열쇠라고 보아야 할 것이다.

그만큼 성경 신구약은 거짓됨이 없는 진실한 기록임에는 틀림이 없다. 그러나 문제는 오늘 서구신학자들의 원시적인 성서해석이 거기에 걸림돌 역할을 해 주고 있는 형태라고 해도 과언은 아니다. 하지만 분명한 것은 기독교 스승 예수께서는 '귀 있는 자는 들으라' 하시면서 그 시대 구별을 하라고 거듭 강조하셨다. 그러나 그로부터 2000년이 지난 오늘까지도 과연 그 시대변화를 구별하지 못해서 그러는 것인지, 아무튼 그 성서풀이가 비성경적으로 불투명한 것만은 사실이다.

예수께서는 이스라엘 백성들을 향해서(갈라디아 4장 8절) 여호와는 본질상 하나님이 아니라고 하시며, 너희를 그 율법 초등학문의 가르침에서 벗어나게 해 주러 왔노라고 설파하시다가 이단의 괴수로 내몰려 십자가 위에서 참수형을 당하셨다. 그것이 기독교 스승 성자 예

수의 십자가 고난 행적이다.

그런데도 오늘의 기독신학 논리는 기독교 스승 십자가의 공로를 오히려 무색하게 만들고 있는 형태나 마찬가지다. 그러한 기독신학 논리에 과거와는 달리 거기에 맹신하지 않고 고개를 돌리는 성도들로 인해서 교회 성전들이 텅텅 비어서 팔려 나가고 있는 사회풍경이 특히 서양이라고 했다.

그처럼 과거 구약시대 유대교 전통사상 원시종교논리 그대로를 기독교 스승 성자 예수의 고난을 상징하는 십자가 위에 얹고 주입시키고 있기 때문이다.

오늘 그와 같은 기독 신학논리는 태초 우주생명의 근원으로 본자연本自然하신 천지창조 하나님 그 영계靈界의 존재근원 뿐만이 아니라, 그로부터 태초 빛의 말씀으로 창조된 천상의 사람, 그 신족들이 지구에 내려와서 펼쳐 보인 초급한 능력행사 구약의 세계관을 태초의 하나님 그 영계의 능력행사로 격상시키고 있는 실태다.

그러한 성서해석 논리는 분명히 비성경적임에는 틀림이 없다. 그렇기 때문에 그렇게 계시적인 성구에서 하나님 진노의 일곱 대접을 땅에 쏟아야 하는 일곱 천사의 행사가 무엇을 의미하는 것인지 거기에 대해서 언급조차 하지 못하고 있다.

그처럼 시대구별을 하지 못하고 있는 기독신학 논리는 그동안 몇 차례에 걸쳐 지구 대이변이 있어 왔던 역사적인 증거물에 언급조차 하지 못하고 의문의 수수께끼를 안겨 주면서 그 자체가 연구가 되어 주고 있는 것이다.

오늘날 지구촌에 고등종교 스승 성자 예수의 이름을 내세우고 설파하는 기독신학 성서 해석은 그처럼 구약시대나 다를 것이 없는 초급한 유대교 종교논리 그대로 원시성을 탈피하지 못하고 있는 실태다. 하지만 그 진실여부를 성서 기록에서 분명히 밝혀볼 수 있게 해 주고 있다는 사실이다.

구약시대 그처럼 저마다 성호를 붙이고 지구에 내려와 크고 작은 능력행사를 펼쳐 보였던 신들의 행사장면에서 보여주는 형태 모습은 외형상으로는 보편적인 사람의 모습과 다를 것이 없었다. 다른 부분이 있다면 4차원으로 문명된 우주의식으로 열려 있었다는 것뿐이다.

그렇게 보편적인 사람의 모습으로 하늘과 땅을 오르내리며 지엽적으로 그 행사를 펼쳐 왔던 이스라엘의 창조주신 여호와 신의 존재뿐만이 아니라 그 보좌 신명들의 존재 근원을 구약성경(창세기 1장)에서 분명히 밝혀 볼 수 있게 해 주고 있다는 사실이다. 그런데도 오늘 서구 기독신학에서는 거기에 대해서 미급한 성서 해석으로 그처럼 여러 면으로 혼돈을 주고 있는 실태인 것이다.

창세기 1장에서 등장하는 태초의 하나님은 분명히 이름 없는 광명한 무형체로서 등장한다. 그리고 우주생명의 원소가 되는 빛의 말씀으로 우주만물을 다섯째 날까지 단계적으로 다 이루시고, 그 여섯째가 되는 날에 그 지으신 모든 것을 관리하고 다스리게 하기 위해 태초 빛의 말씀(Logos)으로 '우리의 형상을 따라 사람을 만들자' 하시고 남자와 여자를 동시에 창조하셨고, 또한 그들에게 번성하여 그 모든 것을 다스리라는 공중권세를 부여해 주셨다는 기록이다.

그처럼 창세기 1장에서 광명하신 하나님 빛의 말씀으로 창조된 이때의 '사람'이 공중권세를 부여받은 우주 지성체로서 저마다 성호를 붙이고 있는 하늘나라 신계족의 근원임을 분명히 밝혀주고 있으며, 그들에게 태초의 하나님께서 부여해 주신 능력의 역할이 각자에게 주어진 그 소명에 따라서 저마다 달랐음을 그 기록을 통해서 유추해 볼 수 있게 해 주고 있다는 사실이다.

그렇게 다스림의 이치로 공중권세를 부여받고 창조된 하늘 '사람'이 구약시대 저마다 성호를 붙이고 지구를 자유자재로 오르내리며 그 능력행사를 펼쳐 왔었던 천상의 사람으로 그 신통력을 보인 존재 근원을 창세기에서 밝혀 주고 있으며, 그러한 이치의 맥락에서 유대 땅에 구세주로 출현하신 예수께서 '말씀을 받은 자를 신이라 하였거늘…' 그 말씀의 의미가 바로 그것이다.

태초 광명하신 영계의 하나님, 그 빛의 말씀으로 창조된 이때의 '사람'이 그처럼 신성神性을 부여받은 우주지성체이기 때문에 4차원으로 문명된 하늘나라 천상의 신비적인 능력행사를 지구에 내려와 저마다 맡고 온 소명에 따라 그 역할을 충실하게 하고 있었음을 구약의 기록을 통해서 그 진실을 밝혀 볼 수 있게 해 주고 있다는 사실이다.

그러나 구약 속의 내용들이 오늘 우주시대를 열어가는 지구촌 문명인들에게 실재성을 인정하기 어려운 신화적인 요소로 전개되고 있는 것만은 사실이다. 그래서 혹자들은 잘 다듬어 꾸며진 이야기책으로 '그리스 로마 신화'나 크게 다를 것이 없다고 혹평하기도 한다. 거기에는 지구촌 인류가 발가벗어도 수치를 몰랐다는 원시시대의 이야기에서부터 구석기, 신석기 그리고 청동기시대를 거치면서 하늘 천상의 사람, 그 신들이 제공해 준 4차원의 지식정보로 점차 진보 발전되어 나온 인류역사를 그대로 담아두고 있기 때문이다.

그러나 당시의 시대적 환경을 이해하지 못한 현대인들의 시각에서는 유대민족의 역사적 뿌리 시원까지도 만들어진 허구의 이야기라고 웃어넘기는 회의론자들도 있다. 그들이 여호와 유일신을 숭배하는 종교논리에 반론을 내미는 이야기는 여간 흥미로운 것이 아니다. 그만큼 인류 시원의 뿌리 역사는 동서를 막론하고 현대인들의 시각으로 볼 때는 다분히 신화적인 요소를 내포하고 있다.

오늘 지구촌에 현대화 되지 못한 아프리카 사람들에게 조상으로부터 구전되어 내려오고 있다는 그들 뿌리의 옛 이야기는 유대민족의 뿌리 시원의 역사 구약의 실재성을 보다 확인시켜 볼 수 있게 해 주고 있기 때문에 견주어 볼 필요가 있다.

동아프리카 호전적 마사이족은 그들 조상으로부터 들어온 이야기가 하늘은 텅 빈 공간이 아니라, 현실적으로 신들이 존재하는 지극히 생동적인 공간이라는 것과, 그 신들이 신인을 낳아서 지상으로 내려 보냈다고 들어왔기 때문에 그렇게 믿고 있다는 것이다.

그들의 이야기에서 신들이 신인을 낳아 지상에 내려 보냈다고 믿고 있는 그들의 이야기가 놀랍게도 성경(창세기 1장)이 기록하고 있는 실증적인 창조논리 그대로 동일성을 내포하고 있다는 점이다. 뿐만 아니라 그들이 믿고 있는 또 하나의 이야기는 신의 아들들이 모두 인간처럼 육체를 가진 존재로서 각각 적색, 청색, 백색 및 흑색의 피부 색소를 달리하고 하늘에서 내려왔다는 것과, 그들이 서로 하나가 만들면 다른 하나가 그것을 파괴하는 이상한 짓들을 했다는 이야기다.

그렇게 그들의 조상으로부터 구전되어 내려오는 그와 같은 이야기들은 유대민족의 뿌리 역사 구약의 내용 속에서 여호와 신이 이방민족과의 능력대결로 그 피흘림의 전쟁사를 연속적으로 이루어 나왔던 기록을 통해서 그 실증을 반추해 볼 수 있게 해 준다. 그뿐만 아니라 그 당시 여호와 신의 창조물인 그 백성의 딸들을 다른 신들이 아내로 취하기도 했으며, 그 당시 신과 인간이 천상의 언어를 동일하게 구사하고 있었기 때문에 그 자손들 역시도 서로가 소통을 하고 그 유전인자 피부색소가 다른 혼혈아를 낳게 된 시대분위기에서 그 신들끼리 의기투합하여 '자! 우리가 내려가서 언어를 흩뜨러 놓자!' 하여 보여준 역사적인 사건이 성서적으로 그 유명한 '바벨탑' 사건이다.

하지만 그때 이미 그 조상신 호흡의 유전인자 정기精氣를 달리한 혼혈아들이 번식되고 있었던 것으로 혼혈은 여호와의 영광이 되는 자손이 될 수 없다는 것 때문에 거기에 진노한 여호와가 보여준 역사적인 사건이 또한 죄악이 관영하다 하고 유일하게 혼혈되지 않은 노아가족만 남기고 몽땅 물로 쓸어버린 물 심판이 그처럼 유명한 '노아홍수' 라는 것이었다.

그러한 성서적인 내용의 사건을 보더라도 오늘 서구 기독교 신학자들이 지구에 분파되어 있는 오색인종의 뿌리 역사를 유대민족의 뿌리 조상 아담의 혈통계보에 단일화 시키고 있다는 것도 문제지만, 그 유대민족 주신에 국한된 신계족인 여호와를 고등종교 기독교 스승 성자 예수께서 지칭하신 대우주적인 성부 하나님으로 격상시킴으로써 우주근원의 실상을 바로 알지 못하도록 어둠 역사로 만들고 있는 실태가 오늘 그와 같은 서구 기독신학의 논리라고 할 수 있다. 그 논리가 피부의 색깔을 비롯하여 종교뿐만 아니라 환경과 전통관습 등이 전혀 다른 족속의 뿌리 역사를 유대민족의 혈통계보에 묶어 단일화 시키고 있기 때문이다.

그러나 그러한 서구문화와는 고립적 상태에 놓인 그들이 조상으로부터 구전되어 내려왔다는 이야기는 구약의 내용 속에서 전개되는 신들의 행사장면이나 다를 것이 없는 진실함 그대로다. 그 이야기 속에는 지상의 모든 동식물은 그 신들이 하늘에서 가지고 온 것이라고 조상으로부터 들어온 그 이야기를 간직하고 있으며, 그 밖에 수단의 마디모루족도 그와 유사한 조상 뿌리 역사를 나름대로 간직해 오고 있는 이야기가 그들의 조상신이 처음에는 하늘에서 살았지만 지구를 왕래하면서 그들에게 하늘나라 음식을 전해 주고 여러 가지 세상을 살아가는 방법을 전해 주었다고 말하고 있다는 것이다.

그와 같은 이야기는 그 밖에 나사 부근의 베나라는 부족 역시도 그와 다르지 않은 전설적인 이야기를 간직하고 있는 것으로, 처음에 하늘에서 4신이 내려와 자신들의 조상이 되었다고 굳게 믿는 그 믿음이 토속신앙으로 그들 부족정신을 만들어 나오고 있다는 것이며, 심지어는 지금까지도 문명과는 고립상태로 살아가고 있는 우간다에 있는 반투계의 나이오로족 역시도 마찬가지다. 인간의 모습과 다를 것이 없는 한 쌍의 신인들이 하늘에서 내려와 지구에 처음 인간 생명을 심었다고 믿고 있으며, 쿨루웨라는 부족 역시도 그들을 있게 한 신이 하늘에서 씨앗과 땅을 고르게 하는 갈퀴와, 그리고 도끼와 풀무를 가지고 내려와 세상을 살아가는 여러 가지 방법을 그 조상들에게 가르쳐 주었다고 자랑하고 있다는 것이다.

특히 케냐의 난디라는 부족은 이스라엘 민족 조상신의 이름이 '여호와' 라고 하는 것이나 마찬가지로 그들이 주신으로 믿고 있는 주신의 성호가 '토로루트' 라고 하는데 그 모습이 사람과 같은데 다만 날개가 달려 있다는 것으로, 흥미로운 것은 그 신이 날개를 움직일 때면 번개가 치고 우레 같은 소리를 낸다는 것이 구약성서 기록에서 여호와가 나타나고 사라질 때의 운행 상황 장면과 그 전개 상황이 다르지 않다는 점이다.

구약성경에 등장하는 에스겔은 지금으로부터 약 2천 6백년 전의 사람이다. 그는 유대족속의 제사장으로 선지자라고 했다. 그가 주신 '하나님의 이상'을 목도했다는 장소는 그발 강가였다. '그발'은 유프라테스 강을 본류로 삼고 있는 운하의 이름이다. 그는 여기에서 '하나님의 이상'을 목도하고 난 이후, 그가 하나님을 만났다는 횟수와 날짜까지도 기록해 두고 있으면서, 자신이 그 승용물체에 탑승한 체험을 다음과 같이 기록하고 있다(에스겔 1장 4~8).

> 내가 보니 북방에서부터 폭풍과 큰 구름이 오는데 그 속에서 불이 번쩍 번쩍하여 빛이 그 사면에 비치며, 그 불 가운데 단쇠 같은 것이 나타나 보이고 그 속에서 네 생물의 형상이 나타나는데 그 모양이 이러하니 사람의 형상이라. 각각 네 얼굴과 네 날개가 달려 있고 그 다리는 곧고, 그 발바닥은 송아지 발바닥 같고 마광광 구리같이 빛나며 그 사면 날개 밑에는 각각 사람의 손이 있더라.

에스겔은 하늘에서 내려오는 천상의 사람, 그 실재적인 운행 비행물체를 '하나님의 이상'이라고 묘사하고 있다. 그것은 당시 문명의 이기를 보지 못했던 사람들에게 있어서는 신의 초자연적인 힘, 곧 신비적인 능력의 기적으로 보고 있는 것이다.

하지만 에스겔이 본 그 하나님의 이상을 문명이 진보된 현대인의 시각에서 볼 때는 분명히 문명된 천상의 4차원의 비행물체였음이다. 오늘날 비행물체가 하강할 때의 장면과 그 하부구조의 모습을 그대로 묘사하고 있기 때문이다.

특히 그 하나님의 이상이 나타날 때 북방에서부터 폭풍과 큰 구름이 오고 있었다는 그 부분이다. 구름이란, 제트기가 고공을 날을 때 일어나는 현상이다. 그리고 우주선이 목적지에 이를 때에 불빛을 점 멸하면서 오는 과정에서의 묘사를 에스겔은 '번갯불'이 번쩍번쩍 사 면으로 비쳤다고 했으며, 또 불 가운데 단쇠 속에서 네 생물의 형상 이 나타나는데 사람의 형상이라고 한 것은, 오늘날 우주복을 착용한 승무원을 연상케 해 주고도 남는다.

그 천상의 사람, 신들이 사용했던 비행물체에 직접 탑승했던 엘리 야의 체험을 구약의 내용 속에 담아두고 있다(열왕기하 2장 11절).

여호와께서 회리바람으로 엘리야를 하늘에 올리고자 하실 때에 두 사람이(엘리야와 엘리사) 행하며 말하더니, 홀연히 불수레와 불말 들이 두 사람을 격하고 엘리야가 회리바람을 타고 승천하더라.

위의 성구에서 주목되는 것은 '올리고자' 했다는 단어로 어떤 수 단에 의해 운반되어짐을 나타내 주고 있는 현상이 그때에 일어나는 '회리바람'이다. 그처럼 4차원으로 문명된 천상의 실재적인 운송수 단의 비행물체로 하늘과 땅을 자유자재로 오르내렸음을 보여주고 있 는 여호와의 행사모습이다.

바로 그것이다. 그러한 여호와 신의 행사모습은 분명히 이스라엘 민족에 국한된 창조수호신으로서 거기에 따른 책임과 의무를 열심히 행사하고 있는 모습 장면을 다음 기록에서도 보여주고 있다(시편 7장 11-13).

하나님은 의로우신 재판장님이시여, 매일 분노하시는 하나님이시로다. 사람이 회개치 아니하면 저가 그 칼을 갈으심이여, 그 활을 이미 당기어 예비하셨도다. 죽일 기계를 또한 예비하심이여, 그 만든 살은 회전이로다.

그 성구 내용이야말로 여호와 신의 존재를 분명히 인지할 수 있게 해 주는 기록이다. 그처럼 여호와는 그 이스라엘 백성 창조수호신으로서 그들의 의식 진화를 위해 감시감찰하고 매일 진노했던 것이며, 그 자손들이 그가 세운 명령의 계율에 어긋나게 되면, 그 의식진화 가능성이 보이지 않는 인간으로 간주하여 그 백성들을 각성하게 하는 표본으로 칼이 아니면 불화살을 쏘아 생명을 빼앗기를 주저하지 않았음을 보여주고 있다.

그 불화살이 문명된 천상의 레이저 광선이었음을 입증해 주는 실례가 다니엘이 사자굴 속에 던져졌을 때의 사건이 더욱 확실하게 해 준다(다니엘 6장 22).

나의 하나님이 이미 그 천사를 보내어 사자들의 입을 봉하게 하였으므로 사자들이 나를 상해치 아니 하였사오니……

그 기록에서 사자의 입을 봉했다는 천사는 분명히 레이저 마비 광선을 쏘아서 사자를 움직이지 못하게 했음이다. 천상의 신들에게는 그보다 더한 4차원의 문명의 이기가 발달되어 있었음을 '요나서'에 등장하는 큰 물고기 '고래'가 그것이다.

당시의 사람들은 오늘날 잠수함 같은 것은 상상도 해볼 수가 없었던 시대로 비행기를 '까마귀' '불말' '불수레' 등으로 묘사하고 있으며, 잠수함을 '고래'라고 묘사하고 있는 것이다.

그런데도 오늘날까지 지구촌 과학문명을 발전시켜 나왔다는 소위 서양문화권에서 태동한 기독신학 성서학자들의 논리가 그것이 마치 여호와 하나님 기적의 능력인 것처럼 설파하고 있으며, 또 그대로를 받아들여 믿고 있는 신도들이다. 그것이 오늘 우리의 현실이기 때문에 그 성구를 다시 재고해 볼 필요가 있는 것이다.

요나는 니느웨 성으로 가라는 여호와의 명령을 거스르고 자기 생각대로 움직이다가 감시 감찰하고 있던 여호와의 진노를 입고 마침내 바다에 던져지게 되었다. 이때 큰 물고기 고래가 나타나 요나를 삼켜버린다. 그러나 요나는 그 고래 배속에서 비로소 여호와의 지시에 불순종했음을 후회하게 된다.

그렇게 요나가 돌이켜 간구하는 회개의 음성을 듣고 여호와가 고래 배속에 들어간 요나를 사흘 만에 육지에 토해 내놓도록 했다는 기록이 바로 그것이다. 아무리 큰 고래라 하더라도 사람이 삼켜지면서부터 공기를 들여마실 수가 없게 됨으로 질식해 죽게 마련이다. 뿐만 아니라 삼켜짐과 동시에 고래의 위액이 사람을 소화시켜 버린다는 것은 지극히 정상적인 자연현상이다.

그러나 요나는 질식하지도 녹아버리지도 않은 채, 그 안에서 회개를 했다는 것이며, 또 아무 일도 없었던 것처럼 육지에 내려졌다고 했다.

그러한 당시의 미개한 사람들의 묘사 기록 그대로 신학자들은 여호와 하나님의 '기적'이라고 말하기를 서슴지 않고 있다. '기적'이란 인간의 머리로 도저히 헤아릴 수 없는 그 어떤 한계에 부딪쳤을 때 편의상 쓰는 용어로 해명이 불가능했을 때에 쓰는 묘사다. 그처럼 구약시대는 비행물체와 잠수함은 해명이 불가능할 수밖에 없었던 시대였다. 그 기록을 참고해 볼 때 그들은 그때 이미 4차원의 과학문명으로 지구의 해저와 항공을 탐사하여 움직이고 있었음을 구약의 내용을 통해서 유추해 볼 수 있게 해 주고 있다는 사실이다.

구약에서 스가랴가 보았다는 천상의 신들이 비행물체를 타고 내려와서 그에게 정보를 제공해 준 것은 건축물로서 실재적인 집이었음을 기록하고 있다(스가랴 5장 9~11).

내가 또 눈을 들어 본 즉, 두 여인이 나왔는데 학의 날개 같은 날개가 있고, 그 날개에 바람이 있더라. 그들이 그 에바를 천지 사이에 들었기로 내게 말하는 천사에게 묻되, 그들이 에바를 어디로 옮겨가나이까. 하매 내게 이르되, 그들이 시날 땅으로 가서 그를 위하여 집을 지으려 함이니라. 준공되면 그가 제 처소에 머물게 되리라 하더라.

이렇게 과거 천상의 신들은 지구에 내려와 인간에게 거처할 집까지 직접 마련해 주었을 뿐만 아니라, 여호와가 이스라엘의 언약궤를 만들도록 지시할 때도 그 치수를 세밀하게 가르쳐 주었고, 제사장이 입을 '예복' 역시도 옷의 모양과 재단법까지도 하나씩 열거해 가면서 자세하게 가르쳐 주고 있었음을 기록하고 있다.

구약의 내용 속에서 그처럼 보여주고 있는 것은 아득히 먼 옛날 26세기 전, 비행기나 잠수함 그리고 헬리콥터 등 문명의 이기를 보지 못했던 미개한 당시의 사람들이 그 의식 수준에서 체험하고 본 일을 '여호와 하나님의 기적' 또는 '하나님의 이상' '환상으로 표현하고 있는 일종의 보고서와 같은 것으로 그것은 에스겔의 마지막 비행 기록에서 더욱 확실하게 해 준다(에스겔 40장 1-2).

> 우리가 사로잡힌 지 이십오 년이요, 성이 함락된 후 십사 년 정월 십일 곧, 그날에 여호와 권능이 내게 임하여 나를 데리고 이스라엘 땅으로 가시되, 하나님의 이상 중에 나를 데리고 그 땅에 이르러 나를 극히 높은 산 위에 내려놓으시는데, 거기서 남으로 향하여 성읍 형상 같은 것이 있더라.

> 여기에서 에스겔은 그 모양이 놋같이 빛난 사람 하나가 손에 삼줄과 측량하는 장대를 가지고 문에 서서 있더니, 그 사람이 내게 이르되, "인자야! 내가 네게 보이는 그것을 눈으로 보고 귀로 들으며 네 마음으로 생각할지어다. 내가 이것을 네게 보이려고 이리로 데리고 왔나니, 너는 본 것을 다 이스라엘 족속에게 고할지어다.

이렇게 구약시대 천상의 신들이 그 유전인자 색소가 닮아 있는 족속에게 문명된 천상의 4차원의 정보를 열심히 제공해 주고 있는 상황장면 기록이다.

그처럼 섬세하게 가르쳐 주는 정보는 무려 4장에 걸쳐 기록된 실측 치수로 건물을 비롯하여 그 외곽과 안뜰의 크기며, 계단의 충수를 비롯하여 심지어는 창문의 커텐 유무와 조각들의 모양에 이르기까지 하나도 빠짐이 없이 문자 그대로 전부 수록되어 있는 것이었다.

그 자료의 기록만 있으면 설계도면이 따로 필요가 없이 똑같은 성전을 지을 수 있을 정도로 정확하면서도 방대한 것으로, 에스겔은 그날 '놋같이 빛난 사람' 의 분부대로 그 기록을 정확히 그 후세에 전하고 있다.

이렇게 동서의 각 민족들이 그 뿌리 역사에서 담아 두고 있는 기록물은 고대 타민족의 신들 역시도 마찬가지였다. 이스라엘 여호와 신처럼 비록 방법은 다르지만 그 나름대로 독특한 모양으로 문명된 하늘나라 4차원의 정보를 그 흔적의 메시지로 지구 도처에 남겨 두고 떠났다. 그중에 우리가 알고 있는 이집트의 피라미드가 그것이다.

그 피라미드가 재래식 의미의 '임금의 묘'라는 설명은 이미 설득력을 잃어버린 지가 오래다. 그것은 고대인들의 지적 수준이 오늘 문명된 현대과학으로 해득하기 어려운 이상한 에너지를 가지고 있다는 사실은 이미 널리 알려져 상식화 되어 있다. 거기에는 천상의 신들이 인류의 후세들에게 문명된 천상의 지식정보를 제공해 주기 위한 메시지가 입체적으로 그렇게 표현되어 있다고 보아야 할 것이다.

그것은 신기할 정도로 피라미드를 지나는 자오선(지구의 양극과 피라미드 정점을 지나는 선)은 지구상의 대륙과 대양을 정확히 2등분하고 있다는 것이 과학자들의 연구 보고서다.

뿐만 아니라 과거 미개했던 고대인들의 의식 수준으로는 피라미드가 설계될 수 없음은, 고대 이집트 왕들이 미라로 발견된 피라미드 모형도 치수에 비례되게 종이나 플라스틱판 등을 이용하여 속이 빈 피라미드 모형을 만들어 정확히 남북축 위에 놓고, 그 높이 1/3 되는 곳에 식물이나 또는 육류조각 등을 넣어 놓으면 일정한 기간이 지난 후에도 모양이나 색깔 또는 냄새 등을 그대로 간직한 채 '미라'로 변한다는 것이다.

그처럼 초과학 문명에 도달하는 피라미드를 고대 이집트인들이 설계할 수 없었음은 의심해 볼 여지가 없다. 그 형태는 이스라엘 민족

주신 여호와가 그 백성들에게 '하나님의 이상' 혹은 '여호와의 권능' 으로 보여준 4차원의 기계 메커니즘이나 마찬가지로 이집트의 민족주신 역시도 천상의 문명된 과학정보 메시지를 그 자손 후세를 위하여 입체적으로 표현해 두고 있는 메시지로 보아야 할 것이다.

이렇게 동서고금을 통해 보는 각 민족의 뿌리 시원의 역사는 천상의 신들이 이미 문명된 하늘나라 이기로 지상을 오르내렸으며, 각 족속의 뿌리 역사 기록이 그처럼 구약 속에 기록된 신들의 행사장면이나 마찬가지로 신화적인 요소를 동일하게 담아 두고 있다는 점이다.

그런데도 서구 신학자들은 타민족의 뿌리 역사는 실재성이 없는 신화로 매도하면서 당시 미개인의 의식수준 그대로 신과 인간을 멀리 동떨어진 신비한 존재로 원시적 사고로 퇴락시키는 기복신앙관을 주입시켜 오고 있는 실태가 특히 서구 기독신학이다.

하지만 오늘 21세기를 살아가는 현대인들은 과거 미개했던 중세기 사람들의 의식수준이 아니라, 구약시대 그처럼 지구에 내려와 물체 인간을 창조했던 천상의 사람, 그 우주 지성체에 도달해 가고 있음을 여러 형태로 나타내 보여주고 있다.

그렇기 때문에 구약시대 여호와 신의 행사에서 이스라엘 백성과 이웃하고 있었다는 이방민족을 개체로 두고 잦은 능력 대결의 싸움이나 붙이며 떼죽음을 시키는 여호와를 전지전능하시고 사랑이 많은 하나님으로 믿으라는 성직자들의 설교는 순진무구한 신도들을 기만하는 것이나 다를 것이 없다는 것이 특히 타종교인들의 비난의 화살이다.

하지만 그러한 이스라엘의 하나님 여호와의 행사기록을 오늘 우리가 반추해 보아야 할 이유는 거기에 담아 두고 있는 기록들이 어느

한 민족을 위한 밀교서적 문서가 아니라, 그 민족과 이웃하고 공존해 온 지구촌 인류문화의 유산으로 보아야 한다는 것 때문이다.

다만 문제는 서구문화 그대로를 여과 없이 받아들인 성직자들이 구약시대 지엽적인 유대민족의 뿌리 역사를 지구촌 인류역사 시원으로 예속화시키면서 지엽적인 유대민족의 주신 여호와를 대우주적인 성부 하나님 신위에 올려놓고 '의심은 죄니라' 하고 더는 이성적인 진리의 분별력을 막아서고 있기 때문에 구약과 신약을 엄밀히 검토 분석해 볼 필요가 여기에 있다는 것이다.

동서를 막론하고 종교는 그 민족 전통문화 유산으로서 4차원의 정신과학이며, 자연과학으로서 그 현상이 예술과 역사 등을 이루어 나올 수 있게 했던 기틀이 되게 한 것이다.

그처럼 지구상에 흩어져 있는 각 부족들이 저마다 간직하고 있는 조상 뿌리 이야기는 우주시대를 열어가는 문명화된 서양인들이 유일하게 인정하는 구약의 내용과 다르지 않다는 점이다.

그런 면에서 우리 배달한민족 뿌리 역사 기록을 유추해 볼 필요가 있다. 배달한민족의 뿌리를 세우신 조상신의 성호를 환웅천제桓雄天帝라고 했다.

환단고기桓檀古記에는 그 환웅천제께서 하늘 삼천무리의 신장 선관들의 옹립을 받으며 중앙아시아 한밝산 신단수 아래 내려오시어 터를 잡은 곳이라 하여 검벌, 신시神市라고 했다는 것이다.

여기에서 처음 사람 남자 아반과 여자 아만을 만들고 그로부터 번성되어지는 백성들을 지켜보시며 거느리고 온 삼천의 보좌 신명들에게 각기 그 소명을 주어 그 자손들이 세상을 살아나가는 여러 가지 이름을 배달국倍達國 또는 배달환국倍達桓國이라 하였고, 백성들이 이분을 검벌환웅神市桓雄이라고 칭해서 부르고 숭배했다는 것이다.

그 가르치심이 지구촌에 물질과학문명을 앞서 발전시켜 나오게 했던 서양의 이분법적인 정신사고와는 그 차원이 다른 천지인 그 삼천대세계가 태초의 천지창조 하나님의 '한틀' 속에서 운행되어지고 있다는 일원론으로 그 삼일철학이라는 것이다.

그 가르치심이 배달한민족의 조상신 환웅천제님께서 조상시원의 뿌리에서부터 심어준 종교며 철학으로 한사상이라고 했다는 것이며, 그 사상이념이 서양이 도달치 못하는 인류평화를 구현하는 홍익인간 이화세계의 휴머니즘으로 우주과학 정신문명을 가르쳐 주신 것이라고 했다.

그와 같은 배달한민족 홍익인간 이념의 사상은 과거 지구에 내려와 하늘의 근원적인 이치를 가르쳐준 성인 현자들이며, 또 크고 작은 과학지식 정보와 예술혼을 보여주고 갔던 천제들의 모든 정기를 한틀 속에 엮어 담고 있는 진리의 원통맥이라는 것이었다.

그런 맥락에서 기독교 스승 예수께서 제자들에게 세상에는 하늘의 영과 땅의 영이 있다고 귀띔하셨던 것으로, 인도의 시성 타고르는 과거와 현재, 그리고 미래를 내다보는 영적 기파를 보유하고 온 예언자로 우리 배달민족 위에 펴신 홍익사상이 곧 태초의 조화주 하나님 그 우주정신으로 만국에 빛을 발하게 될 것임을 다음과 같은 시구로 읊어 주었다.

동방의 등불

일찍이 아시아의 황금시기에

빛나던 등불의 하나였던 코리아
그 등불 다시 켜지는 날에
너는 동방의 밝은 빛이 되리라
마음에는 두려움이 없고
머리는 높이 쳐들린 곳
지식은 자유스럽고 좁다란 담벽으로
세계가 조각조각 갈라지지 않는 곳
진실의 깊은 속에서 말씀이 솟아나는 곳
끊임없는 노력이 완성을 향하여 팔을 벌리는 곳
지성의 맑은 흐름이
굳어진 습관의 모래벌판에 길 잃지 않는 곳
무한히 퍼져 나가는 생각과 행동으로
우리들의 마음이 인도되는 곳
그러한 자유의 천국으로
내 마음의 조국 코리아여 깨어나소서!

　동양 문화권에서는 최초로 노벨문학상을 수상한 인도의 영적 시인 타고르였다. 그가 일본을 방문했을 때 한국도 방문해 줄 것을 요청하는 우리의 동아일보 기자에게 지금은 한국을 방문할 수 없는 분위기를 대신하여 시로써 그 마음을 전하겠다고 하여 쓴 예언의 시다. 그때는 우리나라가 일제강점기에 있었기 때문이다.
　영적 시인 타고르는 그처럼 과거, 현재 미래를 볼 줄 아는 눈, 즉 그 영적 기파를 비장하고 있었던 것으로, 전 세계 곳곳에 나라를 달리하고 왔다 간 성인 현자들이 천도의 순행을 살펴 과거, 현재, 미래를 투시하여 예언했듯이, 영적 시인 타고르 역시도 한국은 또 다시 동방의 등불이 되어 그 밝은 빛이 고조선 시대와 마찬가지로 세계를 비치게 될 것임을 암시하여 예언적 시로써 전해 준 것이다.

그러나 그처럼 위대한 배달한민족의 후예들은 오늘 그 뿌리의 소중함을 잃고 있는 가운데 배달한민족의 국혼은 뿌리를 잘리운 채 통곡하며 표류하고 있는 실태다.

그러나 다행스럽게도 지구촌을 동서로 오고 간 성인들과 현자들은 한결같이 후천의 말법시대가 이르게 되면 배달겨레가 다시 그 등불을 켜서 세계만방에 비추게 될 것이라는 그 예언의 목소리를 같이하고 있다. 서양의 기독교인이면서도 대예언자인 노스트라다무스 역시도 천지의 비밀은 동양의 도학에서 그 신비의 베일을 벗겨줄 것이라고 예언한 바 있다.

그가 말한 동양의 도학, 그 학문의 이론은 서양이 물질문명을 발전시켜 나올 수가 있도록 기여한 아인슈타인의 상대성 원리를 먼저 터득한 것으로, 동양의 도학은 자연의 이치를 음양론陰陽論에 그 바탕을 두고 있는 것이다.

이러한 동양의 우주에 대한 시각은 형상화된 우주 그 이면에 보이지 않는 본질의 기운이 무엇인가를 살펴보는 데서 시작하고 있다. 그 논리가 바로 상대성 음양론을 바탕으로, 태초 우주는 밝고 가볍게 뜨는 양기와 어둡고 무겁게 가라앉는 음기陰氣가 하나로 뭉쳐서 우주만물을 만들어냈다는 이치이다. 그 원리가 태초에 밝고 가볍게 뜨는 양기陽氣를 영靈이라고 하고, 어둡고 무겁게 가라앉는 음기를 혼魂이라고 하여 영은 성부 하나님으로 천기에 속하고, 혼은 성모 하나님으로 지기地氣라고 하여 태초 건곤乾坤 천지 부모의 우주영혼이라고 했다.

이러한 음양론의 이치에서 배달민족 조상들은 창조주를 '조화주 하나님'이라고 하였으며, 그 음양 천지부모 조화주께서만 생명을 만들어낸 근본자리라고 말해 왔던 것이다.

그러한 본자연의 섭리가 완전한 도를 행사하기 위해 음양 건곤이 일체라는 태초 천지부모 우주정기 영과 혼이 서로를 끌어당겨 완전한 일체를 이룬 모습을 태극太極이라고 했으며, 그 원리가 놀랍게도 '창세기 1장'의 그 전개상황 기록과 맞물리고 있다는 사실이다.

그처럼 태초의 천지부모 우주 영혼이 그 스스로의 완성을 위해서 운행하는 과정에서 우주력이라는 생명의 원소 그 '빛'이 음양 두 원기의 기마찰 충돌에 의해서 만들어졌다는 논리가 바로 지구촌 물질 문명을 이루어 나온 과학의 원리로 아인슈타인의 상대성 논리다.

그러한 이치의 맥락이 또한 불교의 교조이신 석가모니 부처께서 설파하신 '공즉시색 색즉시공'이다. 즉 우주는 있음도 없음도 아니니 '있다' 함은 기氣의 뭉침이며, '없다' 함은 기의 흩어짐으로, 있음이 없음이며, 없음이 곧 있음과 다름 없다는 말씀의 뜻이었다.

그러한 기의 원리가 바로 창세기 1장에서 기록하고 있는 만생명의 원소라는 그 태초의 '빛'으로, 그 빛이 바로 천지창조 하나님의 우주 영혼의 정기로 창세기에 기록하고 있는 조화주 하나님 말씀의 능력이다. 그 원리가 동양사상으로 보는 삼생만물로 대도의 자연지도로서, 자연만물을 기르는 덕을 노자 성현은 자연발생적인 현덕이라고 하고, 대도와 대덕이 자연을 낳고 기른다고 하여 도덕이라고 한 것으로 그 구성이 하늘 근본의 이치를 그대로 이해하여 사실적으로 진술하게 반영시키고 있다는 점이다.

그런데도 오늘 서양 문화권에서 태동한 서구 기독신학은 그처럼 어지럽게 창세기 1장과 2장을 혼합시켜 설파함으로써 기독교 스승 성자 예수로 문이 열린 진리의 말씀을 그처럼 혼탁한 '쑥물'로 만들어 많은 영혼을 노략질하는 '사단의회'가 있을 것이라는 계시록의 예언과, 예수께서 '내가 너희를 위해 수고한 것이 헛될까 염려하노라' 하신 그 말씀을 다시 상기해 보게 해 준다. 어쩌면 그 말씀 그대로 응해진 형태가 오늘 서구기독신학 논리이기 때문이다. 그러나 성경 신구약을 엄격히 분석했을 때 구약시대를 마감하기 위해서 구세주로 출현하셨다는 기독교 스승 성자 예수다. 그 신약복음 속에서 인류구원을 위해 하신 말씀이 그 시대변화로 본질상 하나님이 아닌 여호와 신의 창조능력 행사에 의해서 영원성이 없이 창조된 너희를 태초 그 빛의 말씀으로 만물을 다스리는 고등영체로 그 신성을 부여해 주러 왔노라고 하신 것이다.

그 말씀의 뜻이 바로 그리스도 성자 예수 인류 구원이라는 하늘나라 복된 희소식으로, 그 말씀을 듣고 거듭남을 입게 되면 너희가 그동안 절대자 천주 하나님으로 믿고 숭배해 왔던 여호와 신과 주종의 관계에서 벗어나 그 능력행사를 해 왔던 신들이나 마찬가지로 영혼의 자유함을 얻고 또한 그와 같은 능력행사를 할 수 있기 때문에 '다시는 무거운 종의 멍에를 짊어지지 말라'고 하신 말씀의 뜻이 바로 거기에 있었던 것이다.

그처럼 예수께서 본질상 하나님이 아니라고 하신 그 천상의 신들이 태초의 하나님으로부터 창조와 동시에 다스림의 공중권세를 부여받은 우주지성체로 하늘에 정부를 두고 저마다 그 맡은 바 소명을 달리하고 지구에 내려와 그 능력행사를 펼쳐 왔던 신계족神界族이다.

그 천상의 신족들 능력행사에서 유대민족 창조수호신 여호와처럼 물체인간을 설계창조하도록 주어진 역할의 소명과는 달리 미완된 지구를 몇 차례에 걸쳐 거듭 개벽하도록 '요한 계시록'에서 그 일곱 천사에게 주었다는 소명의 역할이 진노의 하나님 바로 그 '일곱 대접'을 땅에 쏟으라는 지시였다.

그 섭리역사가 바로 본자연하신 영계의 조화주 하나님 위치에서 처음 아무것도 없는 혼몽한 가운데 시작한 천지창조 완성을 목적으로 하는 본래의 뜻이 조물주 하나님의 성공시대로 그 결과 체를 얻기 위함이 시작과 끝이라는 알파와 오메가의 하나님 그 천기운행이라고 한 것이었다.

그러한 조물주 하나님 기운행의 섭리역사로 인하여 과거 지구에 일어났었던 그 이변현상이 육지가 바다가 되고, 바다가 육지가 되는 대이변의 개벽현상으로, 성서 기록상으로 그동안 6번에 걸쳐 있어 왔고, 이제 그 마지막 7단계로 진입해 들어가고 있음을 예수께서 '이 세대가 지나기 전에 다 이루리라' 하신 말씀이 그 뜻을 내포하고 있는 것이었으며, 천지창조 하나님께서 목적하신 성공시대가 어떠한 모습으로 도래하는지 성경은 다음과 같은 내용으로 계시를 해 주고 있다(요한 계시록 21장 1~).

또 내가 새 하늘과 새 땅을 보니 처음 하늘과 처음 땅이 없어졌고, 바다도 다시 있지 않더라. 또 내가 보매 거룩한 성 새 예루살렘이 하나님께로부터 내려오니 그 예비한 것이 신부가 남편을 위하여 단장한 것 같더라. 내가 들으니 보좌에서 큰 음성이 나서 가로되, 보라 하나님의 장막이 사람들과 함께 있으며 하나님이 저희와 함께 거하시리니 저희는 하나님의 백성이 되고 하나님은 친히 저희와 함께 계셔서 모든 눈물을 그 눈에서 씻기시며 다시 사망이 없고 애통하는 것이나 곡하는 것이나 아픈 것이 다시 있지 아니 하리니 처음 것들이 다 지나갔음이라. 보좌에 앉으신 이가 가라사대 이 말은 진실하고 참되니 기록하라 하시고 말씀하시기를 "다 이루었도다. 나는 알파와 오메가라, 처음과 나중이라, 내가 생명수 샘물로 목마른 자에게 값없이 주리니 이기는 자는 그것들을 유업으로 얻으리라. 나는 저희 하나님이 되고, 그는 내 아들이 되리라."

위의 성구에서 주목되는 부분이 '이기는 자' 다. 그들이 바로 성부 하나님의 종복 그 천상의 신들이 지구에 내려와 인간농사업장을 가꾸던 그 시절에 맞추어 시대와 나라를 달리하고 출현하신 7대 성현들의 진리의 말씀을 듣고 헛된 세상 물질지향적인 욕심의 마음을 비우고 닦은 수행자들이다.

그들이 예수께서 오직 그 나라 그 의를 구하라는 말씀에 순종한 자들로 온갖 거짓된 세상의 탐욕과 유혹을 정심정도正心正道로써 뿌리치고 영혼이 성숙된 자들이다. 그들이 완성체로 하나님이 오랫동안 고대하고 바라신 알곡으로 성인의 반열에 들어가는 하나님의 아들로서 동일체가 된다는 뜻이다.

그러한 이치를 기독교 스승 성자 예수께서 신약복음에서 가르쳐 주신 말씀으로, 그렇게 인간영혼이 성숙되었을 때 '너와 내가 형제라고 하기를 부끄러워하지 않겠다' 고 하시며 그 뜻을 주인이 농사짓는 비유까지를 들어가며 설파하신 것이다.

그 섭리하심이 천지창조 하나님께서 천상의 신들에게 인간농사 업장을 펼치게 하셨고, 그 종자 씨들을 영혼생명의 알곡으로 익히도록 진리의 성자들을 내려보내신 것이 거기에 목적을 둔 섭리 역사라는 것이었다.

그렇게 바라고 고대하시는 성숙된 인간영혼 생명체들을 모아 새로운 세상을 열게 된다는 하나님의 섭리역사가 지상낙원세계로 예수께서 '너희가 중언 붕언 기도하지 말고 하늘의 뜻이 땅에서 이루어지리라.' 그렇게 기도하라고 하시며, 그 뜻이 땅에서 이루어지는 그때에 예수께서도 '새 이름'으로 다시 오리라고 하신 재림예수 그 약속의 언약이다.

그러한 천지공사의 섭리역사가 태초 하나님 빛의 아들 성령체가 과거 2000년 전에 하나님의 종복 여호와신이 그 종자 씨 텃밭을 가꾸던 유대 땅에 볼품없는 인자로 출현하셨듯이 하나님의 뜻이 땅에서 이루어지는 그때에 '새 이름'으로 구름을 타고 다시 오리라고 하신 것이다.

거기에서 '구름'은 물적인 음기陰氣를 나타내 주는 것으로 과거나 마찬가지로 육신의 형태 그 모습과 같이 인자人子로 다시 오신다는 의미를 나타내 주고 있는 것이다.

그 섭리역사가 분열장생 도수였던 선천시대에 있었던 지구 대이변의 환란이 모두 끝나고 마무리짓는 알파와 오메가 하나님께서 목적하신 그 성공시대이기 때문에 지극하신 성모 백보좌 하나님과 함께 그 보좌신명들까지도 사람의 모습 그 형태로 지상에 출현할 뿐만 아니라, 과거에 인자로 출현하셨던 성현들과 천상의 조화신단들까지도 사람의 혈통계보를 타고 출현하게 된다는 의미를 그처럼 성경 요한 계시록에 담아두고 있는 것이다.

그것이 태초의 조화주 하나님 그 섭리역사로 창조주와 피조물이 동일체가 되기 위한 조물주 스스로의 본능적 작용이라는 것을 예수께서 주인이 농사짓는 비유로 말씀하신 뜻이 바로 거기에 있었던 것이다.

그와 같이 태초에 물질을 형성케 하신 본자연의 위치에서 먼저는 하나님의 종복들이 지구에 인간 농사업장을 벌리고 가꾸어 나오던 초등학문의 계율 그 율법구약시대를 이루어 나오게 하셨으며, 그로부터 4000년이라는 시간대가 흘렀을 때였다. 그처럼 하나님의 종복 여호와가 그 종자 텃밭을 가꾸던 구약시대를 마감케 하기 위한 섭리 역사가 드디어 그 시대 변화로 하나님의 아들 구세주 메시아 진리의 성자 예수 출현이었다.

그렇게 유대 땅에 구세주로 보내심을 입은 성자 예수께서 그 뻣뻣한 종자 싹수들을 알곡으로 익히기 위해 만사에 섭생하는 원리로 삼라만상이 살아나고 사라지는 생멸변화의 이치를 진리의 말씀으로 설파하시면서, '목마른 자들은 내게 와서 마시라' 고 하신 그 말씀이 영원한 생명의 영생수라고 한 것이었다.

그처럼 인간영혼이 성숙되는 영생수를 그 텃밭에 뿌려 완벽하게 익은 결과체를 얻기 위해 성체에 물과 피를 흘리시기까지 수고를 하시고, 태초의 하나님 그 빛의 아들로서 활달자재할 수 있다는 생체부활의 능력을 유대 텃밭 그 종자 싹수들에게 그처럼 보여주시고 '너희 믿음대로 이루어지리라' 하시며 그 제자들에게 때가 이르면 다시 오겠다는 약속의 언약을 남기시고 그처럼 부활 승천하신 것이다.

그처럼 다시 오겠다는 약속의 날이 예수께서 비유적으로 말씀하셨던 주인이 그 열매를 거두기 위해 세상에 직접 출현하신다는 가을 추수기로 그 때가 이르면 주인이 그 밭에 나와 그때까지도 익지 못한 종자 싹수들은 모아서 불에 태우고, 알곡은 거두어 주인의 창고에 넣는 추수타작 마당을 벌리게 될 것이라는 것이 그 비유적인 말씀이었다.

그 주인의 창고가 바로 기독교 스승 예수께서 말씀하신 지상천국으로 지상낙원 세계며, 불교의 교조이신 석가모니 붓다께서 말씀하신 구주미륵불 정토세계며, 또한 배달한민족 조상들이 일찍이 조상신으로부터 배워 말해 왔던 그 홍익인간 이화세계인 것이다.

그러한 하나님의 섭리역사에 의해서 체계적으로 시대와 나라를 달리하고 세상이라는 인간 종자 텃밭에 출현하셨던 세계 7대 성현들이었으며, 그 가르치심이 삼라만상이 사라지고 살아나는 근원적인 섭리역사를 가르쳐 주셨음이다.

그 말씀 모두가 결론은 우주섭리를 관통하게 하는 동일한 맥락으로 선천시대에 있었던 분열장생의 우주기운을 후천시대에 마무리를 짓고 새롭게 열리는 그 세계가 하늘의 뜻이 땅에서 이루어진다는 지상천국시대가 도래한다는 것이다.

그렇기 때문에 그 말법시대는 특히 사람을 그 환경이나 외모로 판단하지 말고 중시해야 한다는 인존시대로 과거 선천시대에 어느 분야에서든지 문명된 4차원의 지식정보를 제공해 주고 갔던 그 신과 천재들 역시 다시 와서 하나로 뭉쳐 지상에서 우주시대를 열어가게 된다는 것이 성현들의 말씀이다.

하지만 지금까지 예수께서 말씀하신 그 시대변화의 원리를 깨우치지 못하고 있는 기독신학이다. 그렇기 때문에 그처럼 환상적으로 막연하게 성서적으로 구름 타고 오신다는 예수 재림에 대해서만 아리송하게 말할 뿐, 지극하신 조화주 백보좌 하나님의 지상강림에 대해서는 일체 언급조차도 하지 못하고 있다. 그 이유가 유대민족 창조수호신에 국한된 여호와를 전지전능하시고 무소부재하신 영계의 성부 하나님 신위에, 그리고 성령으로 잉태하신 성자 예수께서 유대 혈통 계보의 탯줄로 출현하시기 위해 잠시 육체의 몸을 빌렸을 뿐인 요셉의 아내 마리아를 태초의 성모 하나님 신위에 격상시켜 놓고 설파하고 있기 때문이다.

그처럼 무지한 성서해석 논리가 창세기 1장의 천지창조 하나님 그 영계의 능력행사와, 성부 하나님의 뜻을 받들어 창세기 2장에서부터 지구에 등장하여 원시 물체인간을 설계 창조했던 성부 하나님의 종복, 그 여호와 신의 능력행사를 동일시하여 설파하고 있을 뿐만 아니라, 거기에 따라 여전히 구약시대 율법성례전 형태로 물질지향적인 초급한 기복신앙관을 주입시키고 있는 형태다.

그렇게 비합리적으로 어지러우며 무지스러운 서구 기독신학의 성서풀이 해석과는 달리 성경 신구약은 그동안 지구에 거듭 여러 차례에 걸쳐 있어왔던 지구이변의 개벽이 처음과 끝이라는 조물주 하나님의 성공시대, 그 완성을 목표로 하는 천기운행에 의한 것임을 '요한 계시록'에서 그처럼 분명하게 나타내 주고 있다는 사실이다.

그와 같은 태초의 하나님 그 섭리역사가 창세기 1장의 기록에서 우주만물을 창조하신 그 진행과정에서 여섯째 되는 날까지 전개되어 마무리를 짓고, 그 일곱째 되는 날에 이르러 비로소 안식의 '쉼'으로 들어가셨다고 하듯이 마찬가지다. '요한 계시록'에서 천지창조 하나님의 성공시대를 나타내 주는 그 '7'이라는 숫자 역시도 그 일곱 단계로 비로소 완성되어진다는 의미 부여를 그렇게 해 주고 있는 것이다.

그와 같이 성서적으로 나타내 주는 그 7이라는 숫자는 커다란 의미를 가지고 있는 것으로, 태초에 천지만물을 창조하실 때에 생명의 우주 원소 자체도 각기 그 에너지 색소를 달리하는 7색의 빛이다.

그 빛의 존체가 천지창조 하나님의 우주정신 사랑으로 그 '한틀' 속에서 독자적인 각색 빛으로 조화를 이룬 하나님의 '일곱 영'으로 하나님과 동일체임을 성서 속에서 다음과 같이 밝혀주고 있다(요한 계시록 4장 5~6).

> 보좌로부터 번개와 음성과 뇌성이 나고 보좌 앞에 일곱 등불 켠 것이 있으니 이는 하나님의 일곱 영이라.

위의 성구에서 그처럼 하나님과 동일체임을 나타내 주고 있는 그 '일곱 등불'로 켜진 '일곱 영'이 창세기 1장에서 태초의 천지창조 하나님께서 보시기에 좋았다는 그 7색의 빛으로, 조화주 하나님의 분자적인 일곱 성령체임을 요한 계시록에서 그렇게 나타내 주고 있다는 사실이다.

그 일곱 성령체가 독자 인격신으로 시대와 나라를 달리하고 세상에 보내심을 입고 출현하신 세계 7대 성현들이었음을 성서는 다음과 같은 내용으로 그 실상을 분명히 밝혀주고 있다(요한 계시록 5장 7절).

> 일곱 뿔과 일곱 눈이 있으니 이 눈은 온 땅에 보내심을 입은 하나님의 일곱 영이더라.

바로 그 섭리의 이치다. 위의 성구에서도 밝혀주고 있듯이 그 '일곱 영' 이 천지창조 하나님과 그 능력행사를 함께했다는 태초의 빛으로, 그 계시적인 성구에서 보좌 앞에 '일곱 등불'로 켜진 금촛대의 비밀이다. 그 존체가 창세기 1장에서 '우리'라고 나타내 주고 있는 광명하신 하나님 빛의 아들로 칠성자의 신위다. 그 빛의 말씀에 의해서 공중권세를 부여 받고 창조된 천상의 사람, 그 신족들이 하나님의 뜻을 받들어 지구에 내려와 인간농사 업장을 가꾸고 있는 그 시절에 맞추어 이 땅에 출현하시어 그 맡은 바 소명을 크고 작은 법계로 우주섭리를 설파하셨던 그 일곱 성현들이었음을 계시록에서 그처럼 밝혀주고 있다는 사실이다.

그와 같이 크고 작은 법계의 스승 그 존재의 근원을 성경 신구약을 통해서 그처럼 밝혀주고 있음인데도 서구신학자들은 하나님 아들 진리의 성자는 오직 기독교 스승 예수뿐이라는 주장으로 그 이외 성현들의 가르침은 들어볼 가치조차도 없다는 식으로 진리의 말씀이 될 수 없다고 배타를 하도록 가르치고 있다.

그 형태가 오늘 서구 기독신학자들의 논리다. 하지만 성경은 그처럼 그 칠대 성현들의 독자적인 가르침의 말씀이 천지창조 하나님 그 우주 섭리역사로 일대사를 인연한 부분 집합체임을 다음과 같은 내용으로 거듭 밝혀주고 있다(요한 계시록 5장 1절).

> 내가 보매 보좌에 앉으신 이의 오른손에 책이 있으니 안팎으로 썼고 일곱 인으로 봉하였더라.

위의 성구에서 보좌에 앉으신 이의 오른손에 일곱 인으로 봉해 두고 있었다는 책이 계시적인 하나님의 비밀로 그처럼 독자 인격신으로 이 세상에 출현하신 일곱 성현들께서 삼라만상의 근원의 시작과 끝, 그리고 대자연의 이치를 가르쳐주신 법문이었음을 그렇게 상징적으로 나타내주고 있는 것이다.

그러한 하나님의 섭리역사가 태초 천지창조의 전개수순을 창세기 1장에서 7단계로 보여주고 있었으며, 또한 그 완성을 목적으로 하는 천기운행에 의해 그동안 6번에 걸쳐 지구 대이변의 개벽이 있어 왔음을 요한 계시록에서 하나님 진노의 '일곱 대접' 이라는 성구를 통해 그렇게 암시해 주고 있다는 사실이다.

거기에 고증이 되어주고 있는 입증 자료가 그처럼 고고학자들이 지구 도처에서 발굴해 내고 있는 그 화석체들이다. 그러한 인류생명체의 존재 연구에 대해서 '인도 문명의 수수께끼 토다족' 에 관한 기사를 반추해 볼 필요가 있다.

> 인도에 인간이 살기 시작한 것은 매우 오랜 시대의 일이라고 한다. 1400~800만 년 전의 호모사피엔스(인류) 화석이 발견된 것과, 1922년 인더스 문명의 발상지라는 하랍파 모헨조다로의 발굴 등이 잇달았으나 아직도 풀 수 없는 수수께끼들이 많다.

바로 그 문제다. 이러한 인류 고고학자들의 연구는 그렇다면 어떻게 하여 그러한 유전적 인간 변이의 호모사피엔스라는 생명체가 과거 지구에 어떻게 존재하게 되었던 것일까? 하는 그 의문을 제시해 준다.

그들 역시도 오늘 현생인류처럼 지구에 분포되어 한 시대를 열고 존재해 왔음을 중동이나 아시아, 그리고 아프리카 등지에서 뿐만 아니라 지구 도처에서 발굴되고 있는 그 화석체들이 말해 주면서 그들이 남긴 유적들 또한 흥미로운 수수께끼로 그 의문을 풀어야 할 숙제로 던져주고 있기 때문이다.

이처럼 지구촌은 태고로부터 전해 내려오는 수많은 신화 같은 이야기와 함께 오늘 현재도 지구 도처에서 발굴되고 있는 불가사의한 기원 미상의 유적과 비지구형 문화유산들이 구약성서 창세기 이전에도 지구에 4차원 세계의 천상의 사람, 그 신들이 내방해 왔었음을 그 흔적들로 미루어 짐작해 보게 해 준다는 사실이다.

그러나 고대 사람들은 그와 같은 신들의 내방 흔적을 신화적으로 생각하였고, 이후 문명된 지구촌 현대인들 중에서도 특히 여호와 유일신 숭배사상 종교논리에 맹신하고 있는 신도들은 신빙성이 없는 허구적인 이야기로 웃어넘기게 마련이다.

하지만 기독교 스승 예수께서는 이제 그 마지막 남은 지구대이변의 개벽이 7이라는 완성 숫자로 들어가고 있다는 뜻에서 제자들에게 이르시기를 '이 세대가 지나기 전에 다 이루리라' 하신 그 말씀의 뜻이 바로 거기에 있었음이다.

그와 같은 하나님의 섭리역사를 성서에서 그처럼 분명히 밝혀주고 있음인데도 서구 기독신학자들은 지구촌 고고학자들이 그동안 지구 도처에서 발굴해 내놓는 그와 같은 천지개벽의 입증 자료뿐만이 아니라, 현대 물리학자들이나 천문학자들이 우주의 기원을 150억 년으로 추산하는 논리에 대해서는 일체 그 언급조차도 하지 못하고 있다.

그러한 그들의 성서풀이가 그만큼 비성경적으로 예수께서 지적하신 바로 그 '눈먼 몽학' 선생들임에는 틀림이 없다. 그 말을 믿고 따르는 신도들 역시 둘 다가 구덩이에 빠지게 되리라고 하셨다. 그리고 제자들에게 '세상의 천년이 하늘나라 하루와 같으니라.' 그 말씀이었고 보면, 세계의 물리학자들이나 천문학자들이 우주생성을 150억 년으로 보는 추산을 오히려 긍정하고 받아들이게 해 준다. 오늘 지구 도처에서 발굴되는 수천만 년 전의 고대 생명체의 실증인 반화석체들이 수백만 개에 이르고, 전 세계 박물관과 실험실에서 지금도 연구되고 있다고 한다. 그 반화석체들을 여호와 신이 지구에 내려와 에덴동산을 창설하고 물체인간 설계창조론 시간대에 맞추었을 때는 너무나 거리가 먼 이야기임에는 틀림이 없다.

그렇게 종교논리와 일치점을 이룰 수 없는 시간대의 역사를 두고 일부 기독교 성서학자들은 '측정하는 방사성 탄소기계가 얼마나 신빙성이 있는 것이냐?' 하고 오히려 부정하려는 측면에 서 있지만, 그러나 현대 과학문명의 방사성 측정시계가 화석의 연대를 수백만 년이나 틀리게 측정하는 시대라면 과거 아득하게 바라보던 달나라를 로켓으로 오고 갈 수 있었다는 사실조차도 부정할 수밖에 없다.

이렇듯 오늘 기독교 창조론 해석과 과학이 일치점을 이루지 못하는 문제점 속에서 서양과학자들은 생명의 본질이라는 우주 기원의 문제를 놓고 그와 같이 원시성을 탈피하지 못하고 있는 기독신학에 고개를 돌리고 냉철하게 비판하고 있다는 것이다.

그처럼 오늘 지구촌 고고학자들이 발굴해 낸 기원전 고대 초기 인류 화석에서 나온 '골'의 특징은 지구 인류의 시조라는 아담 이후의 시대에서부터 나온 두개골과는 전혀 다른 하나로 원시 '호모사피엔스'라고 했다.

그 뼈의 유전인자 염색체 분석결과에서 지구의 모든 남자들이 가지고 있는 Y염색체가 없다는 것으로, 최소한 6만 년 전에 존재했던

고대 인간생명체의 유전자라는 견해는 지구 최근에 속하는 아담의
후예가 아니라는 것을 그처럼 입증해 주고 있다는 것이다.

그러한 인류 생명체의 존재 연구에 대해서 '인도 문명의 수수께끼
토다족'에 관한 기사가 다음과 같은 내용이다.

> 인도에 인간이 살기 시작한 것은 매우 오랜 시대의 일이라고 한
> 다. 1400~800만 년 전의 호모사피엔스(인류) 화석이 발견된 것과,
> 1922년 인더스 문명의 발상지라는 하랍파 모헨조다로의 발굴 등이
> 잇달았으나 아직도 풀 수 없는 수수께끼는 많다.

그와 같은 인류 고고학자들의 연구는, 그렇다면 어떻게 하여 그러
한 유전적 인간변이의 호모사피엔스라는 생명체가 과거 지구에 존재
하게 되었던 것일까? 그 의문을 제시해 준다. 그들 역시도 오늘 현생
인류처럼 지구에 분포되어 한 시대를 열고 존재해 왔었음을 중동이
나 아시아, 그리고 아프리카 등지에서 뿐만 아니라 지구 도처에서 발
굴되고 있는 화석체들이 말해 주고 있기 때문이다.

이처럼 지구촌은 태고로부터 전해 내려오는 수많은 신화 같은 이
야기와 함께, 오늘 현재도 지구 도처에서 발굴되는 불가사의한 기원
미상의 유적과 비지구형 문화유산들이 구약 창세기 이전에도 지구에
4차원 세계의 천상의 사람, 그 신족들이 내방해 왔었음을 그 흔적들
로 미루어 짐작해 보게 해 준다는 사실이다.

오늘날 서양의 기계적으로 전문화된 종적인 첨단과학문명은 인류
문화의 편의에 크게 기여해 온 것은 사실이다. 그러나 그처럼 인류
시원의 문제를 기술해 놓고 있는 창세기 기록을 밝혀내지 못하고 있

다는 것이 그 문제점이다.

　그러나 서양과는 달리 동양의 횡적인 삼일철학은 하늘과 땅과 사람이 한 틀 속에서 비롯되어 운행되고 있다는 우주철학으로 성서가 기술해 놓은 창세론을 과학적으로 일치시켜 가며 밝혀볼 수 있게 해준다는 사실을 주지하지 않을 수가 없다. 이러한 동양철학의 신비에 서양이 낳은 철인 토인비는 죽어 다시 태어난다면 동양철학에 심취해 보고 싶다고 말했을 정도였기 때문에 동양의 우주철학으로 창세론을 밝혀보아야 한다는 것이 하늘이 오늘 우리에게 준 숙제임에 틀림이 없다. 그래야만이 다시 뜨는 동방의 등불로 지구촌 어둠의 역사를 마무리지을 수가 있기 때문이다.

Chapter

2

인간 영혼의 양식

기독교 스승 성자 예수께서는 너희가 나를 통하지 않고서는 결단코 천국에 들어갈 수가 없다고 하셨다.

그런데 서양문화권에서 태동시켜 지구촌에 고등종교라고 내세우는 기독신학의 문제점이 무엇이란 것을 알고 있는가?

그 문제점이 무엇이란 것을 일찍이 터득한 서양의 철인 F. W. 니체가 한 말을 오늘 우리의 현실 분위기에서 주시해 보게 해 준다.

"기독교도는 단 한 사람 밖에 없었다. 그리하여 그 사람은 십자가 위에서 죽었다. 그 이후, 복음이라고 불리어지는 것은 이미 그가 살아온 것의 정반대, 즉 화음이었다."

참으로 깊이 음미해 보게 해 주는 말이다. 그 의미는 오늘 십자가에 불을 켜고 지구촌에 전파되고 있는 기독신학은 성자 예수께서 인류 평화를 위해 설파하신 성부 하나님 사랑의 천국복음이 아니라, 물질 위세주의 '사단의회'가 꾸며낸 화근禍根의 불씨로 변질되어 이용당하고 있다는 비난의 화살이었다.

　그와 다르지 않은 비난을 쏘아올린 사람이 네덜란드 인문주의 사상가 에라스무스(Erasmus, Desiderius)였다. 그는 종교개혁시대 권위주의와 형식주의에 빠진 기독교를 비판하고 직업적인 성직자를 맹비난했다. 그는 어떠한 욕을 먹어도 개의치를 않았다.

　그러한 에라스무스의 행보는 신약성서에 등장하는 사도바울의 행적을 반추해 보게 해 준다. 사도 바울은 엄격한 유대교에 의하여 교육을 받고 거기에 열중했던 신도였다.

　구약시대 유대인들은 그처럼 성호를 붙이고 하늘과 땅을 오르내리며 그들을 감시감찰하면서 관리수호해 온 여호와를 절대자 천주天主 하나님으로 믿고 숭배해 왔었다. 그렇게 초급한 기복신앙에 매달려 있는 그들에게 종교개혁을 외친 성자 예수였다.

　그 외침을 탄압하기 위해 유대교에 맹종을 하던 바울이 다매색에 원정도중에 예수께서 '귀 있는 자는 들으라' 하시며 이제 너희가 사랑의 하나님 그 '새 계명'의 말씀을 와서 듣고 너와 나를 개체로 가르는 여호와 그 초등학문 가르침의 율법에서 벗어났을 때 영생을 얻게 된다는 하늘나라 그 천도의 말씀을 듣고 회심을 하게 된 것이라고 했다.

　그로부터 개종을 하게 된 사도바울의 행보는 유럽의 기존 사상가들의 정신에 강세적인 영향을 끼쳐 아리스토텔레스와 함께 서양의 지성을 지배한다는 견해로 평가되기 시작했다.

　그처럼 성자 예수를 구세주로 알리는 전도자로 회심을 하게 된 사도바울이 신약성서에 전해 주는 그 내용이다(사도행전 1장 1:12).

데오빌레여, 내가 먼저 쓴 글에는 무릇 예수의 행하시며 가르치시기를 시작하심부터 그의 택하신 사도들에게 성령으로 명하시고 승천하신 날까지의 일을 기록하였노라.

박해를 받으신 후에 또한 저희에게 확실한 많은 증거로 친히 살아나심을 나타내시사 사십일 동안 저희에게 보이시며 하나님 나라의 일을 말씀하시니라. 사도와 함께 같이 모이사 저희에게 분부하여 가라사대 예루살렘을 떠나지 말고 내게 들은 바 아버지께서 약속하신 것을 기다리라. 요한은 물로 세례를 베풀었으나 너희는 몇 날이 못되어 성령으로 세례를 받으리라 하셨느니라. 저희가 모였을 때에 예수께 묻자와 가로되, 주께서 이스라엘 나라를 회복하심이 이때니까 하니 가라사대 때와 기한은 아버지께서 자기의 권한에 두셨으니 너희의 알 바 아니요, 오직 성령이 너희에게 임하시면 너희가 권능을 받고, 예루살렘과 온 유대와 사마리아와 땅 끝까지 이르러 내 증인이 되리라 하시니라. 이 말씀을 마치고 저희 보는 데서 올리어 가시니 구름이 저를 가리어 보이지 않게 하더라. 올라가실 때에 제자들이 자세히 하늘을 쳐다보고 있는데 흰옷 입은 두 사람이 저희 곁에 서서 가로되, 갈릴리 사람들아 어찌하여 서서 하늘을 쳐다보느냐. 너희 가운데서 하늘로 올리우신 이 예수는 하늘로 가심을 본 그대로 다시 오시리라 하였느니라.

그것이 사도바울이 쓴 사도행전의 내용이다. 그러나 그 전도의 외침이 서양문화권의 유대교 어둠의 역사 속에서 제 구실을 하지 못하고 성자 예수께서 설파하신 하늘나라 영생永生의 말씀이(요한 계시록 8장 8:9) 많은 영혼을 노략질하게 될 '쑥물'로 변질되어 버린 실태다.

그렇게 쑥물로 혼미해져 버린 기독신학의 문제점이 바로 예수께서 이스라엘 백성들을 향해 그동안 너희가 믿고 숭배해 온 여호와는 본질상 하나님이 아니라, 내 아버지 하나님의 종으로 그 청지기라고 하셨다가 이단의 괴수로 내몰려 쫓김을 당하고, 마침내는 십자가 위에서 그렇게 참수형을 당하셔야만 했었다.

　그런데 유대인의 역사가인 요세푸스(Josephus, flaviaus)는 로마 사람들에게 읽히기 위한 유대역사를 그리스어로 '유태전기', '유태고대지'를 쓴 인물이다. 그는 기독교 신자도 아니었고, 또한 교회에 대해서 호의를 가진 사람도 아니었다. 그러나 그는 예수 그리스도에 대해 다음과 같은 기록을 남겼다.

　　이때쯤 예수라는 지혜로운 사람이 있었다. 그는 사람이라고 부르는 것이 합당한 것인지 아닌지는 모르겠다. 그는 놀라운 일을 하는 사람이었을 뿐만 아니라, 진리를 기쁜 마음으로 받아들이는 사람들로부터 추앙을 받은 사람이었다. 그는 많은 유대인들과 이방인들을 자기에게로 이끌었다. 그는 참으로 그리스도였다.
　　빌라도가 군중 가운데 있던 주동인물들의 제의에 의해서 그를 십자가에 사형키로 선고했을 때, 그를 사랑하는 사람들은 처음에는 그를 버리지 않았다. 벌써 오래 전의 예언자들이 예수에 관한 수천 가지의 경이로운 사실들을 예언했던 바로 그대로 이루어졌고, 또한 그는 죽은 지 3일 만에 다시 그들 앞에 나타났다. 그리고 예수의 이름을 따서 기독교인이라고 이름 지어진 족속들은 오늘날까지도 없어지지 않고 있다.

유대인 역사가 요세프스는 그렇게 그 시대 분위기를 밝혀 주었으며, 슈바이처 역시도 성자 예수를 다음과 같이 인정하고 말했다.

우리는 옛날로 돌아가서 예수 안에 있는 영웅적인 것을 다시금 느끼고 체험하지 않으면 안 된다. 자기의 활동과 자기의 죽음 속에 자기의 이름을 가지고 윤리적 체계를 창조하기 위해, 자기 시대의 형식을 갖춘 이 신비스러운 인격에 대해서는 이 인격의 본질을 억지로 이해하려 하지 않아도 우리가 감화되어 녹아지는 것은 당연하다. 이렇게 되어 비로소 우리는 그리스도교에, 우리의 세계관에 영웅적인 것이 소생할 가능성이 열리게 된다.

그것이 하나님의 섭리 역사라는 것이었다. 그처럼 성자 예수께서는 그 십자가의 고난을 통해 천지 창조 하나님 아들의 능력을 생체 부활하심으로 부정할 수 없도록 확고하게 입증시켜 주고자 하심이 만세전부터 예정되어 있었다는 것이 신약성서에 기록된 내용이다.

그렇게 이스라엘 백성들이 더는 부인할 수 없도록 성령으로 잉태하심을 보여주신 성자 예수께서 유대교에 묶여 있는 바리새인들에게 종교개혁을 외치시면서 영원무궁하신 '내 아버지'라고 지칭하신 대우주적인 성부 하나님의 신위神位에 유대인들이 믿고 섬기던 여호와를 애매모호하게 올려놓고 극대화시키고 있는 기독신학 논리다. 그 선대先代가 그처럼 이단의 괴수로 내몰았던 성자 예수께서 태초 빛의 말씀(Logos)으로 천지만물을 창조하신 거룩하신 성부 하나님 그 아들의 능력을 생체 부활하심으로 입증시켜 주셨기 때문이다.

그로 인해서 유대민족의 혈손들이 성자 예수를 그들의 조상들이 절대자 천주 하나님으로 믿고 숭배하던 여호와의 아들, 그 독생자로 그처럼 부자父子간의 혈맥관계로 억지스럽게 꿰맞추고 있는 논리이기 때문에 논란의 화근이 될 수밖에 없는 것이다.

거기에 덧붙여서 파생된 문제가 지구촌에 분파된 씨족마다 하늘에서 성호를 붙이고 내려온 그들 조상신 생기의 에너지(energy) 호흡을 달리하고 창조된 오색인종이다. 그렇게 분리적인 그 민족 혈통 뿌리 역사를 유대민족에 국한된 그들의 조상신 여호와가 지구에 내려와 그 지적인 설계 호흡으로 흙을 주물러 창조했다는 '아담과 하와'의 단일혈통 계보에 묶어 그 우월성을 지구촌에 내세우고 있는 형태다.

그렇게 애매모호한 기독신학 논리야말로 화근의 불씨가 될 수밖에 없다. 사상처럼 무서운 정복무기는 없다고 하듯이 유럽에서 태동시킨 기독신학 논리가 구약시대 유대 이스라엘 민족과 대립적이던 이방민족의 주체성 말살정책이라는 비난을 받고 있기 때문이다.

그처럼 서양문화권에서 태동시킨 기독신학이 사상정복무기로 역할을 하고 있다고 비난을 받고 있는 상황 분위기에서 '미래에의 위험'이라는 한 토막의 이야기를 떠올려 보게 해 준다.

어느날 많은 신문기자들이 구세군의 창립자 윌리암 부드 장군에게 특별 기자회견을 요청했었다. 그때 모습을 드러낸 부드 장군에게 한 기자가 기다렸다는 듯이 질문을 했다.

"다가오는 미래에 있어 가장 큰 위험은 무엇인지 장군의 의견을 말씀해 주십시오."

그 질문에 부드 장군은 마치 하나님의 영감이라도 받은 듯이 번개와 같이 대답했다.

"이 세계에 다가올 가장 큰 위험은 교회가 세계에 주게 되는 것들입니다. 그것은 거듭남이 없는 용서를 제공하는 철학적 기독교와 그리스도 없는 기독교, 그리고 성령이 없는 기독교와 하나님이 없는 정치, 지옥이 없는 천국을 주게 되는 것입니다."

부드 장군이 기자에게 말한 미래에의 위험이다. 그런데 오늘 우리 현실이 어쩌면 구세군 창립자가 말한 그대로 그리스도 없는 교회들로 성부 하나님의 아들이 아닌, 신(Yahweh)의 노예로 만들어 종의 나라를 만들어가는 일에 열중하고 있는 그 분위기라고 할 수 있다.

기독교 스승 성자 예수께서는 분명히 그의 입에서 나오는 말, 즉 진리의 말씀을 듣고 깨닫는 자는 신의 종이 아니라 형제라 부르기를 부끄러워하지 않는 성부 하나님 아들의 반열에 오르게 된다고 하셨음이다.

그런 뜻에서 '말씀을 받은 자를 신이라 하였거늘' 하시고, 그 신계에 의해 영원한 하늘나라 기업의 상속을 받지 못하는 피조물들을 탈겁시켜 천지부모 하나님의 자녀, 그 양자권을 주기 위해서 구세주의 소명을 맡고 오셨다는 기독교 스승이다.

그 말씀이 인류구원이라는 그리스도 신약성서가 담고 있는 영원히 변하지 않는다는 영생수로 '목마른 자는 내게 와서 마시라' 그리고 '먹고 마시는 자는 영생을 얻으리라' 고 하신 것이다.

그 약속의 말씀이 영존하시는 성부 하나님의 자녀로 영혼생명을 얻어 거듭남을 입게 된다는 것이 그리스도 인류구원의 메시지다. 그러한 신약복음의 내용이 허망한 인간 육신 안에 내재된 영혼생명의 불씨로 참나의 실체를 눈 뜨게 하여 성인의 반열에 오르는 영인체靈人體로 거듭남을 입게 해 주시겠다고 하신 말씀이다.

그처럼 복된 그리스도 인류구원의 말씀을 제자들에게 족속을 초월하여 전파하라고 하신 내용이 신약성서 속에 담고 있는 성부 하나님의 우주정신이라는 '사랑'으로 기독교 세계관인 것이다.

그런데도 오늘날 세계의 기독교 신학자들은 죽을 수밖에 없는 사망의 자식들에게 영혼생명의 영기靈氣를 불어넣어 줄 수 없는 성부 하나님의 종복들이 지구에 내려와 각기 구획을 긋고 그 혈족 종자 씨를 뿌리고 생기를 불어넣어 가꾸어 온 구약의 세계관과, 성자 예수 신약복음의 세계관을 '한틀' 계보에 묶어 구약시대 그처럼 이방민족과 능력격투를 벌려온 지엽적인 유대민족의 조상신 여호와를 대우주적인 사랑의 하나님으로 극대화 시키고 있음이다.

그러나 그러한 서양문화권의 반기독교적인 어둠 역사에 의해 그리스도 인류구원의 말씀이 성자 예수께서 사도 바울에게 예언하신 그대로 땅 끝까지 전파될 수 있었던 것이라고 할 수 있다.

그런 면에서 볼 때 빛은 어둠을 통해서 드러난다는 그 대자연의 섭리역사를 되새겨 보게 해 준다. 그러한 어둠 역사의 분위기가 제자 가롯 유다가 지극히 모시던 스승을 적대자들에게 팔아넘기는 그 배신행위를 하지 않았더라면 성자 예수께서 영원무궁하신 천지창조 하나님 그 빛의 능력을 어둠 세상에 생체부활로 나타내 보일 수가 없었을 것이기 때문이다.

그리고 거기에 덧붙여 성자 예수 그 고난을 상징하는 십자가에 불을 켜들고 그처럼 가상적으로 꾸며낸 반기독교적인 신학논리가 지구촌에 전파될 수 있었던 것 역시나 서양문화권의 그 어둠 역사에 의해 사상 정복무기로 펼쳐진 형태임에는 틀림이 없다.

그러한 어둠의 역사가 낮과 밤이 교차되는 새벽 미명이 가장 어둡다고 하듯이 대립적인 그 사상정복무기에 의해 시달리고 있는 오늘 지구촌 분위기다. 그러나 그러한 서양문화권의 종교논리가 성자 예수의 고난을 상징하는 십자가를 등에 업고 이제 땅 끝까지 전파되었음을 보여주는 풍경이다.

그 또한 하나님의 섭리 역사 가운데 이루어진 것으로 볼 수밖에 없다. 태초 광명하신 영계靈界의 성부 하나님 그 사랑의 우주정신을 어둠 세상에 불 밝히는 촛대의 소명을 맡고 출현하신 성자 예수께서 하신 말씀이 '너희가 나를 통하지 않고는 결단코 천국에 들어갈 수 없느니라' 하신 그 의미개념이 그처럼 고통을 받고 살아온 중생들의 근기가 시대적으로 다르기 때문에 천지부모 하나님께서 그 단계적 수순으로 인간영혼 진화의 방편법方便法을 들려서 이 땅에 보내 주신 성현 중에서 최종적으로 성부 하나님 사랑의 우주정신, 그 영도맥靈道脈으로 출현하셨다는 뜻이다.

그 지침의 말씀이 그처럼 고통을 안겨준 원수까지도 용서하고 사랑하라고 하시며, 천지부모 하나님 그 사랑의 정신을 마음에 이루어야만이 성령이 함께하시는 자녀로 천국에 들어갈 수가 있다고 하시며, 십자가의 고난을 통해 그 사랑의 모델이 되어 보여주신 것이다.

그것이 성서적인 예정론으로 성자 예수 그 고난의 행보를 통해서 태초 성부 하나님 성령의 불(Holy Power), 그 빛의 영기靈氣가 태초에 우주만물을 창조하신 천지부모 하나님 아들의 능력임을 활달자재하시는 생체부활로써 입증시켜 주시고 성부 하나님 우편으로 원대복귀하셨다는 기록이다.

그와 같이 무궁무진하신 하나님의 능력과 사랑을 어둠 세상에 펼쳐 보여주시기 위해 구약시대 그처럼 너와 나를 개체로 가르는 여호와(Yahweh) 신의 이분법으로 이방민족과 경계의 선을 철저하게 긋고 살상대결의 격투를 벌려 왔던 죄 많은 유대 땅에 출현하신 성자 예수였다.

그처럼 지구촌 인류평화를 위해 성부 하나님께서 보내 주신 사랑의 선물이 만왕의 왕 구세주로 '원수까지도 용서하고 서로 사랑하라. 그것이 내 아버지 뜻이니라' 하신 그 천도문天道文의 법계를 들고 출현하신 기독교 스승이셨다.

그토록 거룩하신 성부 하나님 인류구원의 사역이 예수 그리스도의 성육신 출생으로부터 구체화 되었다. 그 출생환경 분위기가 그처럼 남자를 모르는 동정녀 마리아의 여체를 태초 그 빛의 영기로 잠시 잠깐 빌려 생부가 누구인지도 모르는 사생아로 출현하셨다는 것이 성서기록이다.

거기에 따르는 의미가 또한 그처럼 천리를 모르는 동물이 거들먹거리는 말구유간에서 걸레 보따리에 싸여서 그 여물밥통에 눕혀졌었음이 동물이나 다를 것이 없는 무지몽매한 인간들에게 성부 하나님의 사랑으로 보내 주신 영혼양식이라는 그 비유적인 표징이 아니고 무엇이겠는가.

그처럼 구세주 성자 예수 출생환경에서부터 보여주는 그 분위기가 동물이나 다를 것이 없는 인간들에게 태초의 빛, 그 성령의 영기를 불어넣어 영인체로 성숙시켜 거듭남을 입게 해 주시기 위한 영혼생명의 양식이라는 그 증표이었음이 틀림없다.

그렇게 복된 영혼양식이 그리스도 영생의 말씀으로 인간 영혼을 성숙시켜 하나님의 자녀로 거듭남을 입게 해 주시겠다는 성부 하나님 사랑의 약속을 들고 불쌍한 사망의 자식들을 구원하기 위해 이 세상에 출현하셨다는 성자 예수의 그 은유적인 말씀이 '너희가 내 피와 살을 먹음으로 영생을 얻으리라' 하신 그 의미를 말구유간 출생 환경 분위기에서부터 그처럼 나타내 보여주셨던 것이다.

그와 같이 이 세상 짐승들이나 마찬가지로 먹거리나 찾아 노닥거리다가 죽을 수밖에 없는 사망의 자식들을 구원하기 위한 사랑의 하나님 그 예정 가운데 인간 영혼생명의 양식으로 희생의 산제물이 되셔야 했던 기독교 스승 성자 예수였다.

그 고난의 행보에서 제자들에게 그렇게 인류구원을 위한 속죄물로 희생양이 될 것임을 예고하셨던 그 말씀이 하나님의 사랑으로 영적 제사의 제물이 되셔야 했던 그 상징성이 성서적으로 '어린 양'으로 묘사되고 있음이다.

그처럼 오직 물질세상 지향적으로 기복신앙에 전력추구하며 살아가는 구약시대의 사망의 자식들에게 천지부모 하나님의 영혼생기를 불어넣어 영인체靈人體를 만들어주기 위해 희생의 제물이 되셔야 했던 기독교 스승이다.

그 상징성이 천리天理를 모르는 동물이나 다를 것이 없는 인간 세상에 성부 하나님께서 보내 주신 사랑의 선물이 말구유간에서 출생하신 구세주로 물체뿐인 인간을 영생의 말씀으로 거듭남을 입도록 은혜를 베풀어 주신 그 영혼양식이라는 표징인 것이었다.

그렇게도 특이한 출생환경 여건 속에서 권위주의 구약시대에 멸시와 천대를 받았었다는 목수 일을 맡아하는 의붓아버지 문짝 심부름이나 해 주면서 학교문전에는 가 본 일이 없었다는 성자 예수다.

그 고난의 행보가 13세부터 상인들을 따라 동방여행을 하면서 그 500년 전에 성부 하나님의 대위代位가 되시는 자비로우신 성모님의 인간 생사윤회生死輪廻의 법문, 그 음적陰的 도맥의 촛대를 들고 인도 땅에 출현하신 석가 붓다께서 중생들에게 사바세계의 괴로움에서 벗어나 열반涅槃의 극락정토極樂淨土 세계에 들어가기 위해서는, 중생은 다함없는 영혼훈습靈魂薰習의 정진수행으로 공덕을 쌓아 해탈득도解脫得道를 하라는 말씀을 남겨주고 입멸하신 그 이후였다.

그렇게 석가 붓다의 숨결이 남아돌고 있는 인도사원에 들어가서 '이사'라는 법명까지 받아가며 그 제자들과 함께 수행을 하셨음이다. 그렇기 때문에 성서적으로는 13세부터 성자 예수의 행적이 일체 언급되지 않고 있다. 그리고 다시 모습을 보인 기록이 29세에 이스라엘로 돌아와 그 맡고 오신 소명의 임무수행을 하시기 위해 광야에서 40일 간을 금식하며 지내셨을 그때였다. 일명 하늘사람 천사가 나타나 그 앞에 엎드려 절하면 이 세상 모든 부귀영화를 안겨주겠다는 유혹을 해 왔다.

그러나 예수께서는 사람이 입으로 들어가는 떡으로만 살 것이 아니라고 하시며, 그 유혹을 단호하게 물리치는 그 표본이 되어 기복신앙에 매달려 있는 신도들에게 교훈을 삼게 해 주신 것이다.

그리고 그로부터 이스라엘 백성들에게 성부 하나님의 영도맥, 그 사랑의 천법을 가르쳐야 하는 것이 구세주의 소명이었기 때문에 자신이 유대 땅에 오고간 선지자들이 예언한 만왕의 왕, '기묘자'로 만물의 근원이신 성부 하나님께서 보내신 그 아들이라는 믿음을 심어주기 위해 각색병과 귀신이 들린 자, 나병환자, 귀먹은 자, 눈먼 장님, 앉은뱅이를 고쳐주시고, 심지어는 죽은지가 나흘이나 된 나사로를 무덤에서 살려내시고, 그처럼 물위를 여유자적하게 걸으시는 능력의 기적을 펼쳐 보이셨음이다.

그럼에도 불구하고 이스라엘 백성들은 성부 하나님께서 보내 주신 구세주의 그 능력을 도무지 믿어주려고 하지 않았다. 그 이유는 유대민족 창조수호신 여호와(Yahweh)가 그 백성들에게 '나 이외는 다른 신을 섬기지 말라!' 는 계율의 푯대를 엄히 세워놓고 치정하였음에도 불구하고 그 백성들이 어느 한때 이방민족의 신을 더 높이 보고 쫓아가 섬길 때가 있었다.

거기에 진노한 그들의 조상신 여호와가 그 응징의 벌로 애굽(이집트)에서 400년 간이나 혹독한 종살이를 하도록 방치해 두었던 것은 그러한 충격적인 고통을 통해 조상신의 소중함을 깨닫도록 자성시키기 위함인 것이었다.

그처럼 이방민족의 노예로 혹사를 당하는 자국의 이스라엘 백성들을 때가 이르러 구원해 낼 인도자로 뽑아 세운 제사장 모세였다. 그리고 애굽 바로왕과 벌리게 했었던 그 능력격투에서 조상신(Yahweh)의 신통력을 입고 지팡이를 던져 뱀으로 만들어내는 기적을 행사하여 보여주기도 했었다.

그러한 유대민족 조상신 신통능력 격투의 이야기가 그들에게 전래되어 왔었던 만큼 그 백성들은 성자 예수를 오히려 귀신이 들렸다고 돌멩이를 들어 내치고 배척을 했었던 것이다.

그렇게 고개를 돌리고 구세주를 믿어주지 않는 구약시대 분위기가 특하나 우리가 너의 출생 성분을 다 알고 있는데 선지자들이 예언한 만왕의 왕 구세주로 믿어달라고? 그처럼 비웃으며 배척을 했었기 때문에 그들로부터 쫓김을 당하면서 성자의 귀한 몸이 이 세상에 인자人子로 출현하시어 온갖 시련을 다 겪으셔야만 했었다.

그리고 마침내는 만세전부터 운명적으로 예정되어 있었다는 뼈를 깎는 그 고통의 십자가를 짊어지시고 성체에 물과 피를 흘리시면서

'아버지여! 저들이 몰라서 그런 것이오니 용서하시옵소서!' 그렇게 사랑의 교훈적 모습으로 그 모델이 되어 보이신 것이다.

그처럼 자신을 적대시하는 원수까지도 용서하는 성부 하나님 그 사랑의 우주정신을 실제적으로 십자가 위에서 피를 흘려가며 어둠 세상에 나타내 보이시고, 그 운명의 마지막 순간에 '다 이루었다' 그 말씀을 남기셨다.

그 의미가 자신이 우주 만생생명의 근원이신 천지창조 성부 하나님의 빛의 아들로 이 세상에 구세주의 소명을 맡고 오신 그 임무 수행을 최종적으로 끝마쳤음을 그렇게 표출하신 것이다.

그토록 거룩하신 천지부모 하나님의 분자적인 성령체가 우주 만생생명의 원소, 그 성령의 빛으로 남자를 모르는 동정녀 마리아 여체를 잠시 빌려 잉태하셨으며, 그와 같은 기적이 또한 장사한 지 사흘 만에 활달자재活達自在하신 성령의 능력으로 다시 살아 생모인 막달라 마리아, 그리고 제자들에게 그 모습을 표출해 보이시고, 다시 오시겠다는 재림 약속을 남기시고 부활승천하신 것이다.

그러한 섭리역사가 성자 예수에게 만세전부터 운명적으로 십자가를 짊어지셔야 했던 성서적인 그 예정론이었기 때문에 생전에 제자들과 함께 올라간 산상기도에서 '아버지여, 이 쓴 잔을 내게서 옮기게 해 주실 수는 없사옵니까. 그러나 내 뜻대로 마옵시고 아버지의 뜻대로 하시옵소서' 하고 절규하심은 그 십자가를 짊어져야만 하는 고난의 행보가 아버지 하나님의 뜻 가운데 이미 예정되어 있었음을 그렇게 내비치신 것이었다.

그처럼 인류구원을 위해 운명적으로 예정되어 있었다는 성자 예수 그 십자가의 고난이다. 그것이 성부 하나님의 예정론이었기 때문에 생전에 제자들에게 말씀하시기를 '한 알의 밀알이 땅에 떨어져 썩으면 많은 열매를 맺으리라' 하신 그 의미 개념이 대자연의 이치로 영원무궁하신 하나님 사랑의 원목原木 생기가 우주 만생명의 근본이기 때문에 그 비유적인 말씀이 포도나무에서는 포도열매를, 그리고 엉겅퀴 가시나무에서는 사람을 아프게 쑤셔대는 그 열매를 맺게 된다는 것이었다.

그렇게 영원무궁하신 성부 하나님 그 사랑의 생기를 이 세상 사망의 자식들에게 불어넣어 주시기 위해 그처럼 이방민족과의 격투로 죄 많은 유대 땅에 성체의 피를 흘리시며 영생하는 그 부활의 첫 열매로 심어졌다는 뜻이다.

그것이 죽을 수밖에 없는 이 세상 사망의 자식들에게 그처럼 교훈적 모델이 되어 보이신 구세주 성자 예수께서 '원수가 네 집안에 있느니라' 하시며 인간 누구에게나 각자 몫으로 주어진 십자가의 고통을 감수하면서 법사에 감사하라고 하신 그 의미 개념이 바로 그것이었다.

그렇게 각자 몫으로 짊어져야 할 고통을 안겨주는 원수가 하늘이 맺어주신 그 필연적 인연법에 의해 만나게 된다는 것이며, 그 원수가 안겨주는 고통을 극복함으로 영혼이 성숙된다는 것이다.

그 가르치심이 그처럼 자신을 적대자에게 팔아넘긴 그 원수까지도 '아버지여 저들이 몰라서 그런 것이니 용서하시옵소서.' 그 사랑의 심성心性을 이루었을 때에 성자 예수께서 그 교훈적 모델로 보여주신 부활의 영인체靈人體로 변화를 입게 된다고 하신 뜻이 바로 거기에 있었음이다.

그처럼 하늘 천도天道의 말씀으로 거듭남을 입은 자가 세상 고통을 초월하고 세상을 '이긴 자'로 예수께서 '너와 내가' 형제라고 부르기를 부끄러워하지 않겠다고 하신 하나님의 자녀로 성인의 반열에 오르게 된다고 하시며, 그 말씀을 확고하게 믿고 따르는 자는 그 믿음이 의意가 되어 영생을 얻으리라고 하신 것이다.

그토록 거룩하신 하나님의 아들, 그 영인체의 능력을 이 세상 사망의 자식들에게 그 믿음으로 심어주고자 하신 것이 성자 예수께서 짊어지셔야 했었던 십자가로 예정된 고난의 행보였음이다.

그렇게 인류구원을 위해 십자가를 짊어지셔야 했던 기독교 스승성자 예수께서는 분명히 '내 아버지는 사랑'이라고 하시었다. 그런데 그렇게 지칭하신 하나님이 오늘 기독신학자들이 전지전능하시고 사랑이 많으시다는 성부 하나님으로 극대화시키고 있는 여호와(Yahweh)의 이분법적二分法的인 능력행사라면 문명된 현생인류에게 이치적으로 거기에 합리성을 주겠는가를 생각해 보게 해 준다.

구약시대 여호와신의 행사장면 가르침은 유대인들만의 공동체를 이루고 그 집단 정체성을 민족정기로 심어 가꾸는 이원론적二元論的 세계관이다. 그 행사 모습이 이방민족 조상신들과의 경계의 선을 그처럼 철저하게 긋고 '나 이외는 다른 신을 섬기지 말라!' 그 선포를 함과 동시에 여호와를 유일하신 절대자 하나님으로 믿게 하는 방식을 그 백성들에게 제공해 주면서 이방민족과 분리적인 능력격투를 진두지휘해 온 내용으로 점철되어 있다.

그 형태가 지구촌에 펼친 최초의 전쟁사로 오직 물질세계만을 추구하게끔 삶의 방식을 가르쳐온 어둠 역사로 비도덕성이다. 그 행사 모습은 유대인들만의 공동체를 이루고 그 민족 정체성을 굳혀 발전시켜 나가도록 이방민족과 그처럼 경계의 선을 철저하게 긋고 너와 내가 개체라는 분리적인 가르침이었다.

그러한 여호와의 행사 모습은 오직 자국自國의 이스라엘 백성들만을 관리 수호하는 유대민족 창조주신에 국한된 입지로 유대인들만의 공동체를 이루고 유일한 창조주로 믿게 하는 방식을 제공해 줌으로써 심어진 그 민족정신이 유대교의 토속신앙이었다.

그런데도 기독신학자들은 오늘에 이르기까지 구약시대의 그 상황 분위기를 그처럼 파악분별하지 못하고 지구촌에 물질문명을 발전시켜 그 우월성을 높이면서 조상 뿌리까지도 단일적으로 왜곡시키고 있는 유대민족 토속종교 논리를 무조건 분별없이 주입시키고 있는 논리형태다.

그러한 분위기가 특히나 미국에서 소위 신학박사 학위까지 취득했다는 이승만 박사의 개인사적인 탐욕으로 해방공간에서 미군정을 업고 들어와 오늘 우리나라 국교 이상의 자리를 차지하고 있는 기독신학이다. 그 논리로 인하여 고조선시대 아시아대륙을 중심으로 12제국을 평화스럽게 다스려 왔었다는 우리 한민족의 주체성을 잃어버린 국민정서로 변태되어 버렸다고 해도 과언이 아니다.

그와 같은 오늘 대한민국 현실 분위기가 사상처럼 무서운 정복무기는 없다는 말을 다시 상기시켜 보게 해 준다. 그처럼 외래사상 정복무기의 영향을 크게 입은 국민정서라고 할까?

그 형태가 오늘 이처럼 우리 한민족 주체성을 잃어버린 현실 분위기로 같은 조상혈통 자손끼리 서로가 반목시하는 대립적 남북분단으로 세계 속에 유일한 분단국가라는 불명예를 오늘까지도 씻어내지 못하고 있는 실태상황이다.

그 이유가 '아담과 하와'가 인류의 조상이라는 서구 기독신학 논리가 나와 더불어 있는 국가와 민족은 동일체라는 애국 애족의 민족 주체정신을 말살시켜 버린 형태로 그러한 서양의 종교논리가 우리 배달한민족 뿌리 역사를 일제 강점기에 단군신화로 왜곡시켰던 것보다도 더욱 표류시켜 버렸기 때문이다.

그러나 구약의 내용은 확고 명료하게 지구촌에 분파된 그 족속 뿌리 조상신들의 근원을 분명히 밝혀주고 있는 것으로, 그 혈맥이 다른 이방민족과 능력격투를 벌려왔던 내용으로 점철되어 있다. 그처럼 지구촌에 분파된 그 족속만을 창조하고 관리수호해 온 신들의 존재 근원을 구약과 신약에서 확고 명료하게 밝혀주고 있음이다.

그 시대변화의 내용이 태초 빛의 말씀(Logos)으로 천지만물을 창조하셨다는 음양陰陽 조화주 하나님께서 그 분자체이신 일곱 성령의 빛과 함께 지으신 그 대자연계를 관리하고 다스릴 사람을 분명히 '우리가 우리의 형상을 따라 사람을 만들자' 하시고, 그들에게 다스림의 공중권세를 부여하셨다는 기록이다.

그렇게 광명하신 빛의 말씀으로 신통력을 갖춘 지성체로 창조하셨다는 그들에게 축복으로 주신 말씀이 '너희가 생육하고 번성하여 땅을 정복하라!' 고 하셨으며, 그러한 연계성에서 천지창조를 하신 조화주 하나님께서 지으신 그 모든 것을 관리수호할 수 있는 그 공중권세를 부여받고 창조된 천상의 '사람' 이 구약의 내용에서 그처럼 각자 성호를 붙이고 하늘과 땅을 오르내렸던 그 신계神界였음을 밝혀주고 있음이다.

창세기 1장에서 그처럼 공중권세자로 신통력을 부여 받고 창조된 하늘 사람이 생육하고 번성하여 하늘에 오색 조화정부를 두고 있는 신계神界의 입지로 천지창조 하나님 종복從僕의 신분임을 창세론創世論

에서 뿐만 아니라 신약복음 '갈라디아 4장'에서 분명히 밝혀주고 있다는 사실이다.

그렇게 공중권세를 부여 받고 창조된 천상의 신계족인 여호와(Yahweh)가 지구에 내려와서 에덴동산을 창설하고, 그 텃밭 흙을 주물러 설계 창조했다는 물체인간이 발가벗고 다녀도 수치를 몰랐다는 유대민족 뿌리 조상으로 그 '아담과 하와' 였다.

그렇게 여호와 신이 그 능력을 나타내 보여주는 행사가 물체인간 설계창조로 천지부모 하나님께서 '너희가 땅을 정복하라' 하신 그 말씀에 복종하고 그처럼 물체인간 농사업장을 펼치고 가꾸기 시작한 내용이 '창세기 3장 8절'에 '날이 서늘할 때에 동산을 거니시는 여호와 하나님'이라는 기록이다.

그 행사가 그와 같이 무지스러웠다는 원시인간 창조의 소생기小生氣에서 인간으로서 행해야 할 기초적인 도리로써 분별해야 할 육신의 법, 그 의식을 일깨우기 위한 율법은 처음 하나에서부터 비롯되었다. 그리고 점차적으로 번성되어지는 그 자손들에게 십계명+誡命으로 늘려가면서 순종과 불순종에 따라 그 백성을 응징하고 다스려 오던 여호와신의 행사 가르침이 유대민족의 뿌리 역사로 예수께서 율법은 '초등학문'이라고 지적하셨던 그 구약의 세계관이다.

그 시대변천사가 원시시대에서 구석기, 신석기, 청동기시대로 진화되어 이스라엘이라는 국가형태가 세워지기까지 4000년이라는 시간대가 흐르는 동안 유대 땅에 오고간 선지자들의 예언이 때가 이르면 너희를 구원해 줄 만왕의 왕 구세주가 출현하게 될 것이라고 했었다. 그렇기 때문에 그 백성들은 선지자들이 예언한 구세주 만왕의 왕이 출현하게 되면 그처럼 이방민족과 격투를 벌려왔던 피흘림의 고통 속에서 이방민족을 압도 제압할 수 있도록 그 능력행사를 해 줄 것이라고 믿고 기다렸다.

그것이 구약시대 선지자들이 예언한 만왕의 왕, 구세주 출현으로 그들의 기다림이었기 때문에 그 출생은 구중궁궐이 아니면, 적어도 그 시대 왕권행사나 다를 것이 없는 제사장의 혈통계보를 타고 출현하게 될 것이라고 상상하고 기다렸음이다.

그런데 그러한 그들의 상상을 완전히 뒤집고 말구유간에서 출생한 성자 예수께서 그 백성들을 향해 자신이 과거에 선지자들이 예언한 만왕의 왕 구세주라고 선포하시며, 그 말씀을 믿는 자는 영생을 얻으리라고 하신 것이다.

그리고 거기에 덧붙여 하신 말씀이 '갈라디아 4장'에서 그동안 너희가 천주 하나님으로 믿고 숭배해 온 여호와는 본질상 하나님이 아니라, '내 아버지 하나님' 그 청지기 소명을 맡고 와서 너희를 가르친 율법은 초등학문이라고 하시며, 이제 너희를 그 종의 율법 초등학문에서 벗어나 영혼자유를 얻게 해 주겠노라고 하시었다.

그 말씀의 개념이 대우주 속에는 우주의 근원이신 본자연으로 존재하시는 영계의 천지부모 하나님께서 이루어 놓으신 대자연세계를 다스리도록 신통력을 부여하고 창조된 천상의 신계가 지구에 내려와 인간농사업장을 펼친 인계ㅅ界의 조상신이기 때문에 천지인 그 삼천대세계를 총괄하시는 본질상 성부 하나님이 아니라고 하신 것이며, 그렇기 때문에 영혼자유를 누리는 완성된 영인체를 만들지 못했다는 그 의미였음이다.

그처럼 본질상 하나님이 아닌 신계(Yahweh)에 의해서 지구에 창조된 물체인간들이기 때문에 그처럼 죽을 수밖에 없는 불쌍한 사망의 자식들을 예수께서 천지부모 하나님의 자녀로 원격이동遠隔移動을 시켜주러 왔노라고 하신 영혼생명의 말씀이 구세주의 '새 계명'으로 하늘 천법天法이었다.

그 대도의 말씀이 영원무궁하신 하나님의 사랑으로 거듭남을 입게 해 주기 위해 하늘나라 영생수永生水를 들고 왔노라고 하시며, 그 시대구별을 하라고 거듭 강조하신 것이다.

그러한 원격이동의 말씀이 성자 예수로 문이 열린 신약복음 성서로 천지창조 하나님의 종복從僕, 그 여호와 행사 가르침의 초등학문 구약시대가 마감되고, 성자 예수께서 설파하신 하늘나라 영혼생명의 고등학문으로 신약시대의 문이 활짝 열린 기독교 세계관인 것이었다. 그러나 오늘 기독신학자들은 영혼생기를 불어넣어줄 수 없었던 성부 하나님의 종복從僕, 그 여호와신이 지구에 내려와서 물체인간 농사업장을 펼쳐 왔던 그 시대구별을 아직까지도 하지 못하고 있는 형태다.

그 성서풀이 논리가 본질상 성부 하나님이 아닌 그 여호와신이 지구에 내려와서 물체인간을 창조하고 그 가꿈의 행사를 펼쳐 왔던 구약시대와 천지창조 하나님의 아들 성자 예수께서 인간영혼을 성장시키기 위한 신약복음의 말씀을 한 계보의 틀 속에 묶어 지구촌 전체인류가 유대민족의 조상(아담과 하와)으로부터 비롯된 혈맥자손이라고 그처럼 애매모호하게 왜곡시키고 있는 논리다.

하지만 지구촌에 오색인종으로 분파된 각 족속마다 유대민족 조상 뿌리 역사 전개상황이나 크게 다를 것이 없는 그 민족 고유의 전통문화와 그 조상 뿌리 역사를 간직하고 있다.

그 기록이 실재성이 없는 신화로 꾸며진 이야기라고 한다면 구약의 내용 역시도 마찬가지다. 마치 신화 같은 이야기로 우주시대를 열어가는 현대인의 시각으로 볼 때는 합리성이 전혀 없는 '비과학적'인 내용이라고 부정할 수밖에 없다.

그렇게 창조의 세계관이 영계와 신계로 그 차원이 전혀 다른 구약시대 여호와신의 행사 가르침의 초등학문과 성자 예수로 문이 열린 고등학문 신약성서는 지구촌 인류문명의 발전사와 함께 그 조상신을 달리한 민족전통의 뿌리 역사를 밝혀 볼 수 있게 해 주고 있다는 점이다.

그와 동시에 오늘날 현대과학자들이 그처럼 두려워하는 지구 대이변적인 상황까지도 과거 그처럼 하늘과 땅을 오르내렸던 하나님의 심부름꾼, 그 선지자들의 입을 통해서 예언해 두고 있기 때문에 먼저는 인간의 정신을 혼미시키는 서양의 그 종교 논리부터 분별하고 정리해야 된다는 것이 현생인류에게 주어진 그 숙제다.

구약시대 그와 같이 하늘의 신명들이 하늘과 땅을 오르내리며 역사하던 시대분위기의 내용은 동서가 마찬가지다. 그와 유사한 신화적인 요소를 내포한 신인합발하던 선천시대의 그 민족 뿌리 역사실록의 기록이 있음이다. 특히나 그러한 유대민족 뿌리 역사를 지구촌에 '진실의 서▦'라고 내세워 자랑하는 구약의 내용 속에서 밝혀 볼 수 있게 해 주고 있다는 사실이다.

그처럼 지구촌 동서 민족의 뿌리 역사는 현대인들이 볼 때는 신화적인 요소를 그 바탕에 깔아두고 있다. 그렇기 때문에 그 민족정체성을 말살하기 위해 '그리스 로마신화' 또는 '단군신화' 등으로 마치 허구로 꾸며진 이야기처럼 치부해 버리고 있다.

그러나 지구촌에 '진실의 서'라고 내세우고 있는 유대민족 뿌리 역사 내용 속에는 각자 그 이름(성호)을 붙이고 지구에 등장한 그 신들이 보편적인 사람의 모습으로 인간과 함께 식탁에 마주앉아 음식을 나누어 먹으면서 서로 이야기를 주고받았으며, 심지어는 이성교합까지를 함으로써 출생시켰다는 그 인물이 그처럼 탁월한 지혜와 용모를 갖추고 출생한 고대 유명한 용사였다는 것이 '창세기 6장 4:5' 기록이다.

> 당시에 땅에 네피림(Nephilim)이 있었고, 그 후에도 하나님의 아들들이 사람의 딸들을 취하여 자식을 낳았으니 그들이 용사라, 고대에 유명한 사람이었더라.

그와 유사한 내용이 신과 인간이 함께 어우러졌던 배달민족 뿌리 시원의 역사 고문헌의 기록에서 구약시대의 분위기나 마찬가지로 신과 인간이 함께 어우러지던 신불천왕시대가 4000년으로 마감이 되면서 개국조이신 단군왕검의 출생이 그와 다를 것이 없었다.

과거 선천시대 그처럼 하늘에서 환웅천제를 옹립하고 내려온 조화신명들이 저마다 그 소명을 맡고 지구에 내려와 4000년 동안 그 가르침의 행사를 하던 신불천왕의 시대가 교차되는 시점에서 새로운 문명시대를 열어가도록 신인합발하여 탁월한 인물로 출생되었다는 단군왕검이셨다.

그 출생환경 분위기가 유대민족 뿌리 역사 구약의 내용에서 그처럼 하늘에서 내려온 신과 인간이 이성교합을 하여 탄생한 그 유명한 '고대용사' 였다고 한 것이나 마찬가지였다. 그렇기 때문에 개국조이신 단군왕검께서도 그 지혜와 용모가 남다르게 특출했었다는 것이 배달한민족 상고사上古史 문헌의 기록이다.

그처럼 과거 선천시대 신과 인간이 교합하던 시대역사가 마치 허구로 꾸며진 신화 같은 이야기로 지구촌에 분파된 그 민족 뿌리 역사에서 발췌해 볼 수 있게 해 주고 있다는 점이다.

그렇게 하늘에서 보편적인 인간형태의 모습으로 지구에 내려온 신명들로부터 창조되어 가르침을 받고 형성된 그 민족 뿌리의 정기精氣가 그처럼 특성적인 민족전통문화를 이루어 나왔음을 구약의 내용속에서 유추해 볼 수 있게 해 주고 있다는 사실이다.

그러한 시대분위기가 성자 출현 이전, 천상의 신명들이 지구에 내려와서 그들의 영광을 삼기 위해 인간종자를 설계창조하고, 그 혈맥자손들에게 가르쳐 준 것이 그들 조상신 호흡 정기精氣에 의해 심어진 그 민족전통문화 유산인 것이었다.

그러한 시대분위기가 과거 신불시대神佛時代 배달한민족 선조이신 환웅천제桓雄天帝께서 그 혈맥 자손들에게 심어주신 민족정신으로, 유대민족 조상신 여호와가 이방민족과 개체성을 띠운 그 이분법二分法과는 차원이 다른 천지인天地人 통합원리적인 일원론一元論이었다.

그 가르치심은 오로지 인간주체로서의 홍익인간, 성통광명性統光明 재세이화在世理化 이념으로 인본人本 주체사상과 인간조화사상을 배달민족 뿌리 정신으로 최고의 우주사상과 철학을 심어주신 것이다.

그렇기 때문에 신불천황의 선천시대가 마감된 이후, 개국조開國祖이신 단군왕검의 조선은 건국 이래 이웃 약소민족들을 침략해 본 일이 없었으며, 서로가 조화롭게 인정해 주고 화친함으로써 중국의 최고 지리지地理志 〈산해경山海經〉에 '동방에 있는 군자불사지국君子不死之國은 의관衣冠을 정제하고 칼을 찾으며, 성격이 양보를 좋아하고 다

투지 않으며, 아침에 피어나 저녁에 지는 꽃 무궁화(槿花)가 있다고
하였다.

그런가 하면 2500년 전 노나라 창평향에서 출생하시어 인류의 도
덕성을 가르쳐 유교의 조종을 이루셨던 공자 성현께서도 논어論語에
하신 말씀이 중국에는 도道가 행해지지 않으므로 한반도 구이九夷의
나라에 가서 살고 싶다고 하셨으며, 단군왕검께서 개국하신 고조선
을 군자국君子國, 또는 동방예의지국東方禮儀之國이라 하시며, 동서북방
민족과는 다르다고 하셨다.

그처럼 이방민족으로부터 군자국君子國으로 칭송을 받아왔던 배달
한민족 단군왕검 조선朝鮮은 건국 이래 계속 황금의 시대가 이어지면
서 배달나라 본토를 중심으로 우주사상의 원리인 동양철학의 근원지
로 천지창조를 하신 음양陰陽 조화주 하나님의 '한사상'으로 이웃민
족을 돕고 다스려 왔던 자랑스러운 민족 뿌리 역사를 가지고 있다.

그렇게 선조로부터 민족정기로 심어진 배달한민족 조화의 정신이
유교의 조종을 이루신 공자님의 가르침 가운데 수신제가 이후 치국
평천하라고 하신 사서삼경의 말씀과 일치되고 있다. 즉 몸과 마음을
닦아 잘 정돈하고 내 가정을 잘 다스릴 줄 아는 사람만이 집 밖을 나
가서 천하를 다스릴 수 있다고 하신 그 말씀과 일맥상통하여 포괄하
고 있는 것이었다.

그렇듯 배달겨레 조상선영이신 환웅천제桓雄天帝님으로부터 우주
적 사명을 받고 심어진 배달민족정신은 세계를 평화스럽게 이끌고
나갈 수 있는 미래 지향적 능력과 사상으로 세움을 받은 하늘 제사장
민족으로서 그 조화의 협동정신을 '한사상'이라고 했다는 것이다.

그처럼 지구촌 인류 소생기적蘇生氣的 선천시대의 분위기는 우주 대

자연 속에 일대사一大事를 인연한 천지창조 하나님의 섭리 역사로 동양은 인류통합적인 정신문명을, 그리고 서양은 개체적인 물질문명을 발전시켜 나오게 했었음을 특히나 지구촌에 '진실의 서書' 라고 전파되어 온 구약과 신약을 통해서 유추해 볼 수 있게 해 주고 있음이다.

그렇기 때문에 오늘 우리가 우주 만생명의 근원이신 천지인天地人 참부모 하나님께서 고대하시는 영인체로 거듭남을 입고 평화로운 지상천국을 건설하기 위해서는 그처럼 여호와 유일신론唯一神論을 주창하는 서양문화권의 종교논리에서 벗어나서 그 시대구별을 해 볼 수 있는 안목의 지혜를 갖추어야 할 때다. 그래야만이 그처럼 애매모호하게 혼합된 서구 기독신학이 '쑥물'로 변태시켜 버린 기독교정신을 되살려 성자 예수 십자가의 수고가 헛되지 않게 될 것이기 때문이다.

그런데 '요한 계시록 10장 11절' 에서 그렇게 되어질 것이라는 것을 다음과 같이 귀띔해 주고 있으므로 주시해 보게 해 준다는 점이다.

> 저가 내게 말하기를 네가 많은 백성과 나라와 방언과 임금에게 다시 예언하여야 하리라.

그처럼 선지자 세례 요한은 '쑥물'로 변태되어 버린 오늘 기독신학이 재정리가 되어야 함을 미래적으로 예언해 줌과 동시에 천지창조 하나님께서 목적하신 성통광명聖統光明의 성약聖藥시대가 열리는 그때에 만법이 동토로 귀일하여 그 동방의 빛이 세계로 전파하게 될 것임을 그와 연계되는 '계시록 12절' 에서 주지시켜 주고 있다는 사실이다.

요한의 계시는 그처럼 반기독교적인 신학논리를 태동시킨 서양 유럽발원지에 천사가 그 '쑥물대접'을 쏟으므로 진리가 고갈됨을 '강물이 말라서'라고 묘사해 두고 있음이다.

그뿐만 아니라 엄연히 그 세계관이 다른 구약과 신약을 '한틀' 계보에 묶어 혼합시킨 성서학자들의 논리를 정리하게 될 그때가 이르게 되면 동방에서 그 우주원론의 말씀을 듣고 거듭남을 입고 하나님의 아들의 반열에 오른 성인 군자들이 세계로 나가는 그 길이 열리게 될 것임을 주지시켜 주고 있다는 점이다.

그로부터 연계되는 선지자 요한 계시의 예언은 천지부모 하나님께서 예정하신 평화로운 지상천국의 시대가 열리는 그때의 상황분위기를 다음과 같이 귀띔해 주고 있다.

> 또 내가 보매 거룩한 성 새 예루살렘이 하나님께로부터 하늘에서 내려오니 다시는 사망이 없고, 애통하는 것이나, 곡하는 것이나, 아픈 것이나 다시 있지 아니 하리니 처음 것들이 다 지나갔음이라.

이렇게 요한이 계시해 주고 있는 거룩한 성 '새 예루살렘'은 기독교 스승 성자 예수께서 말씀하신 지상낙원 세계이면서, 또한 성모님의 자비정신 그 법문을 들고 출현하신 석가 불교 경전에서 예언한 월단월月壇月 구주미륵救主彌勒 용화세계龍華世界인 것이다.

그러한 천기운행의 섭리역사가 또한 일찍이 서양에 앞서 하늘 제사장 민족으로 동방의 밝은 터에 그 뜻을 세계에 배달하기 위해 하늘나라 밝고 웅장하신 성모 환웅천제님께서 백두대간에 강림하시어 배달민족을 세우시고, 그 최종적인 목적을 전해 주신 말씀이 서로가 돕고 살게 된다는 홍익인간 이화세계를 이루시기 위함이라는 것이었다.

그 섭리역사가 이 땅에 이루어지는 그때에 태초에 우주만물을 빛의 말씀(Logos)으로 창조하신 천지 부모 하나님의 그 뜻을 어둠 세상에 시대와 나라를 달리하고 설파하신 칠대 성현들께서 물질모체이신 월단월 구주미륵 성모님과 함께 지상에 재림하시어 알곡으로 신성을 이룬 자들과 거기에 모여서 새 노래를 부르게 될 천궁天宮의 문이 열리게 된다는(요한 계시록 21장 5:7) 그 내용을 참고해 보게 해 준다.

> 보좌에 앉으신 이가 가라사대, 보라 내가 만물을 새롭게 하노라, 하시고, 또 가라사대 이 말은 진실하고 참되니 기록하라, 하시고 또 내게 말씀하시되, 이루었도다. 나는 알파와 오메가요, 처음이요 나중이라, 내가 생명수 샘물로 목마른 자에게 값없이 주리니 이기는 자는 이것들을 유업으로 얻으리라.

그것이 신약성경의 미래적인 예언으로 천지부모께서 전해 주신 그 원론의 말씀을 듣고 세상지향적인 육신의 오욕칠정五慾七情을 다스리고 세상을 초탈한 자들에게는 영원한 생명을 주어 눈물이 없는 지상천국地上天國 생활을 하게 될 것임을 귀띔해 주고 있음이다.

그와 같이 천지부모 하나님께서 예정하신 섭리역사 가운데 천지가 뒤바뀌는 말법시대末法時代가 이르게 되면 지상에 다시 강림하시게 된다는 처음과 끝, 그 '알파(Alpha)와 오메가(Omega) 하나님의 존체를 계시록에서 그처럼 분명히 밝혀주고 있다는 사실이다.

그 존체는 오늘 기독신학에서 성부 하나님으로 극대화시키는 여호와(Yahweh)가 결코 아니며, 성자 예수께서 인자人子로 출현하시기 위해 활달자재하시는 성령의 빛으로 잠시 여체를 빌렸을 뿐인 요셉의 아내, 그 동정녀 마리아가 태초에 만물을 형상화시킨 물질모체로 성모 하나님의 존체일 수가 없는 것이다.

그런데도 그러한 태초의 우주원리를 기록하고 있는 '창세기 1장'의 내용을 코페르니쿠스 이래 지난 500년 동안 서구의 과학문명은 걷잡을 수 없이 가속적으로 전지전능해졌음에도 불구하고 서구 문화권의 종교논리를 바로 정립하지 못하고 '쑥물'로 혼합시켜 하늘 '영생수'라고 신도들에게 건네주는 기독신학자들의 논리다.

그렇기 때문에 그 종교논리가 오늘까지도 독존과 독주를 계속함으로써 지구촌 핵무기나 지구 온난화로 인한 심각한 자연환경 파괴보다도 더한 종교 공해와 사상이념 대립으로 현생인류를 평화가 없는 불안 속에 떨게 하는 그 분위기를 만들어 내고 있는 실태다.

그 실상을 바로 깨닫고 정리하기 위해서는 무엇보다도 지구촌 빛과 어둠 역사를 분별할 수 있도록 그 시대구별을 하라고 거듭 강조하신 그리스도 인류구원의 신약성경 내용의 말씀을 오늘 성직자들이 제대로 분석파악하고 이해를 해야만 할 때인 것이다.

특히나 선지자 《요한 계시록》의 내용을 살펴보면 앞으로 지구촌에 일어날 세기말적인 천재지변의 상황과 그 위기를 현생인류가 어떻게 모면할 수가 있는가에 대해서 비유와 상징으로 그 모색 방안의 대책을 세우도록 은유적으로 기록해 두고 있기 때문이다.

무궁한 배달겨레

뿌리 깊은 나무는 비바람에 흔들리지를 않아 꽃을 피우고 열매를 맺는다고 했다.

이 말은 '용비어천가龍飛御天歌'에 나온다. 근본이 튼튼하면 세상의 어떤 비바람에도 흔들림 없이 살아갈 수 있다는 의미다. 또 한편으로 는 오늘과 어제, 그리고 머나먼 과거에 이르기까지 조상이 남겨준 은 혜의 생기를 감사하게 생각하라는 뜻이기도 하다.

역사란 과거와 현재의 끊임없는 대화라고 E. H. 카아는 말했다.

뿌리 없는 나무가 없듯이 모든 사물에는 근원이 있게 마련으로 원 류가 없는 시냇물은 있을 수가 없다. 선조가 남겨준 모든 것에 대해 감사할 줄 아는 사람이 되어야 한다는 그 의미를 부여해 주고 있는 말이기도 하다.

사기열전史記列傳에도 나오는 말이지만 '대체로 하늘은 사람의 시 초이며, 부모 자식의 근본이니, 사람은 궁하면 그 근본을 찾게 된다.

그런 까닭에 괴롭고 피곤하면 하늘을 부르지 않는 자가 없고, 병고에 시달리면 부모를 부르지 않는 자가 없다.' 그 말은 오늘 우리의 삶이 조상으로부터 면면히 이어져 내려온 것임을 명심하라는 뜻이고 보면 참으로 이치적으로 맞는 말이다.

그런 의미에서 오늘 우리가 배달한민족의 뿌리 역사 기록문서《조선상고사》《환단고기》《삼국유사》등을 살펴 볼 때, 서양의 구약성경 '창세기 1장' 과 '요한 계시록 4장 1~11절' 그리고 '요한 계시록 19장 11~17' 그 내용과 유사하게 일치되고 있음을 발견할 수 있게 된다는 점이다. 다만 용어상으로만 다를 뿐이다.

그 시작은 천상세계로 거슬러 올라가게 해 준다. 배달한민족 뿌리 역사기록《환단고기》에 의하면 태초에 우주의 근원이 되신다는 광명하신 성부聖父 하나님의 존체를 밝고 크신 하늘나라 원천遠天이라는 뜻에서 환인桓因 또는 우주만물의 씨알이라는 뜻에서 '한알님' 이라고 묘사하고 있다. 그 의미개념이 현대과학에서 밝히는 분열 팽창되는 양전자파(Energy)로 우주 근본 시발점의 생기生氣라는 뜻을 내포하고 있다.

우주만물의 근본이신 성부 '한알님' 께서 태초 물질의 모체이신 음적陰的 기파(Energy) 성모 '한울님' 과 음양조화陰陽造化를 이루는 이성 교합에 의해서 '창세기 1장' 에서 하나님 보시기에 좋았다는 성령의 빛이 '빨, 주, 노, 초, 파, 남, 보' 라 그렇게 천지부모 사랑과 자비의 우주영혼이라는 의미에서 우리 조상들이 '한얼님' 또는 '칠성님' 이라고 칭했다고 한다.

그러한 우주 시발점의 원리를 서양민족과는 달리 일찍이 배달민족의 선조이신 성모聖母 환웅천제님으로부터 그 이치를 배워왔기 때문에 그 분자적인 성령의 존체가 생명의 근원자리라고 하여 동네 어귀에 '칠성각'을 세우고 귀한 자손을 점지해 달라고 빌어 왔었다는 것이다.

그리고 그 자손이 태어나면 칠성님이 점지해 주신 귀한 자손이라고 하여 지구촌에 유일하게도 일곱 빛 색동저고리를 만들어 입혔던 배달한민족 민간신앙 풍습이 그로부터 전래되어진 것이라고 했다.

그 칠성님의 존체가 우리 조상들이 숭배해 온 '한얼님'으로 천지부모 성부(桓因) 한알님과 성모(桓雄) 한울님의 뜻에 따라 성경(창세기 1장)에서 그 능력행사를 해 보였던 태초의 빛이다.

그 우주원소 성령의 빛이 천지부모 하나님의 뜻에 따라 세상에 인자人子로 출현하여 천도天道의 섭리를 가르쳐 주고 가셨던 칠대 성현들의 존체임과 동시에 백보좌 성모님의 운행하심을(성경 요한 계시록 4장 1~6) 밝혀 주고 있기 때문에 참고해 볼 필요가 있다.

이 일 후에 내가 보니 하늘에 열린 문이 있는데 내가 들은 바 처음에 내게 말하던 나팔소리 같은 음성이 가로되, '이리 올라오라. 이후에 마땅히 될 일을 내가 네게 보이리라' 하시더라. 내가 곧 성령에 감동하였더니 보라 하늘에 보좌를 베풀었고, 그 보좌 위에 앉으신 이가 있는데 앉으신 이의 모양이 백옥과 홍보석 같고 또 무지개가 있어 보좌를 둘렀는데 그 모양이 녹보석 같더라. 또 보좌에 둘러 이십사 보좌들이 있고, 그 보좌들 위에 이십사 장로들이 흰 옷을 입고 머리에 금면류관을 쓰고 앉았더라. 보좌로부터 번개와 음성과 뇌성이 나고 보좌 앞에 일곱 등불 켠 것이 있으니 이는 하나님의 일곱 영이라. 보좌 앞에 수정과 같은 유리 바다가 있고 보좌 가운데와 보좌 주위에 네 생물이 있는데 앞뒤에 눈이 가득하더라. 그 첫째 생물은 사자 같고 그 둘째 생물은 송아지 같고, 그 셋째 생물은 얼굴이 사람 같고, 그 넷째 생물은 날아가는 독수리 같은데 각각 여섯 날개가 있고, 그 안과 주위에 눈이 가득하더라. 그들이 밤낮 쉬지 않고 이르기를, 거룩하다, 거룩하다, 주 하나님 곧 전능하신 이여. 전에도 계셨고, 이제도 계시고 장차 오실 자라, 하고 그 생물들이 영광과 존귀와 감사를 보좌에 앉으사 세세토록 사시는 이에게 돌릴 때에 이십사 장로들이 보좌에 앉으신 앞에 엎드려 세세토록 사시는 이에게 경배하고 자기의 면류관을 보좌 앞에 던지며 가로되, 우리 주 하나님이여, 영광과 존귀와 능력을 받으시는 것이 합당하오니 주께서 만물을 지으신지라, 만물이 주의 뜻대로 있다 하더라.

그 내용이 요한이 성령으로 하늘나라에 들림을 받고 올라가서 보고 왔다는 천상세계의 풍경임을 그처럼 세밀하게 밝혀 주고 있는 기록이다.

그렇게 펼쳐지고 있는 천상세계의 분위기에서 특히나 주목해야 할 부분이 전에도 계셨고, 이제도 계시고, 장차 오실 자라, 하고 백옥과 홍보석 같은 보좌에 앉아계신 전능하신 하나님이 만물을 형상화시키신 물질모체로 성모님의 존체임을 밝혀 주고 있음이다.

거기에 곁들여 참고해 볼 부분이 세세토록 사신다는 전능하신 '우리 주 하나님'을 옹립하고 엎드려 경배를 올리는 흰 옷을 입은 장로들이다. 그들의 존재 근원은 '창세기 1장'에서 태초 광명하신 빛의 말씀(Logos)으로 만물이 주의 뜻대로 이루어진 상태에서 그 여섯째 날에 이르렀을 때였다.

그 대자연계를 관리수호할 천지부모 하나님의 종복, 그 천상의 사람을 '우리의 형상을 따라 만들자' 하시고 창조하셨다는 그들에게 '너희가 생육하고 번성하여 땅을 정복하라!' 그렇게 다스림의 소명을 받고 창조된 하늘사람이다. 그러한 연계성으로 지성적인 신통능력을 부여받고 문명된 하늘나라에 조화정부를 펼친 천상의 신계임을 밝혀 주고 있다.

그런데 놀랍게도 하늘사람 그 여호와 신이 지구에 내려와 행사를 펼치던 구약시대 성자 예수보다 6개월 먼저 출생한 요한이 네발강가에서 성령에 의해 들림을 받고 천상세계를 보고 와서 기재한 하늘나라 풍경에서 그 흰옷을 입은 신장들이 백옥경의 백보좌에 앉아계신 성모님을 옹립하고 영광을 돌리는 장면에서 '전에도 계시고, 지금도 계시고, 장차 오실 자라' 했다는 그 부분과 우리가 막연히 생각하던 하늘나라에도 신장선관들이 출입하는 문이 있음을 특히나 주시해 보게 해 준다는 점이다.

그 하늘 문을 열고(開天) 하늘사람, 그 삼천 신장들의 옹립을 받으시며, 성부(한알님)의 뜻에 따라 지상에 강림하시어 지상천국을 이루실 그 초석 준비작업으로 하늘 신장선관들에게 하늘 천손민족 뿌리를 창건하도록 하명하셨다는 선조님을 하늘나라 밝고 웅장하신 성모님(한울님)이라는 뜻에서 환웅천제桓雄天帝님이라고 호칭했다는 것이 배달민족 뿌리 역사《환단고기》에 기재된 내용이다.

그처럼 천지부모 하나님의 섭리역사에 의해 조상 뿌리가 세워진 숭고한 배달나라 자손들을 하는 천손민족이라고도 했다는 것이며, 그렇게 조상님으로부터 우주의 원리를 알게 하는 하늘 천법 그 천부인天符印 '한사상'을 배우고 익혀 왔기 때문에 고조선 시대에 '동방의 등불'로 우뚝 솟아 만주 벌판을 중심으로 12제국을 다스려 왔던 정신문화민족이다.

그처럼 숭고한 배달의 나라 자손들을 하늘 천손민족이라고 했음은 조상 뿌리에서부터 우주의 원리를 알게 하는 그 하늘 천법天法으로 '한사상'을 배우고 익혀 왔기 때문이다.

그러한 대도의 민족정기가 영원무궁하도록 조상 뿌리에서부터 심어져 전래되어 왔었기 때문에 고조선시대에 동방의 등불로 우뚝 솟을 수 있었다는 배달겨레의 '얼'을 한민족 상징성으로 나타내고 있는 꽃이 백단심계白丹心系로 그 의미는 처음과 끝이 한결같이 무궁하게 순백한 아름다움을 지니고 뿌리에서부터 잎새까지 사람에게 유익함을 안겨준다는 진리의 표상으로 근화槿花라고 했다고도 한다.

그처럼 자랑스러운 배달겨레의 민족정기는 이웃민족까지도 평화의 협동정신으로 포용하고 조화를 이루었다는 하늘 천손민족이다. 그토록 숭고한 조상 뿌리 시원의 발상지는 하늘 천신天神들이 지구에 내려와 물질계를 열었다고 하여 '중앙아시아'라고 했음인데 글자의 어원語原으로 처음 아亞는 시초라는 뜻이며, 물질계의 초산을 의미하는 것이라고 했다.

이 옛말 '아시'는 그로부터 비롯되어 우리 조상들이 생활 속에서 논밭 초벌갈이를 '아시갈이' 또 길이나 터를 처음 닦는 것을 '아시닦이'라고 했으며, 과일 등의 첫 맛을 '아시 맛'이라 하고, 초벌 빨래를 '아시 빨래'라고 했음도 그로부터 연계되었으며, 우리 전통문화가 건너간 일본 말에서 숫처녀를 '아다라시'라 하고, 또한 서양 유대민족 뿌리 역사 시원에서 처음 창조된 남자를 '아담'이라고 한 것 역시나 시초라는 의미를 내포하고 있다는 것이다.

그 어원은 지구촌에 서양 유대민족보다도 3840년 앞서 세워진 배달민족 조상 뿌리 시원에서부터 비롯되어진 것으로, 처음 시초로 창조된 남자를 '아반' 이라고 했으며, 그 배필로 지음을 받은 여자를 '아만' 이라고 했음도 그 의미를 내포하고 있는 것이라고 했다.

그처럼 시초라는 의미를 담고 있는 지구 중심의 혈맥을 그렇기 때문에 '중앙아시아' 라고 했다는 것이며, 배달민족 시원의 발상지를 '아시태백' 이라 했음도 그와 같은 의미가 내포되어 있다는 것이다.

태백太白이라 함은 태초에 우주만물의 근원이신 천지부모 성부와 성모님께서 음양陰陽으로 태극太極 관계를 이루고 있는 입지에서 만물을 형상화시키신 물질 모체母體 백보좌 성모님께서 하늘 보좌신명들을 거느리고 지구에 내려와 물질계를 그처럼 밝고 웅장하신 하늘나라 근원이신 성모님의 존체를 우리 조상들이 환웅천제桓雄天帝라고 호칭했음은 동양철학의 원리를 바탕으로 연계되어진 것임을 입증시켜 주고 있다는 것이다.

그러나 오늘날 서양이 발전시켜 나온 물질과학 문명의 과학적 합리성은 동양과는 달리 인간 자체 속에 내재된 '무제한성' 의 정신문명 앞에서 서양 기독신학자들이 설파하는 창조론을 놓고 재고해 볼 수밖에 없는 상황에 이르렀다는 의견이 분분해지고 있다.

서양의 기계적으로 전문화된 종적인 첨단과학문명은 인류문화의 편의에 크게 기여해 온 것이 사실이다. 하지만 우주만물의 시원을 기술해 놓고 있는 성경(창세기 1장)의 기록을 애매모호하게 혼돈을 주고 있는 서구 기독신학 성서풀이이기 때문이다.

그러나 서양과는 달리 동양의 횡적인 삼일철학三一哲學은 하늘과 땅과 사람이 '한틀' 속에서 비롯되었다는 우주사상으로 성경 창세론을 과학적으로 일치시켜 가며 밝혀 볼 수 있게 해 준다는 사실을 주시하지 않을 수 없게 되었다.

이러한 동양철학의 신비에 서양이 낳은 철인哲人 토인비는 죽어 다시 태어난다면 동양철학에 심취해 보고 싶다고 말했을 정도다. 그러나 서양신학자들이 오늘까지도 제대로 풀어내지 못하고 있는 부분이 바로 그 문제점이다.

서구 유럽에서 태동시킨 기독신학에서 '진실의 서書'라고 지구촌에 내세우는 성경 '창세기 1장'에서는 태초 우주 시발점의 근원인 창조주 하나님 운행하심의 역사와, 지구에 내려와 물질인간(Adam : Eve)을 창조한 지엽적인 유대민족 조상신(Yahweh) 능력의 행사가 '창세기 2장'으로 그 세계관이 엄연히 다름을 분명히 밝혀 주고 있다는 사실이다.

그 '창세기 1장'의 기록은 분명히 태초의 빛으로 우주와 만물을 단계적으로 창조해 나가는 이름 없는 음양陰陽 천지부모 하나님의 세계관이다. 그 빛이 이데아(idea)라고 부르는 형태 없는 하나님 능력의 말씀(Logos)으로 만물을 단계적으로 형상화시킨 우주 원소로 다섯째 날에 이르기까지 대자연계를 창조하시고 그 여섯째 되는 날 그것들을 관리수호할 천지창조 하나님의 종복(從僕 : 신계) 천상의 사람을 '우리의 형상을 따라 만들자' 하시고, 그들에게 그 모든 것을 다스리라는 공중권세를 부여하시었다는 기록이다.

그렇게 공중권세를 부여 받고 창조된 천상의 사람, 그 신계가 우주의 지성체知性體로 신통력을 부여 받았기 때문에 지구의 물체인간들처럼 무지스럽지가 않았던 것이다.

그런데 그 우주 운행원리를 일찍이 배달민족 조상신 환웅천제桓雄

天帝님으로부터 으뜸 장손민족으로 하늘 제사권祭祀權을 부여받고 세움을 받은 혈맥자손들이 그 천부인天符印의 원리를 듣고 배워왔기 때문에 생활 속에서 세상은 하늘나라 그림자 형상이라고 말해 왔던 의미가 거기에 있었던 것임을 짐작해 보게 해 준다.

성경 '창세기 1장'에서 그렇게 존재 근원을 밝혀 주는 천상의 사람이 그 신통력을 부여 받고 하늘나라에 조화정부를 이루고 있는 신계임을 밝혀 주고 있기 때문이다.

그 천신들이 천지부모 하나님이 목적하신 뜻에 따라 천지인天地人 그 삼천대세계三天大世界를 완성시키기 위해 지구를 왕래하면서 펼친 지엽적인 창조행사가 그 신들의 호흡이라는 유전인자 염색체에 의해 오색인종五色人種으로 분파되어 그 문화권을 달리하고 있는 그 형태 이룸이 조화주 하나님의 섭리역사에 의한 것임을 성서적으로 그렇게 밝혀 주고 있음이다.

그렇기 때문에 하늘사람 그 신계가 각기 부분적인 소명을 맡고 지구에 내려와 벌리는 그 능력행사는 '창세기 1장'에서 천지부모 하나님께서 천지와 만물을 다 이루시고 '쉼'으로 안식에 들어가셨다는 그 이후 '창세기 2장 4절'부터의 기록이다.

그런데 안타깝게도 동양과는 달리 우주 근원이신 음양조화주陰陽造化主 천지부모 하나님의 실상을 바로 알지 못하고 있는 서구 기독신학이 바로 그 문제점이다. 그 논리가 단일적으로 지구에 성호聖號를 붙이고 등장한 신계神界에 속한 여호와(Yahweh) 유일신唯一神만을 주장하는 서구 기독신학에서 아직까지도 태초의 우주시발점 그 '창세기 1장'을 바로 정립하지 못하고 지구에 지엽적으로 에덴동산을 창설하고 그 텃밭 흙을 주물러 그 호흡으로 물체인간(Adam : Eve)을 설

계 창조한 여호와를 전지전능하신 천지창조 성부 하나님으로 극대화
시키고 있는 실태다.

그러한 서구 기독신학의 논리가 활달자재豁達自在하신 부활의 능력
을 사망이 왕 노릇을 하는 어둠 세상에 하나님의 아들로 입증시켜 보
여 주신 성자 예수 십자가의 고난으로 문이 열린 기독교정신에 그처
럼 혼돈을 주고 있는 상황분위기다.

그러나 성경은 태초에 분열 팽창되는 광명하신 양적陽的인 성부 하
나님의 기파(energy)와 안으로 응고된다는 음적陰的 기파가 음양조화
주陰陽造化主를 이루어 우주만물을 형상화시키신 물질 모체母體이신 성
모님의 존체임을 밝혀 주고 있다.

그 운행하심이 성경《요한 계시록》에서 후천시대에 천지공사를 마
무리하기 위해 지상 강림하시어 인간 장막 속에 함께 거하시게 될 백
보좌白寶座 하나님의 존체임을 처음과 끝(Alpha Omega) 하나님이라고
밝혀 주고 있음이다.

그토록 지극하신 존체의 성모聖母 환웅천제님께서 지상낙원 세계
를 이루시기 위해 지구 중심이 되게 하려는 하늘 천손민족의 뿌리를
중앙아시아 백두대간 태백산정에 세우셨다고 하여 백의민족이라고
했다는 것이다.

그러한 연계성에서 그 처음 시작의 지명을 태백산太白山, 백산白山,
백두산白頭山, 천산天山, 영산靈山 등 모두가 영계靈界의 백보좌 성모님
께서 강림하신 곳이라는 그 의미를 내포하고 있는 지명이라고 했다.

그렇기 때문에 배달민족 조상들은 높은 산은 생명의 근원으로 생
사화복生死禍福을 주관한다고 믿어 신성한 장소를 택하여 제단을 쌓고
하늘에 빌어 왔던 풍습이 그로 인해 비롯되어졌다는 것이다.

그 아시태백이 지구 중심의 자궁혈맥으로 서양 유대민족의 조상신(Yehweh)이 그 텃밭에 근접하여 에덴동산을 창설하고 그 호흡 정기를 불어넣어 남자(Adam)부터 창건했음을 '창세기 2장'에서 기록하고 있는 그 내용이다.

> 여호와 하나님이 동방의 에덴에 동산을 창설하시고 그 지은 사람을 거기 두시고…

그 기록에서 에덴(Eden)동산이라 함은 여호와 신의 창조능력을 펼치는 기쁨의 동산이란 뜻이며, 그 동산 창설은 구획적인 선을 긋고 있음을 나타내 준다. 그러한 여호와 창조행사에서 주목해야 할 부분이 강이 '에덴'에서부터 발원하여 네 줄기로 흘러갔다는 '창세기 2장 10~15' 기록을 참고해 봄으로 우주만물의 근원이신 천지창조 하나님께서 운행하시는 그 섭리역사를 지구의 종교인들이 조금이나마 이해할 수가 있게 된다는 점이다.

> 강이 에덴에서 발원하여 동산을 적시고 거기서부터 갈라져 네 근원이 되었으니 첫째의 이름은 비손이라 금이 있는 하윌라온 땅에 둘렀으며, 그 땅의 금은 정금이요, 그곳에는 베들리엄과 호마노도 있으며, 둘째 강의 이름은 기혼이라, 구스온 땅에 둘렀고, 셋째 강의 이름은 힛데겔이라, 앗수르 동편으로 흐르며, 넷째 강은 유브라데더라.

서양 유대민족 조상(Adam)이 창건된 시원의 발상지가 그렇듯이 지구에 강이 발원하여 네 줄기로 흐르고 있는 곳은 유일하게도 배달민족 시원의 근원지인 백두산 '천지못' 밖에 없다고 했다.

그처럼 동방의 이 동토에서 모든 물질계의 강이 발원하여 갈라지는 물줄기는 언어상으로만 다를 뿐이다. 북으로 토문강, 동으로는 송화강, 서로는 압록강, 남으로는 두만강으로 그 수맥은 저 멀리 태평양으로 이어져 있는 지구 유일의 강의 원천이라는 증거다.

인류문명은 그처럼 강을 끼지 않고는 이룰 수가 없음을 동서로 갈라진 조상 뿌리 역사 시원에서 확고하게 입증시켜 보여주고 있다.

그와 같이 해가 뜨면 제일 먼저 비친다는 동방의 '중앙아시아'가 물질계를 열었던 지구 중심의 자궁혈맥으로 서양의 유대민족 뿌리 시원 역시도 배달한민족 조상 뿌리의 발상지와 근접하고 세워졌음을 성서적으로 그렇게 밝혀 주고 있음이다.

그렇기 때문에 강이 네 줄기로 갈라지는 백두산을 중심으로 하는 태백산맥과 곤륜산을 근접하고 유대민족 조상신(Yahweh)의 기쁨이 된다는 에덴동산이 창설되었음을 '창세기 2장'에서 그처럼 밝혀 주고 있음을 주시하지 않을 수가 없다.

그러나 천지창조 하나님의 섭리역사 가운데 음양陰陽 대비적으로 대자대비하신 영계靈界의 천손민족으로 일찍이 서양에 앞서 하늘나라 제사권祭祀權을 부여 받고 동방에 하늘나라 천신국天神國의 등불을 밝히도록 으뜸 장손민족으로 세움을 받았다는 것이 배달민족 뿌리 역사《환단고기桓檀古記》의 기록이다.

그처럼 천지부모 하나님의 예정하신 뜻 가운데 지구에 물질계가 열리기 시작했던 중앙아시아는 하늘사람, 그 신계神界가 저마다 성호聖號를 붙이고 그 역할의 소명을 받고 내려와 그 신통능력 행사를 펼쳐 보이기 시작했던 축복받은 땅이었다.

그 분위기 상황이 본자연本自然하신 음양조화주陰陽造化主 하나님의 섭리역사에 의한 것으로, 중앙 '아시땅'에 하늘 보좌신명들을 거느리시고 지구에 내려와 서양보다 3840년 앞서 배달한민족 뿌리를 세워 주신 개천성조開天聖祖 환웅천제께서 보좌신명들과 함께 그 자손들의 번성을 지켜보시면서 세상을 살아가는 여러 가지 삶의 방식을 가르쳐 주도록 하명하셨다는 기록이다.

그렇게 지구촌 인류시원의 뿌리 역사는 동서東西가 그와 마찬가지로 영계靈界와 고리를 잇고 있는 하늘사람, 그 신계神界가 지구에 내려와 인간창조의 신통능력을 펼쳐 보이며 행사를 이루어 나오는 뿌리시원의 역사를 그 나름대로 가지고 있다.

그 천신天神들에 의해 지구에 설계 창조된 물체인간은 '창세기 1장'에서 태초 빛의 말씀(Logos)으로 다스림의 공중권세를 부여받고 창조된 하늘 사람 신계와는 달리 그 의식이 천지를 분간할 줄 모르는 원시인간들이었다. 그렇기 때문에 그 창조신들의 책임업무의 수행으로 서양 유대민족 뿌리 역사 구약의 내용이 그렇듯이 하늘사람 그 신과 인간이 함께 어우러졌던 선천시대가 있었다.

그처럼 하늘 사람, 그 천신들에 의해 창조되어 분별력 사고의식이 전혀 없었던 원시시대에서 그 신들의 가르침을 받고 진보 발전되어 나왔다는 것이 지구촌에 분파된 동서민족의 뿌리 역사다. 지구촌 인류는 그처럼 시대적인 의식 진화과정을 거치고 성장하여 신들이 인간과 함께 어우러지던 구약시대가 4000년으로 마감이 되고 진화된 인간이 주체하는 왕국이 세워지게 된 것이다.

그 형태가 시대변화로 배달민족 역시도 마찬가지다. 신불천황의 후사로 개국조開國組이신 단군왕검의 조선朝鮮이 건국된 이래 백성들은 꽃 중에서 무궁화를 사랑해 왔으며, 그 꽃을 우리 조상들은 근화槿花 또는 백단심계白檀心系라 했다고 한다.

그렇기 때문에 무궁화 꽃을 우리 배달겨레의 얼이 담긴 국화로 지정하여 오늘 우리 애국가愛國歌 속에 담아 국가 행사장에서 합창하여 부르게 된 것이라고 했다.

그러나 오늘 우리 국민들은 그 많은 꽃 중에서 우리 선조들이 무궁화를 그처럼 사랑해 왔던 이유를 모르고 있다. 고대사에서 우뚝 솟은 '동방의 등불'로 찬란하게 빛나던 고조선의 역사가 일제 강점기에 허구의 단군신화로 왜곡된 채 무참하게 잘려나가 버렸기 때문이다.

단군왕검 조선은 건국 이래, 중국의 최고 지리지地理志인 산해경山海經 기록에 의하면, 동방에 있는 군자불사지국君子不死之國은 의관衣冠을 정제하고 칼을 찼으며, 성격이 양보를 좋아하고 다투지 않으며, 아침에 피어나 저녁에 지는 조생석화朝生石花 꽃 백단심계(무궁화)가 있다고 하였다.

또한 2500년 전 공자 논어論語에도 중국에는 도道가 행해지지 않기 때문에 한반도 구이九夷의 나라에 가서 살고 싶다고 하며 배달나라를 군자국君子國 또는 동방예의지국東方禮儀之國이라 하여 다른 동서북방민족東西北方民族과는 다르다고 말하였다는 기록이다.

고조선시대 그처럼 찬란하게 빛나던 동방의 등불로 칭송을 받아왔던 우리 배달민족의 정신이야말로 지구촌에 번성되어진 각 민족과 마찰의 불씨를 잠재우게 하는 인류평화의 정신으로 인간을 유익하게 한다는 홍익대법弘益大法이었다.

그것이 자연지도自然之道에 의한 하늘 천법天法으로, 만물의 영장체로 창조된 인간으로서 마땅히 행해야 할 도리를 알게 하는 윤리이며,

또한 법도인 동시에 만법의 순리라는 것이었다.

그 홍익대법이 단군왕검께서 환웅천황 신불시대로부터 이어받은 고조선의 건국이념으로, 그 정신사상은 속사람 인간영혼의 기파 (energy)를 만물의 영장으로 성숙시켜 신성神性을 이루게 하는 인간성 회복에 그 중점을 두고 있는 대종교의 법도라고 했다.

그것이 처음과 끝(Alpha Omega)의 천지창조 하나님께서 목적하신 신성神性을 이룬 자들로 지상낙원세계를 이루는데 그 중추역할을 하도록 조상 뿌리에서부터 하늘나라 사랑의 천법天法을 그렇게 가르쳐 주셨다는 것이다.

그러나 하나님의 섭리역사에 의해 오직 세상 지향적인 그 초등학문의 율법십계명律法十誡命만을 조상신(Yahweh)으로부터 배우면서 지구촌에 물질문명을 발전시켜 나왔던 서양 유대민족이다.

그렇게 전개되는 의식진화의 역사 속에서 소생기를 거쳐 이스라엘이라는 왕국이 세워진 4000년 만에 비로소 고등종교 스승 성자 예수께서 천지인天地人 그 삼천대세계三天大世界를 사랑으로 총괄하신다는 하늘나라 성부 하나님의 천법天法을 '새 계명'으로 들고 출현하셨지만 그 백성들은 천지부모 하나님의 그 크신 뜻을 도무지 이해하지 못하고 배타를 하고 말았던 것이다.

그 형태가 사망의 어둠 세상에 태초에 광명하신 성부 하나님의 빛의 말씀을 드러내기 위해 선택을 받고 세워진 민족이기 때문에 예수께서 물질은 일만 악의 뿌리라고 말씀하신 그 의미개념을 상기시켜 보게 해 준다. 빛은 어둠의 역사를 통해서 드러난다는 것이기 때문이다.

그러한 천지창조 하나님의 섭리역사가 동서민족으로 분파된 지구촌 모든 민족 가운데 천지부모 하나님의 그 크신 사랑과 은총을 배로 통달하고 세계에 전파할 하늘 천손민족이라고 하여 배달민족이라고 했다는 것이다.

배달倍達이라 함은 하늘의 이치를 배로 통달한다는 뜻이다. 그러한 하늘 섭리역사에 의해 선택을 받고 조상 뿌리 세움에서부터 하늘나라 대법을 배워온 배달나라 백성을 백두민족이라고 했음에도 그 의미가 부여되어 있다고 했다.

그 뜻은 만물의 근원으로 밝고 큰 하늘나라 순백한 성모님의 신위神位이신 환웅천제桓雄天帝께서 하늘 조화신명들의 옹립을 받으시며 백두대간에 강림하시어 배달민족 뿌리를 으뜸으로 세우시도록 하셨다고 하여 백두민족이라고 했다는 것이다.

그처럼 아득한 그 옛날 선천시대先天時代 환웅천제께서 이 땅에 영원무궁한 지상낙원세계를 건설할 전초작업으로 하늘나라 조화신단 그 삼천의 무리를 거느리시고 지상강림을 하시었다고 했다.

그러한 배달민족 뿌리 역사가 실재성이 없는 신화神話라고 한다면, 서양에서 '진실의 서書'라고 설파하고 있는 유대민족 뿌리 역사 구약 역시도 허구로 꾸며진 신화 같은 이야기라고 할 수밖에 없다.

그 내용 역시도 하늘에서 지구에 내려온 여호와(Yehweh) 신이 먼저는 그 텃밭 흙을 주물러 남자(Adam)부터 설계 창조하여 잠재워 놓고 그 갈비뼈 하나를 취하여 그 배필 여자(Eve)를 창조하고 관리수호하면서, 거기에 주어진 그 역할을 맡고 따르는 보좌 신명들의 행사와 이름이 등장하고 있다.

그와 유사한 기록의 형태가 또한 우리가 '그리스 로마 신화'라고 하는 그 전개상황의 내용 역시도 그와 다를 것이 없다. 하늘에서 내려온 많은 신들이 그처럼 각기 주어진 역할을 맡고 그 민족 특징적인 예술문화를 이루게 하는 정보를 제공해 주고 있음을 소상하게 기록해 두고 있음이다.

그런데 그와 크게 다르지 않은 상황전개가 서양에서 단군신화로 표류시켜 버린 우리 배달한민족의 뿌리 역사다. 그들과 다른 부분이 있다면 그처럼 하늘나라 웅장하신 성모聖母 환웅천제께서 천상의 조화신명들의 옹립을 받고 하강하시어 처음 시작에서부터 우주만물의 존재 원리라는 천부인天符印으로 지구촌에 유일하게 정신문화를 이루게 하는 그 정보를 제공해 주도록 하셨음이 다를 뿐이다.

그처럼 숭고한 우리 배달한민족 뿌리 역사를 실재성이 없는 허구의 단군신화로 왜곡시켜 표류시켜 버린 것이 국권을 빼앗겼던 일제강점기에 조선총독부에서 의도한 배달한민족의 뿌리 역사 말살정책이었다. 하지만 지구촌에 분파된 동서민족의 뿌리 역사는 그 시원에서 구약의 내용이나 크게 다르지 않은 상황전개로 성호를 붙인 신들이 등장하여 인간 삶의 생활에 편의를 도모해 주기 위해 문명된 하늘나라 지식정보를 제공해 주면서 인간과 대화를 나눈 이야기들을 유대민족뿐 아니라 어느 민족이나 마찬가지로 공통적으로 간직하고 있다.

그렇게 하늘에서 내려온 신들이 지구에 내려와 전개하는 인류시원의 뿌리 역사를 지구촌에서 유일하게도 물질문명을 발전시켜 나온 서양 유대민족 뿌리 역사 구약만이 인정받고 있는 실정이다.

그러나 지구촌에 동서로 분파된 그 민족의 뿌리 역사는 구약의 내용이나 마찬가지로 그처럼 하늘의 신들이 내려와 물질 인간을 창조하고 그로부터 번성되어지는 그 백성들과 함께 어우러지면서 세상을 살아가는 여러 가지 삶의 지혜를 제공해 주면서 가르쳐 나왔던 시대가 있었음을 기록하고 있다는 사실이다.

오늘 지구촌 현생인류는 그로부터 진화 발전되어 나오게 되었던 것이며, 그로 하여 문명된 현대인들의 의식에 대두되고 있는 것이 바로 그 '지적 설계론' 이다.

그것은 과거 천상의 신들이 지구에 내려와 물체인간을 창조하고 그 의식을 시험해 왔듯이 오늘 문명된 지구촌 과학자들이 그러한 행사 도정에 이르렀다. 그것이 1990년 이후 새롭게 등장한 과학이론이다. 그 논제는 서구 기독신학이 합리적이지 못한 생명의 기원과 복잡성에 대해 과학적 이론으로 반격하고 있는 특정 종교 논리와 과학의 대결 구도인 것이다.

오늘 현생 인류는 4차원의 우주시대를 열어가고 있다. 그러한 오늘 인류시원의 복잡성에 대한 문제는 유물론 세계관에 큰 영향을 끼쳐 온 찰스 다윈의 '진화론' 이나 성서학자들의 논리에 의한 창조논리나 모두 합리적이지 못하다는 것이 현대 과학자들의 견해다.

그러한 현실 분위기에 지구촌에 분파된 5색 인종이 과연 유대민족 조상(Yahweh)의 창조물인가? 자연발생적인 동물의 진화인가? 하는 반론의 논쟁이 지금까지도 계속되고 있다. 하지만 그러한 논란은 성경 구약과 신약을 통해서 그 진의를 밝혀 보게 하고 있을 뿐만 아니라, 특히나 지구촌에 분파된 그 민족 뿌리 역사에서 그 진실을 밝혀 볼 수 있게 해 준다는 사실이다.

그 문제는 성서 창조론의 이해의 과정에서 서구 신학자들이 '창세기 1장' 의 기록을 바로 해득하지 못한 관계로 명쾌한 해답을 제시해 주지 못한 채 논란의 시비를 빚게 했음을 발견하게 된다는 데에 있다.

태초의 우주 시발점의 창조론을 기록하고 있는 '창세기 1장'은 서구 기독신학자들이 설파하고 있는 유일신唯一神의 창조론과는 전혀 다르게 태초의 우주 원소라는 생명의 빛으로 우주와 만물이 생성되어진 그 전개과정을 담아두고 있음이다. 그 기록들이 성령의 감동을 받고 썼다는 구시대 사람의 기술記述에 의한 것으로, 그 점을 먼저 이해하고 감안하여 보는 현대인의 지혜의 안목이 필요한 것이다.

거기에는 우주의 대원인 '있음'의 시발점, 그 우주신도의 변화도를 기술해 놓고 있는 것으로, 그 존재 원인의 기록을 서양의 물질과학의 원리라는 쌍립적雙立的 상대성 양자역학量子力學으로 접근시켰을 때, 여기에서 물질을 만들어낸다는 '빛'의 존재, 그 음양조물주陰陽造物主 하나님의 능력이라는 참 모습을 밝혀 볼 수 있게 해 준다는 사실이다.

이러한 현대 문명 앞에서 아직도 그 원시성을 탈피하지 못하고 있는 서구 신학자들의 성서풀이 해석은 우주의식이 열린 현대인들과 과학자들로부터 우상을 숭배하게 하는 종교논리라는 비판을 받게 되면서 진정한 구원의 종교로 기독교가 다시 깨어나야 한다고 강조하기에 이르렀다.

성경 '창세기 1장'에서 기록하고 있는 태초 대원인의 장면을 서양이 낳은 과학자 아인슈타인의 상대성 양자역학으로 접근시켰을 때, 우주 팽창설의 '빅뱅론'과 그 합일점을 찾게 된다는 점이다.

그것이 지구촌 물질문명의 바탕이 되는 과학의 원리로 태초 생명의 우주 원소는 대대불휴하는 상대성 건곤음양乾坤陰陽 태극太極의 관계로 분열 팽창되는 발양성(Energy)의 양기陽氣는 양전자파로 '화이트홀'이며, 시간이 흐를수록 안으로 응고 수축되는 기파(Energy) 음전자파는 '블랙홀' 이라는 것이다.

　이러한 현대 과학의 상대성 원리로 '창세기 1장'을 접근했을 때, 태초에 이름 없는 하나님으로 묘사되고 있는 신神이 수면水面을 향해 운행하시기 전에 땅이 혼돈하고 공허하며, 흑암이 깊음 위에 있었다는 것은, 태고의 우주 공간에는 물질적인 본질의 수소가스가 수십 억 광년쯤 흐르면서 충만한 상태로 그 흑암을 '공허하며'라고 표기해 두고 있음이다. 그 수소가 우주만물을 생성시킨 본질의 원자량으로 음전자파 고유의 질량을 보유하고 있는 소립자라는 것이기 때문이다.

　그 음기陰氣의 소립자는 수소를 구성하고 있는 부속품이나 마찬가지며, 그렇게 내재되어 있는 전자 수소의 핵이 일정기간 잠복하게 되면 분열 팽창되는 양전자파와 결합되면서 '빛'이 튕겨져 나온다는 것이 상대성 양자역학으로 과학의 원리다.

　그러한 태초의 우주원소 본질이 물질을 만들어내는 능력의 힘으로, 안으로 응고 수축된 수소의 원자량 전자파를 끌어낼 수 있는 것은 양전자파와의 마찰에 의해서만이 가능하다는 것이 오늘날 지구촌 물질문명을 발전시켜 나온 서양과학의 원리인 것이다.

　그런데도 태초를 기준으로 하는 성경 '창세기 1장'의 창조론과 그 개념이 전혀 다른 '창세기 2장'의 전개 과정을 서양 신학자들이 과연 그처럼 이해하지 못했을까? 그 의문을 갖게 해 주고 있다.

　오늘 지구촌 현대 문명은 과거와는 달리 아인슈타인의 상대성 양자역학에 의해서 존재하는 물질의 수에는 변화가 있다고 말해 오고 있는 것으로, 물질의 크기와 위치에 따라서 끊임없는 변화가 일어난다는 것을 강조해 오고 있는 것이 서양 과학의 현주소다.

　그런데도 서구 신학자들이 태초 우주의 시발점(창세기 1장)에 그 과학의 원리를 적용시켜 보지 않았다는 것은 이해할 수 없는 부분으로 종교적인 혼돈을 안겨주는 바로 그 문제점이라는 것이다.

그러한 형태는 과거 갈릴레오가 지동설을 주장했을 때, 신학자들만은 그 지동설을 은연중에 수긍했지만 묵비권을 행사했던 것처럼, 기독교 창조론 역시도 그 모순을 인정하면서도 그 어떤 혼란을 우려하고 묵비권을 행사해 오는 것이라고 보는 측도 있다.

그렇기 때문에 오늘 서구 기독신학자들의 성서 해석은 과거 구약시대 오직 유대민족 창조 수호신에 국한된 여호와(Yahweh)를 전지전능하신 태초의 성부 하나님의 신위에 올려놓고 지구촌 오색인종이 유대민족 조상 뿌리(Adam)의 후예로 그 혈맥자손이라고 애매모호하게 설파하고 있는 상황실태다.

그러나 그러한 서구 신학자들의 성서풀이 오류 속에서 서양이 낳은 철학자 볼테르는 그의 작품 속에서 '우주의 지성과 인간의 지성은 원래 하나이므로 신과 인간은 동격이다' 라고 표명했다.

그런데 그러한 우주 원리를 일찍이 조상 뿌리에서부터 배워온 배달민족으로, 천지인天地人이 영계靈界의 천지부모 '한틀' 속에서 비롯되었기 때문에 그 이치를 깨닫게 되면 내 안에 신의 성품이 내재되어 있다는 것과, 내가 곧 신의 소생이라는 것을 자각하게 된다는 것이었다.

그렇기 때문에 하늘에서 내려온 천상의 그 우주 지성체인 신들이 보편적인 사람의 모습으로 과거에 함께 어우러지던 선천시대가 있었던 것이며, 그토록 지극히 높은 천지부모 하나님의 아들 성자 예수께서도 우리 인간과 조금도 다르지 않은 보편적인 사람의 모습으로 인간 세상에 인자人子로 출현하시어 그 원리를 가르쳐 주신 말씀이 인간 영혼이 그 이치를 깨달아 성숙되면 성자 예수께서 천지창조 성부 하나님을 '내 아버지'라고 하심과 같이 성인의 반열에 들어가기 때문에 '형제'라고 부르기를 부끄러워하지 않겠다고 하신 의미 개념이 바로 거기에 내포되어 있었던 것이다.

그러한 우주원리의 가르침은 인도 땅에 기독교 스승 성자 예수보다도 500년 앞서 물질모체이신 성모님의 생사윤회生死輪廻의 법문을 들고 출현하신 성자 석가 붓다 역시도 마찬가지였다. 그 원리의 말씀으로 자아견성自我見性을 하게 되면, 우주 지성체로 창조된 하늘사람 그 신계神界와 고리를 잇고 창조된 물체인간 역시도 천상천하유아독존天上天下唯我獨尊하는 진리체로 탈겁되어 대자대비하신 부처님의 반열에 들어가 그 아들의 능력을 행사할 수 있게 된다는 가르치심이 바로 그것이었다.

그처럼 신과 인간을 분리시키는 종교논리와는 달리 본체신 성자의 위치에서 우리 인간과 조금도 다르지 않은 보편적인 모습으로 물질 세상에 출현하셨던 세계 7대 성현들의 그 가르치심이 바로 배달민족 조상 뿌리에서부터 심어진 '한얼님' 사상으로 기독교 스승 예수께서 '나를 본 것이 내 아버지 하나님을 본 것이다'라고 말씀하신 뜻이 바로 거기에 있었던 것이다.

그처럼 천지부모 하나님의 분자체이신 성현들의 가르치심이 태초의 우주 원리로 영원히 변하지 않는다는 진리의 말씀이라고 한 것이었으며, 고조선 개국조開國祖이신 신인神人이라는 단군왕검 역시도 그러한 이치로 백성들을 가르치셨던 말씀이 바로 그 '한사상'이라는 하늘 대법大法이었다.

그것이 천지부모 하나님의 섭리역사에 의한 것으로, 유대 땅에 출현하셨던 성자 예수보다도 앞서 인도 땅에 출현하셨던 석가 붓다께서 '내가 세상에 출현하기 전에 많은 부처들이 세상에 출현했었다'고 말씀하신 뜻이 바로 거기에 있었음이다.

그처럼 시대와 나라를 달리하고 출현하신 성현들의 말씀은 신과 인간은 멀리 동떨어진 존재가 아니라 동격으로, 다만 인간 영혼이 하늘의 섭리와 이치를 깨닫고 성숙되어 신성神性을 이루게 되면 분자적인 하나님 아들 성현의 반열에 들어가게 된다는 것이었다.

그렇기 때문에 불가佛家의 스승 석가 붓다께서 중생들에게 허망한 세상적인 물욕의 마음을 비우고 열심히 성불成佛하라는 말씀의 뜻이 거기에 있었던 것이며, 그 모델을 세상에 나타내 보이기 위해 자신에게 주어진 부귀영화를 초개와 같이 버리고 깨달음을 얻기 위한 수행자의 모습이 어떤 것인가를 그 고난의 행적으로 보여주신 것이었다.

그러한 성현들의 가르침의 본질을 바로 알지 못한 종교인들은 무가치한 세상의 부귀영화를 염원하는 기복신앙의 기도로 일관하는 것이 오늘의 모습이다. 그러나 오늘날 문명된 인류 고고학자들의 연구는 성서학자들의 논리적이지 못한 견해와는 전혀 다르다.

지구에 생명체가 존재하게 된 기원은 아담(Adam) 그 훨씬 이전부터 존재해 왔었음을 지구 도처에서 발굴해 내고 있는 동식물의 그 화석체들과 기원 미상의 유적들이 그것을 입증해 주고 있다는 반증을 내놓고 있다.

그처럼 고고학자들이 내놓는 실증적인 고대 화석체의 증거물에 인류시원을 6000년대로 놓고 보는 성서학자들의 입장에서는 난해한 숙제로 곤혹스러울 수밖에 없다. 하지만 그것은 시대와 나라를 달리하고 지구를 내방했던 성현들과 또 많은 철인哲人 현자들이 예언하고 있는 지구 종말론 같은 생명체의 멸종위기가 이 세대 그 훨씬 이전에도 지구에 거듭 있어 왔었음을 나타내 주고 있는 분명한 증거물이라고 할 수 있다. 기독교 스승 성자 예수께서는 세상의 천년이 하늘나라에서는 하루와 같다고 하시었다.

그리고 이 세대가 다 지나기 전에 있을 것이라는 지구 종말론의 징후는 사실상 21세기 벽두에서부터 급격한 기후 변화와 온난화 현상으로 지구 도처에서 지진과 침수 등의 이변현상을 보이고 있는 실태다.

그 상황이 불교의 '월장경' 208쪽을 참고해 보게 해 준다.

> 해와 별의 운행이 일정치 않아 온 땅은 모두 진동하고 전염병이 많아지고… 세간에는 부처의 법이 다시 없고, 계율과 모든 경전 죄다 남아 있지 않으리… 그 당시 허공으로부터 큰 소리 내어 온 땅 진동하자, 허공과 땅 두루 흔들리기가 마치 물 위의 수레바퀴 같고, 모든 성벽 부서지고 집이란 집은 다 무너져 버린다. 모든 우물, 샘, 못도 죄다 한꺼번에 고갈되고… 땅이란 땅은 다 황폐되고… 사방이 다 가뭄에 시달려 온갖 나쁜 징조가 나타나며…….

그 이치와 다르지 않은 지구 종말론적인 상황 실태를 기독교 성경 '요한 계시록 8:7-10 252쪽' 에서도 예언해 주고 있다.

> 피 섞인 우박과 불이 나서 땅에 쏟아지매 땅의 삼분의 일이 타서 사위고 수목의 삼분의 일도 타서 사위고, 각종 푸른 풀도 사위더라. 불붙는 큰 산과 같은 것이 바다에 던지우매 바다의 삼분의 일이 피

가 되고, 바다 가운데 생명 가진 피조물들의 삼분의 일이 죽고 배들의 삼분의 일이 깨지더라.

그러한 재앙경고는 1988년 세계기상기구(WMO)와 국제연합 환경계획(UNEP)이 공동으로 창설한 기후변화에 관한 정부간 패널이 거기에 관해 인류 역사상 가장 암울한 전망이라고 표명했다.

그렇기 때문에 성경 불경이 예언해 주고 있는 그 수수께끼 같은 개벽원리를 알아야만 한밤의 꿈같은 세상지향적인 현생인류의 영혼이 거듭남을 입고 거기에 대한 준비를 할 수가 있게 되어 있다. 고등종교 스승 예수와 석가 붓다께서 인류 구원을 위해서 약속한 지상천국이나, 구주미륵 용화세계는 죽어서 가는 곳이 아니라 신성을 이룬 자들이 살아서 이 땅에서 맞게 되는 가을선경, 지상선경으로 처음과 끝(Alpha Omege) 천지부모 하나님께서 준비하신 배달한민족이 제사장민족으로 그 비밀을 풀고 홍익인간弘益人間 이화세계理化世界를 이 땅에 이루게 되어 있다는 것이 그 예정론이기 때문에 서양의 종교적인 혼돈과 어둠의 역사에서 동방의 등불로 깨어나서 자아성찰自我省察을 해야 할 때인 것이다.

그것이 변화 속에 조화의 발전을 상징하는 태극기도 그렇지만 천손민족의 '얼'을 상징하는 삼천리반도 금수강산 무궁화 꽃 역시도 아름다운 삶의 가치와 천상의 우주정신 문화예술의 다양성을 꽃피우는 우리 배달倍達민족의 정체성이기 때문이다.

Chapter 4

동방의 등불 Korea여
깨어나소서 !

오늘 지구촌은 성경과 불경이 경고해 주고 있는 지구문명의 대전
환기를 맞고 있다.

그러한 상황 분위기 속에서 기독교 스승 성자 예수께서 물질은 일
만 악의 뿌리라고 하신 말씀을 다시금 재고해 보게 해 준다.

그 형태가 지구촌에 물질문명을 앞서 발전시켜 나온 서양의 과학
적인 합리성과 자유의 무제한성은 정치, 경제, 교육, 문화 대부분이
그들이 추구하는 목적대로 진보 발전되어 인간 삶의 생활에 편의를
도모해 준 것만은 사실이다.

그러나 그 반면에 물질문명 그 자체 속에 내재하고 있는 모순 때문
에 인간 정신을 황폐하게 만든 어둠의 역사를 이루어 나온 현실 분위
기 상황에서 재고해 보지 않을 수 없게 되었다.

그 어둠 역사 또한 광명하신 천지창조 하나님의 우주정신, 그 사랑
의 빛을 동방에 드러내기 위한 섭리역사 가운데 이루어진 것임에는

틀림이 없다. 빛은 어둠에 의해서 그 에너지(Energy)를 드러낸다는 것이기 때문에 그 물질문명을 펼쳐야 할 소명을 받고 세워진 선택받은 유대민족임을 구약의 내용에서 밝혀 주고 있다.

그러한 천기운행天氣運行의 섭리역사가 지구촌에 과학기술문명을 발전시키도록 이스라엘 백성들에게 문명된 천상의 4차원적인 과학기술정보 제공을 해 준 유대민족 뿌리 조상신(Yahweh)이었다.

그 가르침의 행사장면에서 이스라엘 성전을 건축하는 데 그 모양과 치수뿐만이 아니라, 이방민족을 압도 제압할 수 있도록 그 살상무기 제작법까지를 직접 가르쳐 주면서 그 능력격투를 진두지휘해 왔음을 기록해 두고 있다.

그처럼 서양은 동양의 일원론적一元論的인 조화의 우주정신 문화권과는 달리 현상세계의 물질과학문명을 발전시키는 데 혁혁한 공과를 이루도록 그 조상신으로부터 민족정기가 심어져 전수되어 왔다.

그러한 대립적인 이분법二分法으로 사망의 어둠 역사를 펼치는 '죄 많은' 유대 땅에 그 대결격투를 종식시키기 위해 천지창조 성부 하나님 사랑의 천법天法 그 '새 계명'을 들고 출현하신 구세주 성자 예수께서 그 백성들을 향해 '나는 영이니 아버지가 내 안에 내가 아버지와 함께 있느니라' 하시고, '나를 믿는 자는 그 믿음이 의義가 되어 죽어도 살리라'고 선포하시었다.

성자 예수께서 그처럼 그 믿음이 의義가 되어 죽어도 살리라고 약속하신 세상은 죽어서 가는 곳이 아니라 살아서 이 땅에서 맞이하게 되는 처음과 끝(Alpha Omega) 하나님의 가을 추수마당이 끝나고 새 하늘과 새 땅이 이루어지는 지상선경으로 그 지상낙원의 세계에 들어가게 된다는 것이다.

하지만 세상을 살아가는 물체인간이 행해야 할 기초적인 율법 그 초등학문만을 조상신(Yahweh)으로부터 배워온 이스라엘 백성들은 구세주께서 약속하신 그 의미개념을 도무지 알지 못했다. 그렇기 때문에 믿어주려고 하질 않았고 오히려 비웃으며 귀신이 들렸다고 돌멩이를 들어 내쳤다.

그 실태 상황이 유대민족 조상신(Yahweh)이 '내 영광을 위해서 지은 자를 오게 하라. 나는 이스라엘의 하나님 여호와로라!' 그렇게 이스라엘 민족의 조상신임을 선포하고, 그 백성들만을 관리수호를 하던 구약시대가 마감되고, 성부 하나님의 아들 성자 예수의 신약복음시대로 그 영생의 문이 구세주의 약속으로 열리는 시대교차점의 분위기였다.

그러한 시대변화의 섭리역사를 성경 신약과 구약을 통해서 바로 알아야만 예수께서 세상의 천년이 하늘나라에서는 하루와 같다고 하신 그 비밀을 풀어 낼 수가 있는 것이다.

그처럼 성자 예수 출현 이전, 구약시대 그 이스라엘 백성들의 유아적幼兒的인 의식을 진화 성숙시켜 물체인간의 도리道理가 무엇인가를 초보적으로 가르치기 위해 율법십계명律法＋誡命의 푯대를 세워놓고 순종과 불순종함에 따라 그 백성들의 생사화복生死禍福을 주관해 온 조상신(Yahweh)이었다. 그렇기 때문에 그 백성들이 절대자 천주天主 하나님으로 믿고 숭배하며 섬겨왔었다.

그러한 분위기에 성자 예수께서 하나님이 나와 함께 있다고 선포하셨지만 믿고 따라주려고 하지 않고 고개를 돌리는 그들을 향해 그동안 너희들이 믿고 섬겨온 여호와는 성부 하나님의 심부름꾼 청지기로 본질상 하나님이 아니기 때문에 이제는 너희를 그 가르침의 초등학문에서 벗어나도록 해주러 왔노라고 '갈라디아 4장 8:12'에서 그 이치를 확고 명료하게 밝혀 주신 그 내용이다.

그러나 너희가 그 때에는 하나님을 알지 못하여 본질상 하나님이 아닌 자들에게 종노릇하였더니 이제는 너희가 하나님을 알 뿐더러, 하나님이 아신 바 되었거늘 어찌하여 다시 저희에게 종노릇하려 하느냐, 너희가 날과 달과 절기와 해를 삼가 지키니 내가 너희를 위하여 수고한 것이 헛될까 염려하노라.

그 말씀이 전지전능하신 천지창조 하나님께서 지상천국 건설을 위해 운행하시는 그 시대 변화로, 본질상 하나님이 아닌 천지창조 하나님의 심부름꾼 그 종들이 지구에 내려와서 인간농사업장을 벌리고 가꾸던 분위기가 구약시대였음을 밝혀 주고 있다.

그렇기 때문에 영혼생명이 내재되어 있지 않은 이스라엘 백성들을 향해 성자 예수께서 '너희는 걸어다니는 송장'이라고 하시며, 불쌍한 사망의 자식들을 이제 하늘나라 영혼생명의 말씀으로 알곡으로 익혀 천지창조 하나님의 자녀로 거듭남을 입게 해 주시겠다는 구원의 말씀이 성자 예수로 문이 열린 신약복음으로 영원히 변하지 않는다는 고등종교 기독교 세계관인 것이었다.

그렇게 구세주 성자 예수 출현으로 유대민족 조상신(Yahweh) 개체적인 율법행사 가르침의 초등학문시대를 마감하기 위해 대법계의 고등종교 스승 천도天道의 가르침으로 신약의 문이 열린 것이다.

그 복된 천국복음의 말씀이 그동안 이분법二分法만을 배워온 이스라엘 백성들을 향해서 예수께서 일원론적一元論的인 통합원리로 하신 말씀이 '네 이웃을 내 몸처럼 사랑하고 원수까지도 용서하라. 그것이 내 아버지 뜻이니라' 하고 선포하시었다.

그리고 그처럼 영원무궁하신 하나님, 그 사랑의 '새 계명'으로 불을 밝혀 마음을 성전 삼고 늘 깨어 자아성찰自我省察하여 천지창조 하나님의 자녀로 '거듭남'을 입고 성인의 반열에 오른 자들을 형제라고 부르기를 부끄러워하지 않겠다고 하신 것이다.

그렇게 천지부모 하나님 영생의 기파(energy)로 그 결실열매를 맺기 위해 거듭남을 입으라는 의미개념이 본질상 하나님이 아닌 하늘사람 그 신계神界에 의해 지구에 흙으로 설계 창조되어 죽을 수밖에 없는 불쌍한 사망의 자식들 그 영기靈氣 없는 혼미한 어둠의 정신을 태초 광명하신 하나님 빛의 말씀(logos)으로 거듭 재창조를 해 주러 왔노라고 하시며, '믿는 자는 구원을 얻으리라' 하신 구세주의 말씀이 신약복음으로 문이 열린 시대변화였다.

그 복된 구원의 말씀이 소아小兒 기능적인 물체인간 동물적 속성의 세상 지향적인 탐욕에서 벗어나 거듭남을 입은 영성체로 성숙시켜 천국백성으로 입성시켜 주시겠다는 희소식으로 구세주께서 사망의 자식들에게 하늘나라 복음으로 전해 주신 영생의 말씀이었다.

그처럼 하늘나라 천리적天理的인 사랑의 말씀으로 재창조가 되어져야 한다는 그 의미 개념이 또한 불교의 교조이신 석가 붓다께서 악惡이 난무하는 물질세상 어둠 속에서 고통을 받으며 허우적거리는 중생들에게 설파하신 인생 오고감의 생사윤회生死輪廻의 법문을 듣고 그 의식이 탈겁되어 해탈득도解脫得道를 해야만이 대자대비하신 창조주와 일체관계로 진흙 밭 같은 물질세상 오욕칠정을 초탈하고 영혼자유를 누릴 수 있게 된다고 하신 그 말씀이나 다를 것이 없는 것이었다.

그처럼 고차원적인 우주정신을 불쌍한 사망의 자식들에게 영생의 믿음으로 심어주기 위해 악이 난무하는 물질 세상에 희생의 제물로 예정되어 구세주의 소명을 맡고 이 세상에 출현하신 성자 예수께서 제자들에게 하신 그 비유의 말씀이 '한 알의 밀알이 땅에 떨어져 썩으면 많은 열매를 거두리라' 하신 그 뜻이 무엇이겠는가.

그 의미개념이 시대변화론으로 지구촌에 물체인간 농사업장을 펼쳐야 하는 그 소명을 맡고 온 천지부모 하나님의 심부름꾼 신계가 지구에 구획적인 동산을 창설하고 그 텃밭 흙을 주물러 그 호흡을 불어넣고 그처럼 영혼생기가 없는 무분별한 원시인간을 생성시켰기 때문에 그 무지無知가 사망의 원죄가 된다는 것이었다.

그러한 연계성에서 그 피조물을 생성시킨 창조신들이 그 책임이 따르는 업무 수행으로 세상지향적인 규범과 제도를 그 자손들에게 가르치면서 그 분별의식을 심어주기 위해 '나 이외는 다른 신을 섬기지 말라!' 선포하고 이방민족과 능력격투행사를 수시로 벌려 왔었던 것임을 구약의 내용에서 유추해 보게 해 준다는 점이다.

그처럼 사망이 왕 노릇을 하는 구약시대, 그 어둠 역사를 펼치고 있는 죄 많은 유대 땅에 평강의 왕, 구세주로 출현하신 성자 예수께서 불쌍한 그 사망의 자식들에게 영혼생명의 모델적인 표본을 보여주시기 위해 그 예정 가운데 십자가에 못이 박혀 성체에 물과 피를 흘리시고 죽어 땅에 묻혔다가 사흘 만에 다시 살아나서서 제자들에게 하신 말씀이 '너희 믿음대로 이루어지리라' 하신 뜻이 바로 거기에 내포되어 있었던 것이다.

그처럼 활달자재豁達自在하시는 구세주 생체부활의 영기靈氣가 죄 많은 그 어둠 텃밭에 떨어진 천지창조 하나님 능력의 빛으로, 그 밀알이 되어 많은 열매를 거두도록 성부 하나님의 예정 가운데 지구촌에 세워진 이스라엘 민족이었음에는 틀림이 없다. 빛은 어둠을 통해서 드러난다는 것이기 때문이다.

그렇게 지구촌에 그 어둠 역할 소명을 맡고 그 뿌리가 세워진 유대 이스라엘 민족 '종자씨' 텃밭에 또한 그 독자적 어둠 역할 소명을 맡고 스승을 적대자에게 은 30냥에 팔아먹은 그 제자 가룻 유다가 있었기 때문에 전지전능하신 성부 하나님 빛의 아들, 그 능력을 어둠 세상에 활달자재豁達自在하시는 빛으로 드러내 보일 수가 있었던 것이다.

그 어둠 역할이 그렇듯이 고조선시대 이방민족으로부터 동방의 등불로 칭송을 받아온 우리 한민족정신문화 말살정책이 일제식민지 치하보다 더욱 더 심했던 것은 해방공간에서 조상 뿌리를 왜곡시키는 서구 문화권의 종교논리를 개인적인 사익을 위해 여과 없이 물질문명 위세를 등에 업고 들어온 개화파들이었다.

거기에 그 기둥 역할을 크게 했던 인물이 미국에서 소위 신학박사 학위까지 취득하고 들어온 이승만 박사의 사심적인 역신행보에 의해 조상 뿌리가 매몰되어 버린 상태는 스승을 팔아먹은 가룻 유다의 배신행위나 다를 것이 없는 역사적 비극의 산물이기도 했다.

그처럼 외래사상에 떠밀려난 우리 조상 뿌리 역사와 민족주의 가치관은 오늘 대한민국 지식인들조차도 까마득히 알지 못하는 허구로 꾸며진 신화처럼 그 실재성을 인정받지 못하고 있는 실태다.

그러나 그 어둠 역사에 의해서 어찌 되었거나 천지창조 하나님 사랑의 기파(energy) 그 불꽃이 자동제어 시스템으로 영성체를 만들어 주기 위해 출현하셨다는 구세주 성자 예수 기독교 사랑의 정신이 무엇이란 것을 알게 되었으며, 그로 인해 기독교가 우리 대한민국에 전파되어 뿌리를 내리게 된 것이 서양 선교사들의 그 어둠 역사가 이루어낸 최종적인 그 공과라고도 할 수 있다.

그런데 놀랍게도 세계적인 예언서 성경 '요한 계시록 7장 2:12'에서 구세주의 그 능력의 빛이 모든 것에 대한 창조력과 조화를 이루는 우주정신문명시대를 열어가는 말법시대末法時代 서양이 아닌 지구 중심의 정수리, 동방의 아시땅에 다시 켜지는 동방의 등불로 그 성업을 이루기 위해서 빛을 발휘하게 될 것이라는 것이 그 예언적인 계시다.

그처럼 광명하신 천지창조 하나님께서 예비하시고 목적하신 지상천국시대를 열어가기 위해 배달한민족 뿌리 역사 환단고기桓檀古記 그 고문서 기록에 의하면 서양보다 3840년 앞서 일찍이 하늘 제사권祭祀權을 부여 받은 천손민족으로 백두대간에 백보좌白寶座 성모님의 촛대로 불을 밝히고 세워진 배달한민족이었음을 밝혀 주고 있다.

그렇기 때문에 역사적으로 지금까지 이방민족을 침략하여 정복하려는 포악성이 없었던 것으로 서로를 돕고 조화를 이루도록 홍익인간弘益人間 이화세계理化世界, 그토록 숭고한 조화주 하나님의 우주정신을 조상 뿌리에서부터 심어주셨다는 것이 역사적인 내용이다.

그렇게 준비된 섭리역사 가운데 하늘이 큰 사람을 만들기 위해서는 뼈를 깎는 고통을 준다고 하듯이 우리 배달한민족이 그동안 받아온 수난의 역사가 그와 다를 것이 없었다.

역사적으로 크고 작은 외세의 침략을 900회가 넘게 받으면서도 슬기롭게 견디어 왔었기 때문에 그 정신의식이 이방민족과는 다를 수밖에 없었다.

그런데 오늘 지구촌은 모든 경전들이 그처럼 예언하고 있는 새로운 우주 사이클(Cycle)이 시작된다는 광명세계를 앞두고 또한 빛과 어둠의 세력이 동방에서 그 결전장을 이루고 있는 형태다.

하지만 그 상황은 이제 곧 지구촌에 광명세계가 열리게 되어 있다는 징조로 서양이 발전시켜 나온 물질과학문명의 '과학적 합리성'은 동양과는 달리 인간 자체 속에 내재한 '무제한성' 정신문명 앞에서 서양 선교사들이나 성직자들이 그처럼 성자 예수 고난을 상징하는 십자가에 불을 켜고 애매모호하게 설파하는 기독신학의 단일적인 창조론을 놓고 재고해 볼 수밖에 없는 상황에 이른 것이다.

서양의 기계적으로 전문화된 종적인 첨단과학문명은 인류문화의 편의에 크게 기여해 온 것만은 사실이다. 그러나 그처럼 우주 시원의 근원적인 역사를 기록해 놓고 있는 '창세기 1장'의 창조론을 지금까지도 제대로 밝혀 내지 못하고 있는 불투명한 논리형태이기 때문에 그 의도가 무엇인지를 재고해 보지 않을 수가 없다.

그러나 서양과는 달리 동양의 횡적인 삼일철학三一哲學은 천지인天地人 즉, 하늘과 땅과 사람이 음양陰陽 조화주 천지부모 하나님으로부터 비롯되었다는 것이 '한사상'의 근원적인 논리다.

그 원리가 우주적인 영혼사상으로 성서가 기술해 놓은 창조론을 과학적으로 일치시켜 가며 밝혀 볼 수 있게 해 주고 있어 주목을 끌게 하고 있다.

그와 같은 동양철학의 신비에 서양이 낳은 철인 토인비는 죽어 다시 태어난다면 동양철학에 심취해 보고 싶다고 말했을 정도다. 그처럼 놀라운 동양철학은 우주만물 근원의 진실을 기록한 '창세기 1장과 2장'으로 나누어 생명체의 '대원인' 즉, 태초 광명하신 빛의 하나님과, 유대민족의 창조 수호신에 국한된 여호와(Yahweh)가 지구에 내려와 물체인간을 창조하는 그 세계관이 분명히 다름을 분별해 볼 수 있도록 해 주는 기록이다.

그 내용에서 성자 예수께서 '내 아버지'라고 지칭하신 하나님의 존재는 '창세기 1장'에서 혼몽한 무극 속에서 '하나님의 신이 수면을 향해 운행하시더라.' 그 장면에서 밝혀 볼 수가 있게 해 준다.

그 논리를 현대과학의 아버지로 불리는 아인슈타인의 쌍립적雙立的 상대성 양자역학量子力學 원리로 접근해 보게 되면 '하나님의 신과 수면' 그 묘사는 태초의 천지부모 건곤음양乾坤陰陽 태극太極으로 상대적 우주 이성理性 관계임을 분명히 나타내 주고 있는 것이다.

그리고 거기에 따르는 '운행'이라는 묘사는 시간의 흐름에 따라 분열 팽창되는 성부聖父 양전자파(Energy)와 시간이 흐를수록 안으로 응고 수축되는 음전자파(Energy) 성모聖母께서 서로가 조화를 이루시려는 신혼적인 사랑의 랑데뷰(Rendezvous) 그 장면임을 '창세기 1장'에서 그렇게 밝혀 주고 있다는 점이다.

그 기록을 감안해 볼 때 성부 하나님의 양전자파(energy)는 분열팽창되는 자성自性이기 때문에 음적陰的 에너지 기파가 뭉쳐 있는 수면水面, 즉 물질을 형상화시키는 모체母體이신 성모님을 향해 그처럼 팽창되는 그 행사력을 '운행하심으로' 그렇게 묘사하고 있음을 감안해 보게 해 준다.

그처럼 태극太極의 우주 이성으로 건곤음양乾坤陰陽 관계이신 천지부모 하나님께서 합일체로 조화를 이루신 그 사랑의 랑데뷰에 의해서 그 모습을 드러낸 성령의 분자체가 '하나님이 보시기에 좋았더라'는 바로 그 태초의 칠색 빛이다.

그 원리가 양자역학에서 밝힌 분열 팽창되어 나온 빅뱅론(Big bang)

으로 우주 만생명의 원소라고 한 것이다.

　그 빛의 독자적(Energy) 색소가 '빨, 주, 노, 초, 파, 남, 보' 라 그 칠색으로 '창세기 1장' 에서 천지 부모님의 뜻에 따라 다섯 단계적으로 만물을 형상화 시켜냄으로 은하계가 생기고 지금 우리들이 보는 뭇별들 그 성좌星座가 생겨났으며, 그리고 여섯째 날에 이르렀을 때였다. 그 지으신 대자연계를 다스릴 사람을 다수多數형으로 '우리가 우리의 형상을 따라 사람을 만들자!' 하시고 그 일곱 빛 성령의 색소로 창조된 이때의 사람이 지성체인 천상의 신계神界로 그들에게 공중권세를 부여해 주신 축복이 '너희가 생육하여 번성하여 그 모든 것을 다스려라!' 하심과 동시에 분명히 '땅을 정복하라!' 고 하시었다는 내용이 '창세기 1장' 의 기록이다.

　그렇게 천지창조 하나님의 가족구성원인 성삼위聖三位 영계靈界에 의해 그 빛의 말씀(Logos)으로 창조됨과 동시에 공중권세를 부여받은 이때의 '사람' 이 천상의 지성체로 조화를 이루고 번성하여 하늘나라에 오색 조화정부를 두고 대자연계를 관리수호하고 다스려온 그 신계였음을 '창세기 1장' 에서 분명히 밝혀 볼 수 있게 해 주고 있다는 점이다.

　그렇게 태초에 광명하신 빛의 말씀(Logos)으로 신통력을 부여받고 창조된 하늘사람 그 신계神界가 무소부재無所不在하신 영계靈界와 고리를 잇고 천지인天地人 그 삼천대세계三天大世界를 이루시려는 천지부모 하나님의 하명하심에 따라 저마다 그 소명을 맡고 대자연을 관리하고, 또 지구를 오르내리면서 그 지적 설계로 오색인종五色人種 농사업장을 펼쳐 가꾸면서 그 자손들로부터 절대능력자로 영광을 받아오던 시대가 구약시대 분위기였음을 유추해 보게 해 준다.

그런데 거기에 대두되었던 문제가 하늘사람 그 신들이 서로가 의사소통을 하고 주고받은 언어가 천상의 공통된 언어였기 때문에 그 피조물인 혈맥자손들 역시나 서로가 의사소통을 함으로 혼혈아를 낳았던 것이 인류사적인 그 문제였다.

그렇게 혼혈된 자손은 그 족속 피조물을 생성시킨 조상신(Yahweh)이 '내 영광을 위해서 지은 자를 오게 하라!' 거기에 부합될 수가 없는 분위기 상황이었기 때문에 '죄악이 관영하다' 하고 그처럼 이방민족과의 혼혈을 막기 위해 천상의 신들이 '우리가 내려가서 언어를 흐트러 놓자' 고 모의했던 내용이 바로 그 문제의 바벨탑 사건이었던 것이다.

그리고 보여주는 유대민족의 조상신(Yahweh) 행사가 그 당시 혼혈되지 않은 노아 가족만 방주를 짓게 하여 남겨두고 물로 쓸어 버렸다는 것이 구약이 기록하고 있는 '물심판' 으로 그 유명한 노아홍수라는 것이었다.

그처럼 인류시원의 역사발전 도정에서 이방민족 자손들과의 혼혈은 그 족속을 창건한 조상신들의 영광이 될 수 없는 죄과로 간주하고 경계시켰다.

그렇기 때문에 노아의 두 딸들이 아버지를 술로 취하게 하여 교대로 성교(Sex)를 함으로써 그 혈맥자손들이 점차로 번성되었다는 것이 유대민족 뿌리 역사 구약의 내용이다.

그러한 원시시대를 거쳐 구석기, 신석기, 청동기시대로 발전되면서 조상신(Yahweh)의 초보적인 가르침을 받고 점차로 진화 성숙되면서 비로소 이스라엘이라는 나라 형태가 갖추어졌던 것이다.

그로부터 유대 이스라엘 왕국을 세우고 개국開國한 여호와(Yahweh)

는 개체적으로 이방민족과 경계의 선을 철저하게 긋고 그 백성들만을 철저하게 관리수호하면서 그 능력격투를 벌려왔던 행사가 구약의 내용이다.

그러한 유대민족 뿌리 역사 구약을 참고해 볼 때 지구촌에 그 피부색소를 달리하고 분파된 그 민족 문화와 종교는 그들 조상신의 가르침에 의해서 전래된 민족정기의 유산으로 고대 동방의 문명, 그리스 로마문명, 또 중국, 인도, 이슬람문명 등이 그 특징적 문화를 이루어 나오게 했던 기틀이 되게 한 것임을 유추해 보게 해 준다.

그런데 구미에서 태동시킨 기독신학의 성서풀이가 지구촌에 오색 인종五色人種으로 분파된 자손을 아담과 이브(Adam : Eve) 그 혈맥자손이라고 단일화시켜 과거에 그처럼 혼혈아를 낳았던 원시인간 취급을 하고 있는 논리를 현생인류가 어떻게 정리할 것인가?

그 주제를 가지고 지구촌에 '진실의 서書' 라고 자랑하는 유대민족 뿌리 역사 구약을 살펴보게 되면 구약시대 이스라엘 민족 주변에 산재해 있는 이방민족과 대립적인 능력격투가 거듭 있어 왔으며, 그 이방민족 바벨론에 의해 세 번이나 침공을 당했다는 기록이다.

그 첫 번째가 BC 605년으로 그 당시 바벨론 왕은 '여호야간' 이었고, 다니엘과 그 친구들이 잡혀가던 때이며, 두 번째는 BC 579년으로부터 5년 후 기원전 593년이다. 그러한 시대 분위기에 에스겔이 '하나님의 이상' 을 목도했다고 묘사하고 있는 비행물체는 그곳에서 뿐만이 아니다.

호렙산 등 여러 곳에서 그 모습을 나타내주는 형태가 이스라엘 백성들이 그들의 생사화복을 주관하는 천주 하나님으로 믿고 숭배해온 신비스러운 '여호와(Yahweh) 하나님의 이상' 이라고 묘사하고 있다.

그 당시 이스라엘 백성들은 여호와의 모습이 나타날 때마다 반드시 그 천둥소리와 함께 번쩍 번쩍하는 번개와, 그리고 구름과 연기와 바람을 동반하고 강림했다는 신비한 존재로 기록하고 있다.

그와 연계되는 기록이 제사장 모세가 하늘에서 지상으로 강림하는 여호와를 맞으려고 백성들을 거느리고 산기슭에서 기다리고 있을 그때 분명히 온 산이 크게 진동하는 나팔소리가 들려왔다는 기록이다.

그 성구를 오늘 문명된 현대인의 안목으로 감안해 볼 때, 유대민족을 창건한 여호와는 분명히 실제적인 우주선(UFO) 그 비행물체에 탑승하여 스피커를 통해 그의 강림을 백성들에게 알리고 있는 장면이다. 그처럼 문명된 천상의 수신용 전자매체를 지성체로 창조된 하늘사람 그 신들이 사용하고 있었음을 나타내주고 있다.

거기에 더욱 확고하게 입증시켜 주고 있는 내용이 그 제사장과 장로들이 여호와가 타고 내려온 탑승 비행물체에 실제적으로 초대를 받고 계단을 올라가 음식을 함께 나누어 먹고 이야기를 나누었다는 내용이 '출애굽기 24장 9:14' 기록이다.

그렇게 서양 유대 이스라엘 민족은 그 조상신으로부터 4차원으로 문명된 천상의 과학기술정보를 제공받아가면서 점차적으로 그 의식이 진화 발전되어 나왔음을 구약에서 유추해 보게 해 준다.

그처럼 개체적으로 특성을 달리한 유대민족 조상신 그 가르침의 전통문화유산에서 비롯된 민족정기가 드디어 20세기부터 급진적인 과학기술개발로 고도의 물질문명을 지구촌에 발전시켜 인간 삶의 생활에 편의를 도모해 준 것만은 사실이다.

그러나 물질이 왕노릇을 하는 세상은 눈에 보이는 것과 보이지 않는 형이상학적인 것들이 엮여져 있는 형태다. 그렇기 때문에 인간 삶의 생활에 편의를 도모해 주기 위해 인위적으로 만든 서양의 그 기계론적인 정보시스템 속에서 인간욕구 본능과 조화라는 대명제 아래 정신적으로는 고통을 받고 있는 현생인류다.

그처럼 고도로 문명화된 서양의 과학기술개발로 급속한 산업사회화의 정보통신혁명의 여폐는 이제 물질만능주의로 정신병적 도덕성 추락을 가져오게 한 것이 물질문명으로 만연된 지구촌 그 어둠 역사의 일면이라고 할 수 있다.

물론 그 정신의식에 따라 정도의 차이는 있겠지만, 그러나 산업혁명 이후 돈과 물질의 중독증, 권력의 중독증, 무질서한 남녀의 이성 관계적인 섹스(Sex) 중독증은 가족 해체까지 가져오는 인류도덕성 상실을 가져오게 한 부패형태가 기독교 스승 예수께서 '물질은 일만악의 뿌리' 라고 하신 그대로 물질문명을 발전시킨 서양문화권에 휩싸인 풍경으로 오늘 우리가 살아가는 현실분위기다.

이처럼 비도덕적인 생활분위기 속에서 날로 늘어가는 패륜범죄가 사기, 살인, 강도, 절도, 테러, 유괴와 인신매매 학대와 살해 등을 방송뉴스를 통해 그 실제적 상황을 보여주고 있다.

그 형태가 구미에서 발전시킨 과학기술문명은 궁극적으로 인간도덕성 윤리와의 불균형을 초래하게 한 결과로 인간존엄성에 대한 삶의 질이 날이 갈수록 어둠 속에 묻혀 추락될 수밖에 없다.

그러한 여폐는 특히 생각 없는 젊은이들의 정신세계가 컴퓨터를 통한 인터넷(Intenet)으로 연결되면서 오락과 재미주의에 빠져들어 공상空想세계에 묻혀 사는 반기계적인 생활영역의 모습형태다.

그처럼 인간 존엄성을 잃고 무가치하게 급증하는 우리 사회의 병리적 현상이 오늘 우리 눈앞에 보여주고 있는 세상풍경이다.

그와 같은 현대인의 정신의식은 자아 정체성을 상실하여 철학이 없는 공황이 난무하는 사회로 인간성보다도 기술능력을 더 높이 평가하는 시대로 갈수록 우리 사회를 비인간화시키는 불안한 환경위기에 놓여 있다.

그러한 시대적 병리현상 속에서 그 형태가 지구촌 세기말적인 징후라고 하시며, 그 징조를 보라고 하신 성현들의 말씀을 다시 상기시켜 보게 해 준다.

그처럼 그 어떤 대책 없이 어두운 세기말적인 분위기가 종교적이거나 과학적인 차원에서나 그 현상은 점차적으로 뚜렷해지면서 오늘 지구 도처에서 대재앙의 경보울림을 주고 있기 때문이다.

그러나 그러한 지구촌 어둠 역사가 하늘이 준비한 새로운 형이상학적 문이 열리게 될 징조임을 특히나 고등종교 스승들께서 예언해 주셨음이다.

그렇기 때문에 그 물질적 가치체제 속에 편향된 어둠의 정신의식에서 이제 깨어나야만 영원한 빛의 에너지체로 인간생명의 존엄성을 되찾고 형이상학적 지상천국을 이루게 된다고 하신 것이다.

그러한 인류구원의 희소식이 천지부모 하나님의 종복從僕, 천상의 신계神界가 과거에 지구에 내려와 인간농사업장을 펼치고 가꾸어 오던 선천시대를 마감하기 위해 동서로 시대와 나라를 달리하고 출현하신 성현들의 말씀이 바로 그 천기운행의 원리였음이다.

특히나 고등종교 스승들께서는 그처럼 지구에 물체인간을 생성시킨 조상신으로부터 영혼성이 없는 기초적인 초등학문 율법만을 배워온 사망의 자식들에게 생명의 근원인 태초 빛의 말씀(Logos)으로 일깨워 주고자 하신 말씀이 영원히 변하지 않는다는 진리로 성자 예수께서 설파하신 신약성서가 영생수永生水며, 석가모니 붓다께서 중생들에게 설파하신 생사윤회生死輪廻의 천문도天文圖를 감로수甘露水라고 한 것이었다.

그러나 오늘 그처럼 고등종교가 주는 인류구원의 역동적인 말씀조차도 훼방을 하는 어둠 역사가 구미에서 태동시킨 혼미한 그 종교논리로 많은 영혼을 노략질하는 그 '쑥물' 이 되어 버릴 것이라는 것을 '요한 계시록 8장 10:12' 에서 경고해 주고 있음을 주시해 보게 해 준다.

그리고 그와 연계되는 '요한 계시록 10장 11절' 에서 놀랍게도 때가 이르면 그처럼 어둠 역사를 펼쳐온 거짓말하는 그 '사단의 회' 종교논리가 해가 뜨는 동방에서 정리되어 많은 백성과 나라와 방언과 임금에게 다시 전해지게 될 것임을 경고해 주고 있다.

그처럼 계시록에서 귀띔해 주고 있는 그 거짓말하는 종교논리가 구약시대 4차원적 기계문명 기술정보까지를 제공해 주면서 이방민족과 맞수대결을 진두지휘해 온 이스라엘 민족에 국한된 조상신(Yahweh)을 대우주적인 성부 하나님으로 극대화시키는 '사단의 회' 그 논리가 그와 같이 애매모호하고 비합리적인 기독신학이다.

그들의 공통된 논리 주장은 구약시대 여호와 신이 하늘과 땅을 오르내리며 활용했음을 나타내 주는 그 우주선 비행물체를 의식이 미완되었던 중세기에 '까마귀' 또는 '독수리' 로 묘사하고 있음인데도 그 시대상황을 전혀 감안하지 않고 성서는 과학기술적 지식과는 전혀 무관하다는 주장이다.

그 논리가 신비주의로 흐르고 있는 성직자들의 인위적인 반론으로 성경은 결코 과학기술 분야의 연구대상이 될 수 없다고 내세우는 입장이다.

그러한 반론은 여호와(Yahweh) 하나님 능력의 이상과 우주선 같은 비행물체들은 서로가 무관하다는 것이다.

그러나 오늘 21세기를 살아가는 현대인들은 그처럼 미개했던 중세기 사람들의 의식수준이 아니다.

과거 지구에 내려와 걸어다니는 송장이나 다를 것이 없는 물체 원시인간을 창조했던 하늘사람, 그 신들의 우주의식으로 진화되어 있기 때문에 지구촌 생물학자들이 시험관 아이를 만들어 놓고 그 의식을 시험해 보는 형태며, 구약시대 여호와 신이 탑승하고 지구를 오르내렸던 그 우주선 UFO 비행물체를 만들어 지구 이외의 은하계를 탐사하기도 하는 그 실례적인 행사모습을 방송뉴스를 통해 보여주기도 했었다.

그처럼 과거와는 달리 문명된 현대인들이다. 그런데도 서구문화권의 종교논리 그대로를 여과 없이 받아들인 성직자들의 설교가 지엽적인 유대민족 뿌리 역사를 지구촌 인류시원의 뿌리 역사로 예속화시키고 있는 성서풀이 논리로 과거에 그처럼 분별의식이 없었다는 원시인간 취급을 하고 있는 형태다

그와 동시에 그 유대민족 창조신에 국한된 여호와를 대우주적인 성부 하나님의 신위에 올려놓고 '의심은 죄니라' 하고 있는 성직자들과 과학자들 사이에 반론의 시비가 되고 있는 것이 바로 그 문제의 대결구도다.

하지만 기독교 스승께서는 만민을 사랑하신다는 천지창조 하나님의 일원론적一元論的인 하늘나라 대도의 천법天法으로 이방민족과 그

능력 다툼의 이분법적二分法的인 여호와 신의 초등학문 가르침의 구약 시대를 마감하기 위해 너희를 데시(Deci)하러 왔다는 것이 구세주의 말씀이었다.

그런데도 오늘 서구 기독신학에서 지엽적인 유대민족 조상신으로 그 맡은 바 책임업무를 수행해 온 여호와를 예수께서 지칭하신 사랑이 많으신 성부 하나님으로 극대화를 시키고 있는 논리다.

그러나 그 설교논리는 순진무구한 신도들을 초급한 여호와 행사의 구약시대로 되돌려 기만하는 어둠 역사임을《요한 계시록》에서 그처럼 귀띔해 주고 있다는 것이 여간 놀라운 일이 아닐 수가 없다.

사실 성서 미래적인 예언의 계시 그대로 우주의 근본이신 대우주적인 성부 하나님의 실상을 지구촌 인류시원의 역사에서 지엽적으로 유대민족 조상신에 국한된 여호와 신과 일치시켜 천지인天地人을 총괄하시는 천지부모 하나님의 위상을 추락시키고 있는 형태가 구미에서 성자 예수 이름을 십자가에 얹고 태동시킨 기독신학이다.

그런데 놀랍게도 그처럼 지구촌에 어둠 역사를 펼치고 있는 기독신학의 비합리적인 그 문제점을 불사르고 정리하는 우주적인 진리의 말씀이 때가 이르면 동방에서 그 빛을 발휘하게 될 것임을 '요한 계시록 16장 12:13'에서 계시해 주고 있는 그 내용이다.

> 또 여섯째가 그 대접을 유브라데에 쏟으매 강물이 말라서 동방에서 오는 왕들의 길이 예비되더라.

그처럼 하나님의 섭리역사 가운데 구미에서 태동시킨 비합리적인 기독신학이 그 한계점에 도달하게 됨으로 동방에서 그 정도正道의 말씀을 펼칠 왕들이 출현하게 된다는 것을 예언해 주고 있음이다.

그런데 더욱 놀라운 것은 그 성서적인 예언도 그렇지만 인류문명 사관에 대해 세계적으로 높은 평가를 받고 있는 영적인 시성 아놀드 토인비의 그 미래적인 예언의 고찰에 의하며 21세기는 동북아시대 도래와 한반도 중심사회가 이루어진다고 예언한 바 있다.

그리고 그 때가 이르면 서구 유럽의 우월주의가 종식되면서 세계 는 미국 주도하의 20세기 태평양시대에서 21세기는 동아시아시대로 옮겨가게 된다는 것으로 코리아는 새로운 우주정신과학 문명을 세계 로 수출하는 나라가 될 것이라고 했다.

거기에 또한 놀라운 것은 그 유명한 '25시' 작가 게오르규 역시도 '절망에서 인류를 구원할 열쇠는 한국이다' 라고 시사했으며, 슈타이 너 역시도 '인류문명의 전환기에는 그 빛을 제시하는 성배민족이 반 드시 등장한다. 2천 년 전에는 중동의 유대민족이었다. 그때보다 더 근원적 전환기인 오늘날 그 빛은 동방인 극동에 왔다. 그 민족을 찾 아 힘껏 도우라.' 그와 같이 희망적인 소식이고 보면 그 주제를 놓고 오늘 우리의 현실을 되돌아보게 해 준다.

그와 같이 철인哲人 현자賢者들이 전해 주는 계시적인 예언을 종합 해 볼 때, 그동안 서구의 이분법적인 그 종교사상 '쑥물' 어둠 역사 에 의해 떠밀리고 휩쓸려 세계 속에 유일하게 불명예의 분단국가로 신음하고 있는 남북한은 분단과 6.25전쟁을 거치면서 자유민주주의 와 사회주의의 상반된 입장에서 대결하고 상호간에 경쟁해 왔다.

그런데 이제 곧 21세기에 하늘의 천기운행天氣運行으로 천운이 돌아 와서 같은 혈통 자손끼리 뭉치지 못했던 비운의 시대가 종식되어질 것임을 그처럼 예시해 주고 있다는 점이다.

그처럼 우리의 소원이라는 통일국가를 이루게 될 한국은 기독교 스승 성자 예수께서 제자들에게 족속을 초월해서 하나님 그 사랑을 전파하라고 하신 말씀을 실천하는 선택받은 민족임을 시사해 주고 있음이다.

그와 같은 계시는 앞으로 한국은 오대양육대주五大洋六大洲를 하나의 세계로 아우르고 세상을 밝히는 새로운 정신문명을 수출하고 배달할 나라로 전래된다는 것이 성인들뿐만 아니라, 세계적인 철인 현자들 모두가 그처럼 동일하게 전해 주는 예언의 희소식이다.

그러한 하늘의 순환원리가 그 일을 성사시키는 데는 하나님의 능력과 지혜가 없이는 그 메시아적인 소명을 지구촌에 평화롭게 펼쳐 이루어 낼 인물이 나타날 수가 없는 일이다.

그 등장인물이 성서예언대로 출현하게 되면 지금까지 천지인天地人 참부모 하나님의 실상을 그처럼 왜곡시킨 종교논리가 재정리되어짐과 동시에 '내가 너희를 위해서 수고한 것이 헛될까 염려하노라' 하신 기독교 스승 성자 예수의 십자가의 피 공로가 제 빛을 발하여 많은 열매를 거두는 어린 양 잔치가 열리는 그 장막 성전에서 새 노래를 힘차게 부르게 될 것이라는 것이 《요한 계시록》의 내용이다.

그렇게 어린 양 잔치에 모이는 성도들의 수가 '요한 계시록 5장 8:10'에서 '만만이요, 천천이라'고 계시해 줌과 동시에 그들이 하나님 앞에서 나라와 제사장을 삼으셨으니 저희가 예수께서 형제라고 부르기를 부끄러워하지 않겠다고 하신 그 의인으로 왕의 반열에 오르게 된다는 것이다.

그렇기 때문에 그들에게 삶과 죽음, 그 심판의 권세가 주어진다는 것으로, 그 왕권을 취득한 자들로부터 구원을 받는 많은 흰무리가 있을 것이라는 것이 또한 성서가 담고 있는 요한의 계시다.

그 형태가 하나님의 나라가 땅에서 이루어진다는 말법시대이기 때문에 특히나 사람을 외모나 그 출생환경 분위기로 평가하지 말고 중시해야 한다는 의미에서 인존시대人尊時代라고 했다는 것이다.

그 원리적인 이치를 깨닫게 해 준 성현들의 말씀이 영원한 생명의 우주정신 과학으로 눈에 보이는 물질의 배분만으로는 행복할 수 없는 인간존중의 시대가 특히나 말법시대末法時代라고 했다.

그런 관계로 고등종교라는 그 우주정신과학이 인류사에 그 주체적인 몫을 이루기 위한 것임을 솔직히 받아들일 때 과학과 종교의 두 힘이 지구촌 인류역사를 추진해 온 빛과 어둠의 역동적 기파(energy)로 하나님의 뜻을 이 땅에 이루기 위한 그 섭리역사였다는 사실을 바로 인정하게 된다는 것이다.

특히나 구약시대 여호와의 행사 가르침에서 자국의 이스라엘 백성들에게 '너희는 동방의 풍속을 쫓지 말라!' 그렇게 선포했음을 보더라도 그 형태가 밤과 낮이 교차하는 것이 자연생태계인 것처럼 동방의 정신문화 그 등불을 드러내도록 유일하게 그 어둠역할을 맡고 세워진 유대민족임을 그렇게 입증시켜 주고 있음이다.

그러한 연계성에서 기독교 스승 성자 예수께서 제자들에게 너희가 세상물질 지향적인 신심으로 중언부언 기도하지 말고, '하늘에 계신 우리 아버지 이름을 거룩하게 하옵시며, 나라에 임하옵시며, 뜻이 하늘에서 이루어진 것과 같이 땅에서도 이루어지리다.' 그렇게 기도하라고 당부하신 말씀의 의미를 되새겨보게 해 준다.

그러한 우주 근본섭리 역사의 원심력을 깨닫기 위해서는 서구 문화권에서 비합리적으로 펼치는 유대민족의 조상신(Yahweh) 숭배사상의 종교논리에 편향된 가치체제 속에서 이제는 그 어둠 역사의 진의를 바로 알고 기독신앙인뿐만 아니라, 지구촌 현생인류 모두가 그 잠재적인 의식에서 깨어나야 할 때인 것이다.

그 지혜를 오늘 우리 모두가 함께 필연적 관계로 취득하고 그 시대적인 빛과 어둠의 역사를 성서뿐만 아니라, 동서로 출현한 세계적인 철인 현자들이 예언한 동방의 배달한민족 정신문화 속에 유불선儒佛仙, 그리고 기독교 스승께서 설파하신 진리의 말씀과 그 오성五聲을 한 울안에 모아 동방의 등불로 밝힐 그 준비를 해야 할 때임을 지구의 축이 바뀌는 상황에서 그 경보울림을 주고 있다.

그 형태가 어두운 밤이 지나고 아침 해가 뜨려면 새벽미명이 가장 어둡다고 하듯이 그러한 현실상황이다.

과거 고조선시대 동방에 등불을 밝히던 삼천리반도 금수강산이 대립적인 서구문화권의 어둠 역사에 의해 오늘 이처럼 혼미하고 어지러운 남북분단으로 절체절명의 순간에 와 있음을 긴박하게 느끼게 해 주기 때문이다.

그러나 그처럼 악전고투 속에 지구촌 어둠 역사를 불사르게 될 동방의 등불이 일찍이 하늘나라 천손민족으로 제사권祭祀權을 부여받고 서양보다 3840년 앞서 조상 뿌리가 백두대간에 선택을 받고 그 예정 가운데 세워졌음이 우리 배달한민족에게 주신 크신 축복으로 해가 뜨는 동방에서 하나님의 인印 그 말씀을 듣고 세계로 나가게 된다는 것을 《요한 계시록》에서도 귀띔해 주고 있음이다.

그렇기 때문에 강대국의 전략적인 정복 문화권에 의해 마치 신화처럼 표류시켜 버린 그토록 숭고한 우리 배달한민족의 조상 뿌리 역사를 세계 속에 재조명을 해야 하는 것이 그 혈맥자손 대한민국 국민들이 지혜를 모아 풀어나가야 할 충효의 도리인 것이다.

　그 총화적인 역사 이룸이 세계적인 성서가 유일하게 내포하고 있는 그 위로적인 계시로 천지부모 하나님 사랑의 빛을 세계로 배달하게 될 사명을 부여받고 세워진 선택받은 천손민족임을 그 비유와 상징으로 나타내 주기 때문에 되새겨 음미해 보게 해 준다.

지구촌의 시대변화

   지구촌에 분파된 인류시원의 역사란 그 민족 조상 뿌리에 관한 문제다. 그렇기 때문에 어느 민족이나 지구에 물체인간으로 창조되어 번성되고 진화 발전되면서 소중하게 간직해야 할 그 조상 뿌리 역사의 고문서古文書를 그들 나름대로 간직하고 있게 마련이다.

   그러나 그 조상 뿌리의 근원적인 역사문제를 문명된 현대인들이 현대적 인식과정에 있어서 과연 얼마나 바로 알고 있는 것일까?

   오늘 지구촌에 그 피부색소를 달리하고 오색인종五色人種으로 분파되어 살아가고 있는 현생인류다. 그 시원의 역사는 과거에 지구에 저마다 개체적으로 성호를 붙이고 내려온 천상의 신들, 그 호흡정기에 의해서 그 족속 뿌리가 생성되어 세워졌음을 특히나 지구촌에 '진실의 서書' 라고 내세우는 이스라엘 민족의 뿌리 역사 구약의 내용에서 유추해 볼 수가 있게 해 주고 있다.

   그 기록에서 이스라엘 민족 조상신(Yahweh)이 그의 기쁨이 된다는 에덴동산을 지엽적으로 창설하고, 그 텃밭 흙을 주물러 남자 아담 (Adam)과, 그 배필 이브(Eve)를 창건하고 그로부터 번성되어가는 그 자손들만을 관리수호를 해 왔던 선포가 '나는 너를 애굽땅 종 되었던 집에서 인도하여 낸 너의 하나님 여호와라. 너는 나 이외는 다른 신들을 네게 있게 말지니라.' 그것이 '출애굽기 20장 2:4' 의 내용이다.

그 내용의 지침이 이스라엘 백성들이 으뜸 계율戒律로 지켜야 할 그 푯대였다. 그렇게 세워진 계율이 그 자손들이 진화 성숙되어야 하는 과정에서 조상신(Yahweh) 이외의 다른 신을 섬기고 숭배한다는 것은 그 자손이 행해야 할 도리道理에서 어긋난 불효를 저지른 행위라는 것 때문이다.

그처럼 여호와의 능력으로 그의 영광과 기쁨을 삼기 위해 지구에 지엽적인 에덴동산을 창설하고 생성시킨 물체인간 소생기에는 그처럼 옳고 그름의 분별력이 없었다는 무지無知한 원시인간 의식사고意識 思考였던 것이다.

그렇기 때문에 유대민족 조상 뿌리를 창건한 여호와 신의 가르침이 그 혈족자손과 그 주변에 산재해 있는 이방민족과 이분법二分法으로 분리시켜 관리수호를 하면서 선포를 했던 '레위기 20장 25' 의 내용을 참고해 보게 해 준다.

지구촌에 그 특징적 피부색소를 달리하고 분파되어 있는 족속들마다 그들의 조상신이 분리되어 있었음을 확고 명료하게 입증시켜 주고 있는 그 기록이다.

너희는 내가 너희 앞에서 쫓아내는 족속의 풍속을 쫓지 말라! 그들이 이 모든 일을 행하므로 내가 그들을 가증이 여기노라.

그 내용에서 주목되는 부분이 이스라엘 민족 조상신(Yahweh)이 그 백성들 앞에서 쫓아내는 족속이며, 그들과는 풍속이 다르기 때문에 그처럼 경계의 선을 철저하게 긋고 있었다는 점이다.

그 형태가 구약시대의 분위기로 이방민족들 역시나 성자 출현 이전에는 그들이 섬기는 조상신의 가르침을 받으면서 그 족속의 생활 풍속문화를 이루어 나왔음을 감안해 보게 해 준다.

그러한 상황분위기가 그 족속 창조 수호신으로서 책임이 따르는 업무수행으로, 인간본능은 식욕에서부터 비롯되는 것이기 때문에 여호와 신이 그 호흡으로 물체인간을 소생시킨 초기에 '너희가 동산 중앙에 있는 선악과善惡果 나무의 열매는 따먹지 말라! 먹는 날에는 정녕 죽으리라.' 그렇게 원시인간이 지켜야 할 육신적 도리의 계율, 그 율법律法은 하나에서부터 시작되었다.

그리고 그들의 무분별한 의식을 시험하기 위한 여호와의 전략작전이 그처럼 간교한 뱀으로 묘사되고 있는 타락한 천사, 그 등장인물의 유혹에 넘어가 그 동산에서 쫓겨남을 당하게 되었다. 그러한 여호와의 행사는 물체인간은 어떤 충격을 받으므로 그 정신의식이 진화 성숙되어 간다는 것이기 때문이다.

그리고 그들의 의식이 진화 발전할 수 있도록 지켜야 할 계율을 점차적으로 율법십계명律法+誡命으로 늘려가면서 순종과 불순종함에 따라 그 자손들을 생사화복生死禍福으로 응징해 나온 내용이 유대민족의 뿌리 역사 구약의 기록이다.

그처럼 개체성을 띤 여호와의 가르침이 특히나 그 주변에 있는 이방민족과 조화를 이루기보다는 그 능력 격투를 하는 데 필요한 살상무기 제작법까지를 직접 가르치고, 그 선두에서 마치 골목대장 행사

모습으로 진두지휘를 해 나왔음을 기록해 두고 있다.

그러한 구약의 내용에서 유대민족 창조 수호신(Yahweh)이 그 자손들에게 이방민족을 압도 제압하여 승승장구하도록 정복 문화의 민족 정기를 심어주고 있었음을 밝혀 볼 수가 있게 해 준다.

그 행사장면에서 심지어는 그 주변의 이방민족을 산골짜기로 유혹하여 떼죽음을 시키도록 거짓말을 잘하는 보좌신명까지를 동원하여 '너는 그 일을 이루라!' 하고 지시를 했음을 보더라도 이스라엘 민족은 지구촌에 천지창조 성부 하나님 그 사랑의 빛을 성자 예수 십자가의 고난으로 드러내 보이기 위해 그 표본적인 어둠 역사를 펼치도록 선택을 받고 세워진 민족이었음에는 틀림이 없다.

그러한 연계성에서 그처럼 개체적으로 조상신을 달리하고 분파된 이방민족과 능력격투로 피 흘림이 심했던 죄 많은 유대 땅에 태초 광명하신 빛의 말씀(Logos)으로 천지창조를 하신 성부 하느님 그 사랑의 '새 계명'을 들고 이웃을 돕고 서로 화목하도록 구세주로 출현하신 성자 예수께서 가르치신 말씀이 신약복음 성서다.

그러한 시대변화적인 분위기가 빛은 어둠을 통해서 드러난다는 자연의 이치와 다를 것이 없는 형태다. 광명하신 성부 하느님의 뜻을 받들어 인류평화를 구현하시기 위해 그처럼 지구촌에 어둠 역사를 펼치고 있는 피 흘림의 텃밭에 구세주로 출현하신 성자 예수께서 설파하신 사랑의 말씀이 구약시대 그 백성들에게 살상무기를 개발시키고 정복 문화의 풍속을 확대시켜 가면서 벌리는 그 능력격투의 어둠 역사를 종식시키기 위해 '물질은 일만 악惡의 뿌리'라고 하셨던 것이다.

그 의미개념이 유대민족을 창건한 여호와의 가르침은 물질문명을 발전시키는데 4차원의 과학기술정보까지를 제공해 주면서 그 자손들이 물질 세상에 왕 노릇을 하도록 그 분위기를 조성해 주고 있었기 때문이다.

그처럼 유대 이스라엘 민족은 그 조상신의 가르침으로 과학기술과 물질문명을 지구촌에 발전시켜 인간생활에 편익을 도모해 준 것만은 틀림이 없다. 그러나 그 공과는 오직 물질지향적인 '변신적變身的 변이變異' 속에서 돌이킬 수 없는 인간정신의 황폐를 가져다 준 어둠 역사로 문명 간의 충돌과 그 전쟁양상이 지금까지도 지구촌에 계속적인 분위기형태로 불안을 안겨주고 있는 실태다.

그렇기 때문에 인류평화를 위해 광명하신 빛의 말씀으로 유대 땅에 출현하신 기독교 스승 성자 예수께서 물질은 일만 악의 뿌리라고 하신 그대로의 분위기를 펼치고 있는 형국이다.

그 형태 모습이 지구촌에 강세적인 그 어둠 역사를 펼치면서 유대민족 뿌리를 창건하고 관리수호해 온 그 조상신(Yahweh)의 우월성을 내세우는 서양의 종교논리는 구약시대 유대교 그 초등학문의 장벽을 여전히 뛰어넘지 못하고 있는 상황분위기다.

그 진의를 인류사적으로 검토해 보게 되면 서양 이스라엘 민족은 그 창조신의 가르침으로 지구촌에 물질문명을 발전시키는 데 크게 공헌을 해 온 것만은 사실이다. 그러나 문제는 그렇게 초급하게 개체성을 띤 여호와 가르침의 행사를 서구 유럽에서 태동시킨 기독신학에서 태초에 전지전능하신 빛의 말씀(logos)으로 천지만물을 창조하신 사랑의 성부 하나님으로 극대화를 시키고 있다는 것이 그 문제다.

그 진실을 밝혀 보기 위해서는 창세기 2장 4절에서부터 기재된 내용을 주시해야 된다는 점이다. 그처럼 개체성을 띤 성호를 붙이고

6000년 전에 지구에 등장하여 구획적인 에덴동산을 창설하고 그 텃밭 흙을 주물러 여호와(Yahweh)의 영광을 삼기 위한 창조물로 설계되어 물체인간이 행해야 할 도리道理의 법리, 그 율법십계명律法十誡命으로 가르침을 받으면서 그 민족전통문화를 이루어 나온 이스라엘 자손들이다.

그렇게 개체적인 그 조상 뿌리 역사와 발전경로의 구약(古文書)을 지구촌에 유일하게 '진실의 서書'라고 그 우월성을 내세우면서 여호와(Yahweh) 하나님으로부터 선택받은 민족이라고 자랑하는 유대 이스라엘 민족이다.

그러나 그 역사 또한 인간 세상을 살아가는 데 편의를 도모해 주는 과학문명을 발전시키도록 천지창조 하나님께서 섭리하신 예정 가운데 그 일꾼으로 신계神界의 여호와를 지구에 보내어 그 뿌리가 세워진 선택받은 민족임에는 틀림이 없다.

그렇게 천지부모 하나님의 섭리역사 가운데 유대민족 뿌리가 세워지고 4000년이라는 시간이 흘렀을 때였다. 그 텃밭에 영원무궁하신 사랑의 하나님 그 '새 계명'의 천법을 들고 거룩하신 성령께서 인자人子로 출현하시어 유대 땅에 오고 간 선지자들이 예언한 만왕의 왕 구세주로 왔노라고 했지만, 그러나 그들은 믿어주려고 하질 않았다. 오히려 무슨 헛소리 하느냐고 비웃으며 배척을 했다.

그 백성들을 그동안 이방민족과 경계의 선을 긋고 관리수호해 온 여호와를 절대자 천주 하나님으로 믿고 숭배해 왔었기 때문이다. 그렇게 내침을 당해야만 했던 성자 예수께서는 그들이 천지창조 하나님의 섭리역사를 이해할 수 있도록 주인이 농사짓는 비유까지 들어가며 하신 말씀이 그 시대변화론이었다.

그 비유가 이른 봄에 밭에 나가 그 '종자씨'를 뿌리고 가꾸는 일은 주인이 종들을 시켜서 하는 일이며, 그 싹수들이 무성해질 때쯤이면 주인이 그 씨종자를 알곡으로 익히도록 그 아들에게 물통을 들고 그 밭에 나가 뿌리게 한다는 것이었다.

그 물이 기독교 스승 성자 예수께서 그 혈맥 텃밭 자손들을 알곡으로 익히기 위해서 설파하신 영생수靈生水며, 불교의 교조이신 석가 붓다께서 인간 생사윤회生死輪廻의 이치를 깨닫도록 설파해 주신 그 법문의 말씀을 감로수甘露水라고 한 것이었다.

그렇게 천지창조 하나님의 종복들이 지구에 내려와 가꾸어 온 구획적인 인간종자 그 혈족 텃밭에 주인의 아들, 그 성현들이 출현하시여 그 종자 싹수들을 알곡으로 익혀온 가을 추수기가 이르게 되면 주인이 직접 그 밭에 나와 고개를 숙이고 잘 익은 알곡은 거두어 주인의 창고에 넣고, 그때까지 익지 못하고 출렁거리며 고개 빳빳하게 추켜들고 쑤석거리는 쭉쟁이들은 한데 모아서 불구덩이에 집어넣고 태워 버리게 될 '불심판'이 있을 것이라는 것이 지구 대이변의 종말론적인 예언의 말씀으로 그 시대 구별을 하라고 당부하셨던 것이다.

그러한 시대변화론의 실상을 천지창조 하나님 빛의 아들 성자 예수로 문이 열린 신약 '갈라디아 4장 1:9'에서 그 섭리역사를 분명히 밝혀 주고 있다.

> 내가 또 말하노니 유업을 이을 자가 모든 것의 주인이나 어렸을 동안에는 종과 다름이 없어서 그 아버지의 정한 때까지 후견인과 청지기 아래 있나니 이와 같이 우리도 어렸을 때에 이 세상 초등학문 아래 있어서 종노릇하였더니 때가 차매 하나님이 그 아들을 보내사

여자에게서 나게 하시고 율법 아래 나게 하신 것은 율법 아래 있는 자들을 속량하시고 우리로 아들의 명분을 얻게 하려 하심이라, 너희가 아들인고로 하나님이 그 아들의 영을 우리 마음 가운데 보내사 아버지라 부르게 하였느니라. 그러므로 네가 이후로는 종이 아니라 아들이니 아들이면 하나님으로 말미암아 유업을 이을 자니라. 그러나 너희가 그때에는 하나님을 알지 못하여 본질상 하나님이 아닌 자들에게 종노릇하였더니 이제는 너희가 하나님을 알 뿐더러 하나님의 아신 바 되었거늘 어찌하여 다시 약하고 천한 초등학문으로 돌아가서 다시 저희에게 종노릇을 하려 하느냐.

바로 그것이다. 그처럼 성부 하나님께서 예정하신 그때까지 그 심부름꾼 청지기 역할소명을 맡고 온 여호와 신이 지상에 내려와 인간농사업장을 펼치고 가꾼 그 피조물의 의식을 성숙시키기 위해 그 율법푯대를 세우고 순종과 불순종함에 따라 생사화복生死禍福으로 응징하면서 그 텃밭 자손을 가꾸어 나온 행사가 유대민족 뿌리 역사로 구약의 내용임을 밝혀 볼 수 있게 해 주고 있다는 점이다.

그처럼 본질상 하나님이 아닌 그 일꾼 청지기로 보내진 여호와(Yahweh) 신이 지엽적으로 인간농사업장을 펼치던 구약시대가 천지부모 하나님의 아들 구세주 성자 예수 출현으로 마감되고 새롭게 문이 열린 신약성서를 통해 천지창조 하나님께서 섭리하신 그 시대변화를 일깨워 주고자 하심이었다.

그 원리가 성자 출현 이전 구약시대는 천지부모 하나님의 심부름꾼 그 종복從僕들이 성호聖號를 붙이고 지구에 내려와 그 호흡으로 흙을 주물러 생기를 불어넣고 물체인간을 설계 창조한 그 행사는 본질상 하나님의 능력이 아니라는 것과, 그 여호와 신이 그의 영광을 삼기 위해 생성시킨 피조물들에게 세상을 살아가는 기초적인 율법 가르침은 '갈라디아 4장' 에서 초등학문이라고 하신 것이 성자 예수께서 이스라엘 백성들을 일깨워 주고자 하신 그 말씀이다.

그렇게 기독교 스승 성자 예수께서 비유적으로 일깨워주신 그 말씀이 천지창조 하나님께서 섭리하신 그 시대변화론으로 구약시대는 성부 하나님의 심부름꾼, 그 청지기 종복從僕들을 지구에 보내시어 그처럼 인간종자 텃밭을 가꾸도록 하셨다는 것이다.

그러한 섭리역사에 의해 천지부모 하나님의 일꾼, 그 천상의 신계神界와 연결고리를 잇고 지구에 생성된 인간은 그 창조신과 어디까지나 주종主從의 관계로 본질상 하나님의 아닌 그 신들의 능력행사에 의해서 창조된 피조물이기 때문에 그처럼 분별력 없는 무지가 유죄로 죽을 수밖에 없는 사망의 원죄原罪가 된다는 것이었다.

그처럼 지구에 영원성이 없는 사망의 자식들을 생성시켜 놓은 그 원인 제공자는 '창세기 1장' 에서 천지창조 하나님으로부터 다스림의 공중권세를 부여 받고 창조된 하늘 사람, 그 신계神界가 지구에 내려와서 행사한 창조의 능력(Energy) 그 한계성에 의해 물체인간은 죽을 수밖에 없는 사망의 자식들임을 밝혀 주고 있다.

그렇게 영계靈界의 하나님으로부터 다스림의 공중권세를 부여받고 창조된 신계神界의 창조능력에 의해 지구에 생성된 물체인간은 그처럼 분별력이 없었다는 무지스러운 원시인간 의식이었다. 그렇기 때문에 그 조상신(Yahweh)의 전략이 물체인간의 본능은 식욕에서부터 비롯되는 것이기 때문에 그들의 의식을 시험해 보기 위해 세워놓은 시초의 계율이 바로 그 선악과 문제였다.

그 내용을 참고해 보게 되면 발가벗고 다녀도 수치를 몰랐다는 그처럼 분별력 없는 원시인간 의식을 시험해 보기 위해 타락한 천사로 묘사되고 있는 사탄이란 존재가 이후 그 사역을 맡고 그 동산에 어슬렁거리고 등장했음을 유추해 보게 해 준다.

그 분위기를 논리적으로 분석해 볼 때, 우주만물을 창조하셨다는 전지전능하신 하나님의 능력이시라면 그처럼 분별의식 없는 원시인간을 흙을 주물러 창조하지도 않았을 것이며, 그 이후 사탄이란 존재가 감히 무소부재無所不在하시다는 천지창조 하나님의 피조물 앞에 나타나 그 푯대의 계율을 어기도록 유혹했다는 것 역시나 도저히 합리성이 없는 논리전개인 것이다.

그 기록의 내용을 참고해 보더라도 서구기독신학에서 유대민족 조상 뿌리(Adam : Eve) 창조신에 국한된 여호와(Yahweh)를 천지만물을 창조하신 대우주적인 성부 하나님으로 극대화시킨다는 것은 무지無知해서라기보다도 이방민족을 압도 제압하기 위한 패권주의적인 목적을 두고 있기 때문이라는 것이 오늘 문명화된 지구촌 지식인들이 쏘아 올리는 비난의 화살이다.

그처럼 지구에 내려와 유대민족의 뿌리를 창건하고 관리 수호한 여호와 신의 행사에서 그 피조물 의식 분별력 사고를 거듭 시험하면서 '인간 만듦'을 한탄했다는 여호와 신의 고뇌가 어떠했는가를 '창세기 6장 5:6' 그 내용에서 참고해 보게 해 준다.

여호와께서 사람의 죄악이 세상에 관영함과 그 마음의 생각이 모든 계획이 항상 악할 뿐임을 보시고 땅 위에 사람 지으심을 한탄하사 마음에 근심하시고….

그처럼 분별력이 없는 원시인간 만듦을 한탄하고 시험에 시험을 거듭하여 그 의식을 일깨우면서 구석기, 신석기, 청동기시대로 진화 성숙되어 드디어 이스라엘이라는 왕국을 세워지게 된 것이 유대민족의 뿌리 역사로 구약의 내용이다.

그러한 세월이 4000년이라는 시간이 흐르는 동안 이방민족과의 대립적인 능력격투는 더욱 심화되면서 그 행사를 조상신 여호와가 진두지휘를 하고 있는 행사기록이 구약이다.

그처럼 살상대립적인 분위기에 그 자손들이 피를 흘리며 진통을 겪는 동안 그들의 위로가 되어주는 선지자들의 예언이 때가 이르게 되면 대립적 격투로 피를 흘리며 고통을 받고 있는 그들을 구원해 줄 만왕의 왕 기묘자 구세주가 출현하게 될 것이라고 했었다.

그렇기 때문에 이스라엘 백성들은 이방민족과 대립적 격투에서 그들을 구원해 줄 것이라는 만왕의 왕 구세주를 학수고대하고 있었다. 그들이 그처럼 믿고 기다리는 구세주 출생은 이방민족을 압도제압해 줄 능력자로 구중궁궐이 아니면, 적어도 그 시대 왕권행사나 다를 것이 없는 권위적인 제사장 혈통을 타고 그 위엄이 당당한 인물로 출현하여 이방민족을 압도 제압하여 피흘림의 격투를 종식시켜 주리라고 믿고 있었다.

그런데 이게 웬일인가? 어느날 불쑥 그들 앞에 모습을 드러내고 자신이 선지자들이 예언한 구세주로 그 일을 행하러 왔노라고 하면서 그를 믿는 자는 영생을 얻게 되리라고 하신 성자 예수였다.

그러나 그들은 오히려 비웃으며 우리가 너의 출생성분을 다 알고 있는데 무슨 헛소리 하고 있느냐며 귀신이 들렸다면서 돌멩이를 들어내쳤다. 그렇게 비웃음거리가 되어야 했던 성자 예수의 출생 환경 분위기였다.

그처럼 그들의 기대와는 달리 그 시대 유대인들이 가장 천대시하여 펌하를 하던 목수 요셉과 정혼한 동정녀 마리아 그 여체를 성령의 빛으로 임재하심으로 그 생부가 누구인지도 모르는 사생아로 그것도 눕힐 곳도 없었다는 말구유간에서 걸레보따리에 싸여 그 여물밥통에 눕혀졌던 아기 예수였다.

그렇게 성부 하나님의 아들 성자 예수 그 출생 환경부터가 동물농장 풍경이나 다름이 없는 탐욕적인 세상에 인간구원의 영혼양식으로 출현하셨다는 상징성을 그 출생분위기에서부터 드러내 보여주셨던 것이다.

그 당시 유대인들은 그 혈족 출생 환경을 무엇보다도 중요시했던 시대분위기였다. 그런데 그처럼 생부가 누구인지도 알 수 없는 채 빈천하게 마구간에서 태어나 의부인 요셉의 문짝 심부름이나 해 주면서 세상의 학문 그 정규수업은 받아 보지도 못하고 자랐다고 했다.

그러나 그러한 환경 속에 성장하면서 그의 지혜는 일반 아이들과는 다른 면모를 보여주고 있었다는 성자 예수다. 열두 살 어린 나이에 학자들 틈에 끼어 앉아 그들이 주고받는 이야기를 듣기도 하고, 묻기도 하곤 했는데 어린 아이의 질문과 대답이 어른들의 생각을 능가하여 주위 학자들이나 어른들로부터 주목을 받을 만큼 그 지혜가 남다르게 출중했다는 기록이다.

유대 땅에 구세주로 출현하신 성자 예수는 그처럼 멸시와 천대를 받고 자라야 했던 환경여건 속에서 유대인들이 관례적인 행사를 하는 이스라엘 성전에서 놀랍게도 제사장들에게 질문을 던지는 그 주제와 몸짓부터가 달랐다고 했다.

그렇게 주목을 끌었던 예수 나이 13세가 되었을 때였다. 그 당시 이스라엘에서는 남자 나이 13세가 되면 이스라엘 관습에 따라 아내를 맞이하게 되어 있었다. 그때 예수는 예루살렘에서 나사렛으로 돌아가는 가족들의 대열을 은밀하게 빠져나와 상인들의 무리와 함께 인드(Ind)로 향했다. 그것은 아버지 성부께서 정하신 그 위대한 역사를 준비하기 위해서였음을 짐작해 보게 해 준다.

성서에는 분명히 13세부터 29세까지 예수의 생애에 대한 기록이 빠져 있다. 그리고 성경에서 예수가 다시 등장하게 되는 것은 33세에 십자가에 못이 박히기까지 그 3년 간의 행적뿐이다.

그런데 성서적으로 13세에서 29세까지 단절되어 있는 예수의 생애, 그 삶의 흔적의 기록이 인도 히미스 사원에서 양피지에 쓰여진 《이사전》으로 발견되었을 뿐만 아니라, 티베트 등 이스라엘 이방의 여러 나라 등지에서도 예수에 관한 행적의 자료가 보관되어 있다는 쇼킹한 뉴스였다.

그 책자 속에는 1500년 전에 쓰여진 무명의 고문서로부터 로에리치 교수가 출간한 《예수의 잃어버린 세월》 《예수의 동방여행기》 책자에 기록된 성자 예수의 행적이 대체적으로 많은 부분이 노토비치의 《이사전》과 유사하다는 것이다.

물론 그 자료의 진실성 여부를 놓고 그 기록들이 어디에서 발견되었는가? 하는 의문을 제기하고 조작된 것이라고 말하는 기독교인들이다. 하지만 문제는 이스라엘이 아닌 이방나라에서 발견된 예수에 대한 행적의 기록들이 날조된 것이라고 보기에는 그 내용이 더 없이 진솔하다는 것이다.

그 행보에서 기독교 스승 예수가 청년시절 인도와 티벳 등지에서 불교의 승려들과 함께 지내며 '이샤' 라는 법명까지도 받았다는 기록이다. 그렇기 때문에 타종교는 우상이며 진리가 아닌 삿된 것이라고 매도해 오고 있는 기독교인들로서는 큰 충격이 아닐 수 없다. 그래서 더욱이 종교적인 우위를 앞세우기 위해서 조작된 것이라고 반박을 하고 있는 것이다.

특하나 기독교인들이 그처럼 조작된 것이라고 흥분하고 있는 부분은 기독교의 스승 예수가 불교 석가사문에서 승려들과 함께 어울려 지냈다는 것 때문이다. 그 입증 자료를 참고해 본다.

> **이사가 은밀히 아버지 곁을 떠나 예루살렘 상인들과 함께 인도로 갔으니 이는 하나님 안에서 완전함을 얻기 위해서요, 대붓다의 법을 연구하기 위해서라.**(민화식: 법화경과 신약성서, 16~17)

여기에서 나타내고 있는 '대붓다' 라는 의미의 뜻을 모르는 편협한 유일신(Yaheh) 사고에 묶여 있는 기독교인들에게 민감한 반응을 보이게 된 것은 기독교 스승에 대한 불명예라고 생각한 때문이다.

그처럼 반론적인 분위기는 '대붓다' 라는 뜻을 바로 알지 못하는 일반인들 역시도 입질의 흥밋거리가 되고 있는 것이 사실이다. 하지만 붓다란 정각을 이룬 진리체라는 개념의 뜻이다.

이렇게 표현상의 말은 다르지만 같은 뜻을 담고 있음을 모르기 때문에 예수가 대붓다를 꿈꾸었다는 고문서 자료의 기록에 기독교인들은 그처럼 조작된 것이라고 흥분하여 반박을 하는 한편, 타종교인은 그것을 흥밋거리로 입질을 삼기도 했었다.

그래서 예수가 한 동안 석가 사문에 들어가 승려들과 함께 지내며 진리에 대해서 논의하고 지냈음을 기독교 스승의 자존심에 관한 문제라고 생각하여 신앙인들 사이에 입질의 시비를 삼기도 했었지만, 그러나 그것은 태초 '있음'의 근원 자리에 대한 그 이해가 부족하기 때문인 것이었다.

특히나 단일적인 기독신학의 선교사들이 하나님의 아들은 독생자로 오직 성자 예수뿐이라고 주입시켜 왔기 때문에 시대와 나라를 달리하고 부분지체 도맥으로 동서東西로 출현하신 칠대 성현들의 가르침은 진리가 아닌 삿된 것으로 고개를 돌려버린 것이다.

그러나 그 또한 서구 기독신학에서 성경이 밝혀 주고 있는 그 존체를 바로 이해하지 못한 때문으로 인간영혼 구원을 위해 동서로 시대와 나라를 달리하고 그 시대 분위기에 맞추어 단계적으로 보내심을 입은 세계 칠대 성현의 실체를 성경 '요한 계시록 5장 6~7'에서 확고 명료하게 밝혀 주고 있는 그 내용이다.

> 내가 또 보니 보좌와 네 생물 사이에 어린 양이 섰는데 일찍 죽임을 당한 것 같더라, 일곱 뿔과 일곱 눈이 있으니 이 눈은 온 땅에 보내심을 입은 하나님의 일곱 영이더라.

그 성서 계시적인 기록에서 더욱 놀라운 것은 기독신학에서 진리로 인정하지 않는 불교의 생사윤회生死輪廻의 법문을 인도 땅에 감로수甘露水라고 설파하신 불교의 교조이신 석가 붓다와, 유대 땅에 출현하시어 불쌍한 사망의 자식들에게 영혼생명의 하늘 천도天道의 법리를 영생수靈生水라고 설파하신 고등종교 스승 성자 예수의 실체를 '요한 계시록 11장 3~7'에서 밝혀 참고해 보게 해 주고 있다.

내가 나의 두 증인에게 권세를 주리니 저희가 굵은 베옷을 입고 일천이백육십일을 예언하리라. 이는 이 땅의 주 앞에서 섰는 두 감람나무와 두 촛대니 만일 누구든지 저희를 해하고자 한즉 저희 입에서 불이 나서 그 원수를 소멸할지니 누구든지 해하려 하면 이와 같이 반드시 죽임을 당하리라.

그렇게 주 앞에 섰는 두 증인이 천지부모 건곤음양乾坤陰陽 도맥으로 성자 예수 그 500년 전에 물질모체이신 성모님의 생사윤회의 법문을 인도 땅에 설파하시고 그 음적陰賊 도맥의 증표를 물체적인 사리舍利로서 남겨 주고 떠나신 불교의 교조이신 석가 붓다이셨다.

그 이후 성부 하나님 사랑의 도맥으로 유대 땅에 출현하신 기독교 스승 성자 예수께서는 그 소명의 증표를 십자가에 못이 박혀 장사한 지 사흘 만에 생체부활하심으로써 무소부재하신 성부 하나님 발양성의 기파(Energy)를 나타내 보여주셨던 것이다.

그 상태가 세상교육도 초등학문에서 고등학문으로 그 단계적인 수순이 있듯이 천지부모 하나님의 그 역사하심이 주 앞에 섰는 두 증인으로 음양 천지부모 그 운행하심의 섭리역사에 의한 것임을 이해하지 못하고 있는 중생들이다. 그렇기 때문에 타종교는 삿댄 것으로 아예 고개를 돌리고 있는 현실 분위기다.

그러나 그러한 천지부모 하나님의 섭리역사 가운데 동서로 시대와 나라를 달리하고 이 세상에 출현하셨던 성자들의 행적이다. 그 행보를 살펴보게 되면 성부 하나님께서 정해 놓으신 그 시간까지 그 시대 유명하다는 기존사상가들을 찾아다니며 그들이 세상에 펼치는 사상 논리가 무엇인가를 연구했음이 성자들의 공통적인 고난의 행보이었음을 기록해 두고 있다는 점이다.

　그와 같은 고행 끝에 스스로의 독자적인 깨달음을 얻어 진취하고, 그 진리를 제자들에게 가르쳐 주시고 전파하도록 하시었다. 그 고난의 행보가 성자출현 이전 샤머니즘적인 기존의 기복신앙 사상을 뒤엎은 성자들의 행적으로 인간 영혼을 일깨워 주고자 하신 그 불씨였던 것이다.

　그러한 천도의 변화에 대해서 고등종교 스승 성자 예수로 문이 열린 신약 '갈라디아 4장 1절' 에서 그 진의를 기록해 두고 있다.

> 　내가 또 말하노니 유업을 이을 자가 모든 것의 주인이나 어렸을 동안에는 종과 다름이 없어서 그 아버지가 정한 때까지 후견인과 청지기 아래 있나니 이와 같이 우리도 어렸을 때에 이 세상 초등학문 아래 있어서 종노릇 하였더니…….

　바로 그 이치였음이다. 하늘나라 주인의 아들인 성자들이 이 땅에 인자人子로 출현하시어 보여주신 것은 어렸을 동안에는 종과 다를 것 없이 하나님의 종복從僕, 그 청지기 가르침의 초등학문을 아버지가 정하신 그때까지 연구하고 배웠다는 경고 알림이다.

　그것이 일곱 성현들의 한결같은 고난의 행보로, 어느날 갑자기 도통했다고 그 모습을 불쑥 나타낸 성현은 한 분도 없었다. 그러한 천도의 변화섭리에 의해 아버지가 정하신 그때까지 수행을 하게 하셨던 이유를 '갈라디아서 4장 6절' 에서 참고해 보게 해 준다.

> 　때가 차매 하나님이 그 아들을 보내사 여자에게 낳게 하시고 율법

아래 낮게 하신 것은 율법 아래 있는 자들을 속량하시고 우리로 하여금 아들의 명분을 얻게 하려 하심이라.

그 형태가 천지인天地人 삼천대세계三天大世界를 완성시키시려는 천지부모 하나님의 섭리역사로 그 분 자체이신 성령을 이 땅에 인자人子로 보내심은 하나님의 일꾼 천상의 신계神界가 그 소명을 맡고 지구에 물체인간을 생성시키고 그 피조물에게 인간이 행해야 할 도리의 율법을 가르쳐 왔던 것이다.

그런데 그 때가 차므로 천지부모 하나님께서 그 성령의 아들을 세상에 보내시어 미완된 인간영혼을 성숙시켜 하나님 아들의 반열에 오르는 명분을 얻게 해 주기 위함이라는 것이었다.

그것이 은혜로우신 천지부모 하나님 사랑의 축복으로 하늘나라 영생의 말씀으로 거듭남을 입고 성인聖人의 반열에 오른 자들을 예수께서 형제라고 부르기를 부끄러워하지 않겠다고 하신 뜻이 바로 거기에 내재되어 있었던 것이다.

그러한 하나님의 은혜와 사랑이 시대와 나라를 달리하고 일곱 성자들을 그 때와 시기에 맞추어 인간영혼 진화를 위해 단계적 수순으로 크고 작은 법계를 들고 출현시키셨으며, 그 일을 펴야 하는 그 시간까지 인간들이 배우고 있는 세상적인 기존의 사상을 익힌 것은 초등학문 아래 있는 인간영혼을 구원해 내기 위해서라는 것이 신약성서의 그 내용이다.

그러한 성구 내용에 비추어 볼 때, 청년 예수가 이스라엘을 떠나 티벳 등 여러 나라를 떠돌며 그곳 기존의 사상가들 밑에서 그 무엇을 배우고 공부했다고 하더라도 그것은 기독교인들의 자존심에 관한 문제도 아니며, 그처럼 조작된 것이라고 흥분할 일도 아닌 것이다.

　그처럼 지극하신 하나님의 아들 성자 예수의 행적을 성서가 아닌 이방나라에 보관되어 있는 '이사전 5장 3~'의 기록에서 그 진의를 확실하게 다시 더듬어 볼 수 있게 해 주고 있다는 점이다.

> 　이사께서 죄에 빠진 자이네 숭배자를 버리고 오릿사 나라에 있는 주거나웃에 가시니, 그곳에는 비앗크 리슈나의 시신이 안치된 곳이더라. 이사께서 그곳 백인 브라마 사제들에게 극진한 환대를 받으셨더라. 그들이 이사께서 베다를 읽고 이해하는 방법과 기도의 힘으로 병을 치료하는 방법, 경전을 가르치고 설명하는 방법과 사람의 몸에서 악령을 몰아내어 온전함을 되찾을 수 있는 방법을 가르치시니라. 이사께서 주거나웃 란자그리하 베나레스, 그리고 다른 성지에서 6년을 지내셨더라. 그가 바이샤와 수드라에게 가르치고……

　이렇게 성자 예수께서 보여주시는 그 행보는 이스라엘 본집을 떠나 처음에는 인도의 브라마 사제들에게 '베다성전'에서 《마니법전》을 읽고 이해하는 방법을 배웠다고 했다.

　《마니법전》은 성자 석가 출현 이전에 기존의 사상가들에 의해서 기록된 것으로, 유대 이스라엘 민족의 구약성서나 마찬가지 성격의 경전이다. 예수께서 인도 땅을 밟았을 때는 석가 붓다께서 인간의 생사윤회법生死輪廻法을 설파하시고 입멸하신 지 500년이 지난 이후였다.

　그런데도 그때까지 그 시대 변화를 깨닫지 못하고 있는 인도의 브라마 사제들이었고, 그래서 그들이 상고하여 믿고 있는 것이 석가모니 교조께서 가르치신 불교 경전이 아닌, 석가 출현 이전의 다신숭배시대에 믿어왔던 기존의《마니경전》이었던 것이다.

그처럼 석가모니 붓다께서 고행 끝에 깨달음을 얻고 인도 기존의 사상가들 브라마 사제들과 그처럼 많은 마찰을 빚은 것도 그 기존의 사상을 이제는 버리라는 것이었으며, 그리고 본체신의 진리, 그 불씨를 새로운 법문으로 심어두고 입멸하신 이후였다.

그런데 인도로 건너간 청년 예수와 기존의 사상가들과의 사이에 빚는 사상적인 마찰 역시도 석가모니 붓다와 조금도 다를 것이 없는 기존의 자연신 숭배사상을 이제는 버리라는 것이었다.

물론 처음 인도로 건너간 예수는 그들 기존의 사상가들 브라마 사제들 밑에서 석가 붓다나 마찬가지로 그들의《마니경전》을 배우는 것으로부터 시작했다. 그러나 그 공부를 마친 6년 후, 예수는 그들이 믿는 기존의 사상을 뒤집어엎고, 그들의 잘못됨을 지적하며 그들의 사상에 대항하다가 번번이 배척을 당하는 행적은 석가모니 붓다와 조금도 다를 것이 없는 그 실제적인 기록이다.

그가 드자게르나스, 라자그리하, 베나레에서 살면서 바이샤와 수드라를 가르치시고 그들과 함께 평안히 거하시니 모든 이가 그를 사랑했더라. 그러나 브라만과 크샤트리아가 그들에게(바이샤와 수드라) 접근하지 못하도록 하였더라.

거기에 좀 더 참조가 되게 하는 구체적인 기록의 내용이다.

바이샤는 휴일에나 베다를 들을 수 있었으며, 수드라는 영원히 브라만과 크샤트리아의 노예가 되도록 운명지워졌더라. 그러나 이사께서 브라만의 말을 듣지 않으시고 수드라에게 가서서 브라만과 크샤트리아에게 대항하여 설교하셨더라. 그는 동료 인간의 존엄성을 짓밟을 권리를 가졌노라고 자칭하는 사람들의 인권을 완강히 부인하셨더라.

이사께서 설교하시기를 사람들이 성전을 가증한 것들로 채우고 있다고 하시니라. 쇠와 돌을 숭배하기 위해 지고한 영혼의 일점이 거하시는 동료인간을 제물로 바치느니라. 호사한 의자에 앉은 게으름뱅이들이 비위를 맞추기 위해 이마에 땀을 흘리며 노동하는 자들을 능멸하니라. 그러나 형제로부터 평범한 축복을 앗아가는 자들은 그들 자신의 축복도 빼앗아 갈 것이라.

그리하여 브라만과 크샤트리아는 깜짝 놀라 그들이 무엇을 할지 물었더라. 이사께서 그들에게 명하시니라. 우상을 숭배하지 말라, 너 자신을 먼저 생각지 말라, 네 이웃을 능멸하지 말라, 빈자를 도와라, 유약한 자를 부양하라, 아무에게도 악을 행치 말라, 내 것이 아닌 남의 것을 탐내지 말라. 이사께서 수드라에게 했던 말을 전해 듣고 브라만과 전사들이 이사를 죽이기로 결심하였더라.

그러나 이사께서 수드라로부터 이 소식을 먼저 전해 듣고 밤을 틈타 그곳을 떠났더라. 후에 이사께서 두루마리를 다 익히시고 네팔과 히말리야 산속으로 가시니라.

그 내용이 이 세상 물체인간 영혼을 구원하기 위해 출현하신 성자들의 고난의 행보였음을 참조해 보게 해 주는 기록이다.

그 실태 분위기가 성자들로 하여금 영원히 변하지 않는다는 진리의 말씀시대로 그 문이 열리기까지 각 족속의 백성들은 그들을 창조한 그 민족 창조신을 절대자 천주天主 하나님으로 믿고 숭배해 왔었기 때문에 성자들은 그들 기존의 사상을 뒤집어엎는 교화의 전도에서 그처럼 사상적인 마찰을 빚으면서 고난을 당해야만 했었던 것이다.

성자 예수가 인도로 건너갔을 때는 석가 붓다께서 그러한 기존의 사상가들과 마찰을 빚고, 새로운 진리의 불씨를 인도 땅에 심고 떠난 그 500년이 지난 시간대였다. 그런데도 여전히 기존의 사상으로 태양신을 숭배하는 사제들이 존립하고 있었으며, 그들은 인간이 태양신의 자궁과 발가락에서 창조되었다고 믿고 있었다.

그러한 인도 기존의 사상은 이스라엘 백성들이 천주 하나님으로 믿어온 여호와 신이 그 텃밭 흙을 손으로 주물러 그들의 조상 뿌리 아담(Adam)을 설계 창조하여 잠재워 놓고 그 갈비뼈 하나를 취해서 그 배필이 될 이브(Eve)를 창조하고, 그들의 코에 여호와의 호흡 생기를 불어 넣으므로 비로소 생령이 되게 했다는 창조론보다 오히려 더 합리적이라고도 할 수 있다.

그러나 시대와 나라를 달리하고 출현하신 성자들께서 가르치신 창조주 하나님은 그 당시 백성들이 믿어오는 자궁이나 발가락 혹은, 손으로 흙을 주물러서 인간을 만들었다는 그처럼 미급한 능력을 펴는 하나님이 아니라는 가르침이었다.

성자들께서 지칭하신 창조주는 우주만물을 창조하신 무한 능력의 천지부모 하나님이 존재하신다는 것으로, 이제는 그 예배의 대상을 바로 깨달으라는 것이었다.

그러나 당시 인도 원주민들은 그러한 기존의 사상에서 벗어나지 못하고 석가세존의 가르침을 헛되이 알고 고개를 돌리고 있었기 때문에 그들 조상들이 숭배해 온 태양신에게 제사장 바라몬이 지적한 인간을 제물로 바쳐 올리는 제사의식을 여전히 그대로 행사하고 있었던 것이다.

그러한 분위기에 예수께서는 그가 출현하기 500년 전 석가 붓다나 마찬가지로 그러한 그들 믿음의 정통성을 주장하며 행해 오는 그 제사의식을 이제는 버려야 한다는 것이었기 때문에 그들과 사상적인 마찰을 빚었던 것이다.

그처럼 진리의 성자들은 다신숭배多神崇拜시대를 종결하는 시대적인 변혁기에서 진리라는 근원의 참 이치에 불을 밝히기 위해 기존의 사상가들과 마찰의 입씨름을 벌리면서, 마침내는 그들이 믿고 주장하는 신적 능력대결을 벌리기도 했던 고난의 행보였다.

그러나 그때마다 여지없이 그들을 압도해 버리는 성자들의 능력을 단호하게 보여주었다. 하지만 성자들의 그러한 능력 앞에서도 그들은 정통성을 주장하며 조상이 믿어오던 기존의 신을 숭상하면서 그 제사의식을 공공연하게 행해 오고 있었다.

그들이 믿는 신과 백성 사이에서 중보 역할을 맡은 대행권자가 인도에는 '브라만'과 '크샤트리아'였다. 그래서 이들은 제사장이라는 이름의 특권으로 신에게 제물로 바쳐 올릴 사람이 그들의 뜻에 따라 선정되었던 것이다.

그러한 행사 의식을 보신 성자 예수는 그것은 인간의 존엄성을 짓밟는 것이라고 그 잘못됨을 지적하고, 또 그들을 전도 교화하려고 하시었지만, 그러나 교화되기는커녕, 오히려 예수를 잡아 죽이고자 모의를 하는 것을 평소에 예수의 설교에 교화를 받은 수드라가 그들의 계획을 사전에 알려줌으로써 그 위기를 모면할 수가 있었던 것이다.

그처럼 비록 시대와 나라를 달리하고 출현하신 성자들이었지만, 그 가르침에 있어서는 근원을 함께하고 있는 진리의 말씀이었음을 그 뒷자리에 남겨진 자료의 기록에서 분명하게 밝혀 볼 수 있게 해 주는 그 내용이다.

이사의 말씀이 그가 지났던 나라의 이교도들에게 전파되매 그들이 우상을 버리니라. 이를 본 사제들이 참 하나님의 이름을 찬미했던 이사를 다그쳐 그가 자기들을 견책했던 것과 마찬가지로 그가 말하는 우상도 쓸모가 없다는 주장을 사람들 앞에서 설득하도록 하시니라. 그리고 이사께서 그들에게 이르시기를, 너희 우상과 짐승이 권능이 있고, 초자연적인 힘을 가졌다면 그들로 하여금 나를 쳐서 땅에 쓰러지게 해 보라. 거기에 사제들이 대답하기를, 만일 우리 신들이 당신의 하나님에게 경멸을 품는다면 기적을 행하게 하고, 그가 우리 신들을 깨뜨리도록 해 보시오. 그들의 부정에 이사께서 말씀하시기를, 우리 하나님의 기적은 우주가 창조되던 첫째 날부터 행해졌고, 이 기적들은 매일 매순간 일어나느니라. 이것들을 보지 못하는 자들은 생의 가장 아름다운 선물을 빼앗기는 것이니라.

그리고 거기에 덧붙여 다시 하셨다는 그 내용의 말씀이다.

사람들이 불멸의 영혼을 눈으로 보려고 노력할 게 아니라, 마음으로 느껴야 하고, 스스로 깨끗하고 가치 있는 영혼이 되려고 노력해야 할 것이니라. 너희는 인간을 제물로 바쳐서는 안 될 것이요, 동물을 살육하지도 말 것이니 이는 만물이 인간에게 유용하도록 주어졌기 때문이니라. 남의 물건을 훔치지 말 것이니 이는 네 이웃을 강탈하는 것이기 때문이니라. 이리하여 너희도 남에게 부당한 대접을 받지 않으리라. 태양을 숭배하지 말라. 이는 우주의 한 부분일 뿐이라. 세제가 없는 민족이 있다면 그들은 자연 법칙의 지배 아래 그들 영혼의 깨끗함을 보존하리라.

예수께서는 이렇게 분명히 사제가 없는 민족이 있음을 암시해 주셨고, 그 민족이야말로 자연의 법칙 아래 그들 영혼의 깨끗함을 보존할 것이라고까지 말씀해 주신 그 기록의 부분을 주시하지 않을 수가 없다.

그들에게 하신 말씀이야말로 본체신 하나님의 아들 성자 예수께서 우주 천지창조의 법칙을 보다 진실하게 밝혀 주고 있음을 새롭게 발견하게 된다. 사재란 다신숭배시대에 신과 인간과의 사이를 중보역할을 하면서 제사의식 규례를 행사하는 것이 그 제사장 제도였다.

그러나 지구촌에 유일하게도 신과 인간 사이 그처럼 제사제물을 바쳐 올리면서 중보역할을 하는 그 사재가 없었던 민족이 중앙아시아 백두대간에 세워진 배달한민족뿐이었다는 것이다.

그런데 그 기록의 내용에서 예수께서 그 사제가 없는 민족이 있음을, 그리고 그 백성들이 자연법칙 아래 영혼의 순수성을 지켜갈 것이라고 하셨다는 그 말씀을 예사롭게 흘려 넘길 일이 아니다.

그처럼 본체신이 아닌 자연신을 숭상하면서 거기에 중보역할을 하는 사제가 없는 민족이 지구상에는 중앙아시아 백두대간에 창건된 배달한민족뿐이었고, 그래서 배달한민족을 일컬어 하늘 제사권祭祀權을 부여받은 으뜸 장손민족이라고 했음도 조상 뿌리에서부터 연계된 것이라고 했다.

그렇다면 어떻게 하여 그 제사권 민족이 동방의 백두대간에 세워질 수 있었다는 것인지, 예수께서 하신 그 말씀을 토대로 그 뿌리 역사를 찾아 밝혀 보지 않을 수가 없게 해 준다. 나라가 개인이 주체성을 잃었을 때는 언제나 타他로부터 지배를 받을 수밖에 없기 때문이다.

주체성이란 사물의 본질로서 주체로서의 본질을 의미하는 말이다. 자기의 판단에 의하여 행동하는 입장, 능동성, 또는 자발적 인식상태의 의식을 뜻한다. 주체성이란 말은 봉건제도가 무너지기 시작한 후, 근대사회에서 사용되기 시작하여 오늘에 이르는 것으로 특히 2차 대전 후 타국의 식민지로 있던 나라들이 독립하면서 두드러지게 사용되었던 말이다.

주체성이란 곧 내가 나의 주인공이라는 마음의 상태로 국가나 개인이 주체성을 회복할 수 있는 데에는 지금 존재하고 있는 나의 뿌리를 찾는 일이다. 그러므로 올바른 가치관을 세우고 긍지를 가지므로 내가 누구라는 것을 알게 되며, 그러한 자부심은 곧 개인이나 국가나 존재적 존재의식으로 주체성이 회복되는 것이다.

오늘 우리는 민족의 과거와 현재를 직시하고 지난날 고대사에서 이웃민족으로부터 '동방의 등불' 이라고 그처럼 칭송을 받아왔었다는 우리 한민족이 오늘날과 같은 어려움을 당하는 것은 지정학적이라는 말에다 책임을 돌릴 것이 아니다.

이처럼 비통하게 같은 혈통 자손끼리 남북으로 분단된 분명한 이유를 찾아 오늘에 사는 우리 배달민족의 후손들이 끈기 있는 한민족이자, 세계 어느 민족보다도 명철하고 순수한 단일민족으로 역사와 문화, 그리고 심정까지도 같은 동질성을 승화시켜 민족국가 재건에 남과 북, 전 국민이 평화통일 방안을 추구하여 화합함으로써 삼천리 반도 금수강산이라는 이 강토가 세계 속에 다시 뜨는 동방의 등불로 빛날 것이기 때문에 지혜를 모아 통일한국시대를 열어야 하는 것이 오늘 우리가 해야 할 그 역할인 것이다.

배달한민족 개천성조

처음과 끝(Alpa Omega)이라고 하신 천지창조 하나님이시다.

그 운행하심의 섭리역사가 은하계 속에 유일하게 지구라는 행성의 별에 지상천국地上天國을 이루시기 위함이 그 목적이라고 했다.

그 섭리하심의 뜻을 구약시대 이방민족과 대립적인 격투를 연속적으로 벌리는 죄 많은 유대 땅에 구세주로 출현하신 성자 예수께서 이스라엘 백성들에게 '너희가 중언부언 기도하지 말고 하늘의 뜻이 땅에서 이루어지이다.' 그렇게 기도하라고 하신 말씀 속에 그 의미가 내포되어 있는 것이다.

그런데 그처럼 천지창조 하나님의 뜻을 이 땅에 이루기 위해서 서양보다 4000년 앞서 중앙아시아 동방의 백두대간 연봉에 으뜸 장손민족으로 하늘 제사권祭祀權을 부여받고 세움을 받았다는 기록이 배달한민족의 뿌리 역사로《환단고기桓檀古記》의 내용이다.

그렇게 지상천국을 이 땅에 건설하기 위해 일찍이 준비된 장손민

족으로 지구촌에 세워졌다는 의미에서 하늘 천손민족이라고도 했다
는 것이다.

그처럼 하나님의 예정 가운데 다툼이 없는 천상의 풍류도風流道를
천신天神들에 의해 전수받고 세워진 순결무구한 정신문화민족이다.
그러나 안타깝게도 우리 배달한민족의 뿌리 역사는 지구촌에 물질문
명을 발전시켜 그 우월성을 극대화시키고 있는 서양의 단일적인 유
일신(Yahweh) 숭배사상의 종교논리에 의해 실제성이 없는 허구적인
신화로 표류하고 있는 상황분위기가 되고 말았다.

이 얼마나 엄청난 모순인가?

찰스 다윈이 대서양을 지날 때 파도가 일어나서 배들이 몹시 흔들
렸으나 풀잎 하나만은 그 무서운 파도에도 떠밀려가지 않고 그냥 제
위치에 있었다고 한다. 연구 결과 다윈은 그 풀잎이 바다 속에 깊이
뿌리를 내리고 있음으로 그렇게 표류하지 않게 됨을 알게 되었다고
했다.

자연의 이치가 그렇듯이 우리 배달한민족의 조상 뿌리 근원 역시
도 서양과는 달리 오랜 뿌리 역사를 간직하고 있다. 그런데 서양의
물질 문화권에 떠밀려 수면에 드러난 근시안적 조명만으로 역사를
오도해서는 안 될 것이다.

개국조開國組이신 단군왕검께서 이루어 놓으신 고조선의 역사와 그
시대 분위기를 밝혀내고 단군조선을 있게 했던 환웅천황桓雄天皇시대
의 근원적 뿌리 역사를 밝히지 않고서는 우리 민족의 뿌리 역사를 서
양 유대민족처럼 지구촌에 '진실의 서書'라고 그 우월성을 높이고 자
랑할 수가 없게 되어 있다.

개천開天사상은 바로 우리 배달한민족 자존의 동맥이다. 개천사상

을 바탕으로 하는 단군조선의 그 찬란했던 역사의 흐름을 제대로 알아야만이 단기 4321년의 오늘에 사는 우리 민족의 실체를 바로 볼 수가 있기 때문이다.

고대사에서 동서남북 사대사상事大思想의 근원지가 동방의 중앙아시아 백두대간에 세워진 백의민족으로 조상 뿌리에서부터 심어진 그 대도大道의 우주정신을 만물이 감통하고 조화를 이루는 '한사상' 이라고 했다는 것이다.

거기에 또한 하늘나라 그 조화사상으로 심어진 민족정기를 세계에 전파할 소임을 맡고 세워졌다고 하여 '배달나라' '천손민족' 이라고 덧붙여지게 된 것이라고 했다.

그 뿌리 역사를 기록하고 있는 《환단고기》에 의하면 배달나라를 세우신 조상님의 존체가 태초에 광명하신 영계靈界의 밝고 크신 성부 하나님의 대위가 되시는 물질모체 성모님으로 하늘나라 밝고 웅장하신 백보좌白寶座 환웅천제桓雄天祭께서 천상의 신계神界 그 삼천무리의 신장들을 거느리시고 백두대간에 강림하시어 배달나라 뿌리를 창건하시었다는 의미에서 백의민족이라고도 했다는 것이다.

그렇게 조상선영이신 환웅천제께서 천지天地를 사랑으로 총괄하시는 천부天父의 대권주자로 오셨다는 증표가 천부인天符印으로 그 원리를 토대로 만들어진 것이 배달한민족 단독경전 천부경天符經으로 후손들에게 전래되어진 것이라고 했다.

그처럼 천지부모의 존체이신 환웅천제께서 성경 '창세기 1장' 에서 건곤음양조화주乾坤陰陽造化主 태극太極의 입지에서 태초 빛의 말씀(Logos)으로 단계적 수순으로 창조하신 그 대자연세계를 다스리도록 그 여섯째 날, 공중권세를 부여하시고 창조하셨다는 천상의 사람, 그 선남선녀 삼천의 무리를 거느리시고 동방의 중앙 아시땅, 백두대간에 하강하시어 하늘 제사권祭祀權 민족으로 배달나라를 세우셨다는 것이 배달한민족의 뿌리 역사 기록이다.

그렇게 하늘나라 웅장하신 백보좌白寶座 환웅천제桓雄天帝께서 지상에 강림하시어 그 섭리역사를 지구 중앙에 처음 시작했다는 의미 어원語原이 아세아亞細亞(Asia)라고 했으며, 그토록 거룩하신 백보좌의 숨결을 펴신 곳이라고 하여 그곳 지명을 백두대간白頭大間, 백두산白頭山, 태백산太白山, 백산白山, 천산天山, 그 지명 모두가 밝고 크신 영계靈界의 환웅천제께서 하강하신 곳이라는 의미를 담아두고 있다는 것이며, 거기에 또한 백의민족이라고 했음도 백보좌 환웅천제님의 뜻 가운데 세워진 그 혈맥 자손임을 내포하고 있는 것이라고 했다.

그러한 천지부모 하나님의 섭리역사가 시작된 이곳은 우주의 모든 서기가 고루 뻗어있는 지구 중심혈맥의 땅으로, 세계 속에서 강이 발원하여 네 줄기로 흐르고 있는 곳은 유일하게도 백두산 '천지못' 밖에 없다는 것이 그 증표라고 했다.

백두산 천지못 여기에서부터 지구에 물질계를 형성하는 강이 발원하여 갈라지는 물줄기는 북으로 토문강, 동으로는 송화강, 남으로는 압록강, 서로는 두만강으로 그 수맥이 저 멀리 태평양으로 이어져 있는 지구 유일의 강의 원천이라는 것이 거기에 대한 그 입증이 되어주고 있다는 것이다.

이렇게 조화주 하나님의 천지공사가 시작된 동방의 '아시땅' 에 지극하신 조화기운으로 육신형태를 갖춘 모습으로 하늘 사람, 그 조화 신명들의 옹립을 받으시며 지상강림하신 백보좌 환웅천제님의 고결하신 위엄은 그 보좌신명들과는 비교될 수가 없을 수밖에 없다.

그토록 순결하고 고귀하신 모습으로 처음 시작의 아시兒時땅 백두
대간에 강림하신 환웅천제께서는 하늘사람 그 천신들을 거느리시고
해가 뜨면 제일 먼저 비친다는 동방의 '한밝산'에 도읍을 정하시므
로 이곳을 검벌 신시神市라 하였고, 나라 이름을 환국桓國, 또는 '배달
국'이라 했음은 밝은 하늘나라 기쁨의 소식을 세계만방에 배달할 나
라로 그 섭리역사의 예정 가운데 세워졌다는 의미를 내포하고 있다
는 것이다.

   그처럼 천지부모 하나님께서 예정하신 지상천국을 이 땅에 건설하
기 위해 보좌신명들을 거느리고 지상강림하신 환웅천제께서 그 신장
들을 둘러보시며 하셨다는 《환단고기桓檀古記》 내용의 말씀이다.

   **내가 너희들을 도와 인간창조에 생기를 불어넣어 주리니 앞전에
있었던 창조와는 좀 더 다르게 최선을 다하도록 하라!**

   그 말씀 중에서 '앞전에' 있었다는 인간 창조에 대한 문제를 오늘
우리가 생각해 보지 않을 수가 없다. 사실 그동안 지구는 대이변의
천지개벽이 거듭 있어왔기 때문에 환웅천제께서 말씀하신 그 앞전에
창조된 인간들이 멸종됐었음을 성경 '요한 계시록 16장 1:3'에서 분
명히 밝혀 볼 수 있게 해 주는 그 내용이다.

   **또 내가 들으니 성전에서 큰 음성이 나서 일곱 천사에게 말하되
너희는 가서 하나님 진노의 대접을 땅에 쏟으라 하더라. 첫째가 가
서 그 대접을 땅에 쏟으매 악하고 독한 헌데가 짐승의 표를 받은 사
람들과 그 우상에게 경배하는 자들에게 나더라. 둘째가 그 대접을**

바다에 쏟으매 바다가 곧 죽은 자의 피같이 되니 바다 가운데 모든 생물이 죽더라.

그 실증적인 증거물이 오늘 지구 도처에서 고고학자들이 발굴해서 연구되고 있는 인류 초기의 화석체들이다. 그 '골'에서 나온 특징은 서구 기독신학에서 인류의 시조라고 하는 아담 이후에 나온 두개골과는 전혀 다른 하나로 원시 '호모사피엔스'라고 했다.

그 뼈의 유전인자 염색체 분석결과 지구의 모든 남자들이 가지고 있는 Y염색체가 없다는 것으로, 최소한 6만 년 전에 존재했던 고대 인간생명체의 유전자라는 것이 고고학자들의 연구발표다.

그와 같은 인간생명체의 존재 연구에 대해서 '인도 문명의 수수께끼 토다족'에 관한 기사가 실려 한때 주목을 끌기도 했었다.

인도에 인간이 살기 시작한 것은 매우 오랜 시대의 일이라고 한다. 100~800만 년 전의 호모사피엔스(인류) 화석이 발견된 것과, 1922년 인더스 문명의 발상지라는 하랍과 모헨조다로의 발굴 등이 잇달았으나 아직도 풀 수 없는 수수께끼가 많다.

이러한 고고학자들의 연구주제가 바로 지구 대이변의 개벽이 성경 '요한 계시록'의 그 내용과 같이 그동안 거듭 있어 왔음을 나타내 주고 있는 그 입증자료다. 그런데 현대 물리학에서나 천문학에서는 우주의 기원을 150억 년으로 보고 있다.

그 형태가 우주의 기원인 것만은 틀림이 없다. 성경 '창세기 1장'에 기록된 내용이 혼돈과 공허와 어둠 속에서 대폭발(Big Bang)이 일어나 은하계가 생기고 뭇별들이 생겨난 대자연계의 시원이다.

그런데 그 수수께끼 같은 의문을 기독교 스승 성자 예수께서 지구의 천년이 하늘나라에서는 하루와 같다고 하신 말씀을 되새겨 참고해 보게 해 준다. 지구는 그동안 거듭되는 지각변동으로 바다가 육지가 되고, 육지가 바다로 뒤집히는 대재앙의 개벽이 거듭 여섯 번이나 있어 왔었으며, 이제 최종적으로 지상천국을 건설하기 위한 하나님의 섭리역사가 이 시대가 지나기 전에 있게 될 것을 특히나 성경 '요한 계시록 21장 1~7' 에 밝혀 참고해 보게 해 준다.

또 내가 새 하늘과 땅을 보니 처음 하늘과 처음 땅이 없어졌고, 바다도 다시 있지 않더라. 또 내가 보매 거룩한 성 새 예루살렘이 하나님께로부터 내려오니 그 예비한 것이 신부가 남편을 위하여 단장한 것 같더라. 내가 들으니 보좌에서 큰 음성이 나서 가로되, 보라 하나님의 장막이 사람들과 함께 있으매 하나님이 저희와 함께 거하시리니 저희는 하나님의 백성이 되고 하나님은 친히 저희와 함께 계셔서 모든 눈물을 그 눈에서 씻기시매 다시 사망이 없고, 애통하는 것이나 아픈 것이 다시 있지 아니 하리니 처음 것들이 다 지나갔음이리라. 보좌에 앉으신 이가 가라사대 보라 내가 만물을 새롭게 하노라 하시고, 또 가라사대 이 말은 진실하고 참되니 기록하라 하시고 또 내게 말씀하시되 이루었도다. 나는 알파와 오메가요, 처음과 나중이라. 내가 생명수 샘물로 목마른 자에게 값없이 주리니 이기는 자는 이것들을 유업으로 얻으리라. 나는 저희 하나님이 되고 그는 내 아들이 되리라. 그러나 두려워하는 자들과 믿지 아니하는 자들과 흉악한 자들과 살인자들과 행음자들과, 술객들과 우상숭배자들과 모든

> 거짓말하는 자들은 유황으로 타는 못에 참예하리니 이것이 둘째 사망이라.

《요한 계시록》의 내용이 그렇듯이 지구는 그동안 지구 대이변의 재앙이 거듭 있어 왔기 때문에 그 수수께끼 같은 호모사피엔스 같은 고대 화석체들이 지구 도처에서 발굴되어 생물학자들에 의해 지금까지도 연구되고 있다는 것이다.

그 분위기 상황을 성서 '요한 계시록' 뿐 아니라, 불교의 '미륵성전 210쪽' 에 실린 내용을 참조해 보게 해 준다.

> 큰 기근 겁, 큰 질병 겁, 큰 도병 겁의 이른바 삼재가 일어나며 인종이 거의 없어지다시피 하는데….

그렇게 지구 대이변의 재앙이 그동안 거듭되면서 인종이 멸종되곤 했었기 때문에 그때마다 하늘 천신들이 그 소명을 맡고 지구에 내려와 물체인간을 설계창조하곤 했었음을 지구 도처에서 발굴되는 고대 인간 화석체가 그 입증자료가 되어주고 있는 실태인 것이다.

그런데 이제 최종적으로 지구축이 완성을 향해 가는 도정에서 그러한 지구의 대이변으로 일만 년 전에 인종이 멸종되고 난 이후 다시 시작된 인간 창조의 시초가 서양 유대민족보다 4000년을 앞서 환웅천제께서 지상천국을 건설하기 위해 백두대간에 강림하시어 하늘 제사권祭祀權을 부여하시고 그 예정 가운데 창건하신 배달한민족 그 시원의 뿌리 역사에서 천지창조 하나님의 섭리역사를 확고하게 밝혀 볼 수 있게 해 주고 있음이다.

그처럼 지구 개벽 이후, 환웅천제께서 천상의 보좌 신명들을 거느리시고 동방의 백두대간에 신불神佛시대를 열고 그 신장 선관들에게 하명하심이 '앞전에 있었던 인간 창조와는 좀 더 다르게 최선을 다하라'고 선포하셨다는 것과 거기에 곁들여진 《환단고기》의 내용의 말씀을 참고해 보게 해 준다.

"내가 이들 후손들에게 하늘의 특별한 성은을 입고 태어난 천손들임을 허리 밑 엉덩이짝에 삼신반점을 붙여 보이리라."

참으로 너무나 놀라운 기적이 아닐 수 없다. 그 형태 모습이 바로 배달한민족 후손들이 태어나면서 엉덩이짝에 붙이고 나온 그 삼신三神반점으로, 성부와 성모, 성자, 그 성삼위聖三位로 존재하시는 영계의 하나님 그 예정된 뜻 가운데 지구에 세워진 으뜸 장손민족으로 그 제사권祭祀權을 받은 하늘 천손민족임을 그처럼 확고하게 그 삼신반점의 증표를 붙여 나타내 주게 하신 것이었다.

그렇듯 환웅천제님으로부터 특별한 성은을 입고 그 신장 선관들이 최선을 다해 그들의 형상을 따라 배달한민족 시초의 뿌리조상 '아만'과 '아반'이 창조되었다는 《환단고기》의 기록이다.

그처럼 확고한 하늘 섭리역사에 의해서 '아시땅'에 세워진 배달한민족이다. 그 후손들이 점차적으로 번성되어지고 있음을 흐뭇하게 지켜보신 환웅천제께서 어느날 삼신 사령들을 불러 모아놓고 그 첫 번째 명령을 선포하시었다는 그 내용의 말씀이다.

"그대들은 명심하여 들을지어다. 내 이제부터 그대들에게 각기 해야 할 바를 명하노니 명심하여 거행토록 하라! 먼저 그대 원보팽우에게 이르노라. 그대는 우관이 되어 토지를 맡되 심하게 거칠어진 토지와 끝없이 우거진 숲과 나무들 때문에 백성들이 한결같이 굴속에서 지내고 있은 즉, 그대는 우거진 숲과 나무를 정리하고, 산을 뚫고 골짜기를 파서 강을 만들고, 뭇 백성들이 자리를 잡고 살아갈 수 있도록 이 땅의 토지를 평정토록 하라. 이것이 팽우 그대에게 주는 하늘 과업이니 어서 나가 실행토록 하라."

그리고 환웅천제님의 하명하심이 월광 신지에게로 이어졌다.

"신지는 듣거라. 그대는 사관이 되어 온갖 문서의 일을 맡아야 될 것이로다. 말이란 그 뜻을 나타냄이요, 글이란 모든 일을 기록으로 남기는 일이니 백성들로 하여금 바르게 가르쳐 따를 바를 알게 하는 것이 오직 그대가 해야 할 바이니라. 이 또한 하늘에서 주시는 과업이니 모름지기 이 세상에 남기는 공적이 될 수 있도록 힘쓸지어다."

그렇게 하명을 하시고 그 다음으로 고시 신장에게 눈길을 주시며 하셨다는 말씀이다.

"고시에게 이르노라. 그대는 농관이 되어 곡식을 맡도록 하라! 그대 또한 뭇 백성의 형태를 보아 알고 있거니와 그들이 나무껍질과 열매와 사냥으로만 먹고 살지를 않느냐. 그것은 하늘에서 주신 생명을 위태롭게 하는 것이라. 이 어찌 보고만 있을 수 있느냐. 그대는 땅의 모든 모양을 소상히 살펴보고 높은 곳에는 기장을 심고보다 낮은 곳에는 벼를 심도록 하여 씨를 뿌리고 거두기를 계절에 따라 하도록 하여라. 부지런히 하지 않고는 이 일을 이루기가 어려울 것인즉 부지런히 일하도록 독려해야 하느니라."

그리고 다음으로 신장 풍백지제에게 그가 해야 할 바를 분부하시었다.

"풍백지제는 들으라! 그대는 오늘부터 풍백으로서 모든 명령을 맡도록 하라. 무릇 명령이란 위에서 베풀고 아래에서 준행함을 이르는 것이요, 또한 위에서 준행하고 아래에서 본받는 것이 교화이니라. 그리하여 그 명령을 거듭하되 마치 땅 위에 바람이 스쳐 지나가듯 오직 고르게 행하야만이 그 교화가 뭇 백성들에게 두루 미치게 되느니라. 각별히 명심하여 실행토록 하라."

그 어명을 받은 풍백지제는 환웅천제님 앞에서 물러나와 맡은 일에 열심을 다하기 시작했다.

이윽고 환웅천제께서는 다시 근엄하신 음성으로 보좌신명들에게 각자가 맡고 해야 할 역할분담을 하명하시었다.

"신장 우사 옥저는 들으라! 그대 또한 오늘 이 순간부터 우사가 되어 백성들로 하여금 가뭄에 비를 내리듯이 시절의 기운을 순하게 하여 백성들로 하여금 좋지 않은 일을 피할 수 있게 하여 일찍 죽음을 당하는 자가 없도록 하라."

그리고 다음으로 신장 숙신을 향해 하명하시었다.

"뇌공 숙신은 고개를 들고 짐을 바라보라! 내 그대에게 명하노니 사람이 사람으로 행할 바 지극히 중요한 것이니 그대는 특히 명심하여 들으라. 그대는 오늘부터 뇌공이 되어 모든 형벌을 도맡아야 될 것이니라. 불효하는 것과 불충하는 것과 불경하는 것, 이 세 가지 모두가 불충이니라. 이 모든 것들을 신중하게 밝혀서 위엄 있게 억제하고 백성을 경계함에 있어서는 우레와 번개같이 해야 할 것을 명할지어다."

그 다음으로 신장 운사 수기를 바라보시며 분부하시었다.

"이제 운사수기의 차례로다. 그대는 선악을 가늠함에 있어 그대의 지혜가 출중함을 내 익히 알고 있노라. 그대는 오늘부터 우사가 되어 선과 악을 관장토록 하라. 본래 인간 육신의 마음이란 끝없이 허망한 것이어서 바뀌고 또 뒤바뀜이 온당할 수 없음이로다. 선함은 단비와 같음이요, 악함은 가뭄과 같은 것인즉, 상으로써 선함을 권장하되 오직 미덥고 공평하게 할 것이니라. 그리하면 뭇 백성이 스스로 악을 버리고 선을 취할 것인즉, 그 선을 취하는 모습이 마치 성스러운 구름이 모여듦과 같을 것이니라."

환웅천제님의 분부가 끝나자 풍백지제와 우사가 된 옥저와 뇌공이 된 숙신, 그리고 운사가 된 수기 등이 뒷걸음으로 물러나와 맡은 바 그 업무에 열중하기 시작했다.

그러자 환웅천제께서는 지신地神 비서갑신모非西岬神母를 가까이 불러 앉히고 하명하시었다는 말씀이다.

"비서갑신모는 들으라! 그대는 오늘부터 사람들이 두르고 있는 짐승 가죽을 대신할 옷을 만들어 백성들에게 입게 하는 것이 그 일이라. 짐승에게도 털이 있어서 그 신체를 보호하고 있거늘 항차 그 위의 인간들이 짐승 가죽으로 그 모양으로 흉내를 내고 살아서야 될 말인가? 그대는 우리와 같은 천상의 옷을 모방하여 백성들에게 만들어 입히고 그 방법을 가르쳐야 할 막중한 책임이 있으니 길쌈을 하여 옷을 만들고 날씨의 춥고 더움을 막도록 하라. 의복이란 춥고 더움을 막는 것은 물론이거니와 만물의 영장으로 창조된 신분임을 나타내는 것이니 모든 여인들로 하여금 옷을 만들어 짓되 하늘나라 천신국의 옷 모양으로 만들도록 그 제도를 백성들에게 가르치도록 하라. 어서 가서 공적을 쌓아 백성들의 어미 됨을 자랑할 수 있도록 할 것이니라.

"어명을 받자와 최선을 다하겠사옵니다."

비서 갑신모는 그 어명을 받들어 그날부터 나라 안의 여인들에게 길쌈하고 누에치는 법에서부터 자르고 꿰매어 입는 하늘 천신들의 한복 모양의 옷을 가르치기에 여념이 없었다.

그로부터 배달한민족 조상들이 만들어 입었던 의상이 천상의 신들 그 의복모양 그대로를 모방함이었기 때문에 배달나라는 그 면모를 날이 갈수록 새롭게 발전하기 시작했다고 한다.

그렇게 천상의 신들 가르침에 의해 그 풍속문화를 전수 받은 배달나라는 그 면모를 날이 갈수록 새롭게 하고, 하늘과 땅, 그 천지교합을 이루게 되었다. 그처럼 하늘 삼천신장이 제각기 그 직분을 맡아 물질세계와 상생교합을 이루기 시작한 이때가 바로 인류시원에서 신과 인간이 함께 먹고 마시며 어우러지던 신인합발神人合發의 시대였다는 기록이다.

그로부터 백의민족 배달나라 백성들은 하늘 천상의 문화를 전수받고 천도天道의 운행을 배운 고등영체로서 그 신분에 어울리는 환경변화를 가져오면서 산천초목이 모두 함께 영기가 서려 신령스러워지기 시작했다는 것이다.

그처럼 인간이 진화되어 나가는 것을 둘러보신 환웅천제께서는 그 백성들을 보시고 환한 미소를 지으시면서 하셨다는 말씀이다.

"백성들은 들으라! 너희 인간들은 저 높이 계시사 너희들을 주관하시는 무소부재하신 환인 한알님께서 언젠가는 죽을 수밖에 없는 너희 미령한 인간들을 불쌍히 여겨 나로 하여금 너희 눈에 보이지 않는 마음의 문을 열어서 영원히 죽지 않는 참 생명의 양식이 무엇인가를 깨닫게 하려 함이니라. 이제부터 너희들은 나의 백성이 되어 영원불멸한 은혜를 입을 것이니라. 이것은 다만 내가 너희에게 베푸는 은혜가 아니요, 저 높이 계시사 너희를 지극히 사랑하시는 환인 한알님의 사랑이시니 너희들은 그 은혜를 알고 공덕을 쌓아 그 성은에 보답하도록 하라, 알았느냐?"

백성들은 환웅천제님의 백성이 됨을 기뻐하며 그 말씀에 거역한 자가 하나도 없었다고 한다. 조화주이신 성모聖母 환웅 '한울님'의 자비로우신 미소 속에서 보호함을 입고 그 자손들이 번성되면서 눈에 보이지 않는 의식이 날로 밝아져 가고 있었기 때문이다.

그런 어느날 환웅천제께서는 보좌신명들에게 하명하시었다.

"삼선사령은 들으라! 내가 하늘문을 열고 개천을 하여 하늘과 땅과 인간이 하나가 됨을 저 위에 계신 환인천제께 이제 고천을 하고, 백성들에게 천도를 가르쳐야 할 것인즉 제를 올릴 보본단을 쌓도록 하라!"

그리고 다시 그 뜻을 밝히시었다.

"단을 쌓되 높이는 삼척으로 하고, 위로는 네모로 할 것이며, 아래로 둥글게 하라. 그 위에 제물을 놓으면 삼각이 될 것이니 이로써 둥근 도로방 모양은 원대 무궁한 우주를 상징하는 것이며, 사각은 물질계 땅을, 세뿔 삼각은 사람을 뜻하는 천지인 합일을 이루었다는 상징이 되는 것이니라. 이것이 저 높이 계시사 너희를 굽어 살피시는 환인 한알님께서 너희가 천지만물의 이치를 깨달아 신성을 이루기를 바라시는 천부인 그 진리의 표상이니라."

이렇게 하여 삼천신장들로 하여금 만들어진 보본단의 모양은 천부인天符印 원방각의 모양을 하나로 통일시킨 성城 모양의 제단이 쌓아졌다. 그러자 환웅천제께서는 미소를 지으시며 천신국의 삼천 신장과 더불어 그로부터 번성된 백성들을 모아놓고 결연히 하늘에 고천 의식 행사를 거행하시면서 말씀하시었다.

"백성들은 들으라! 오늘이 지극히 높으신 환인 한알님께서 그 거룩하신 뜻을 처음으로 이 땅 위의 백성들에게 베푸시는 신령한 날로 이 날이 상원 갑자 상달 상날로 하늘문이 열렸으니 개천이라 할 것이니라."

그리고 다시 말씀을 이으셨다.

"개천이라 함은 하늘문을 열었다 함이니라. 이로써 하늘과 땅과 사람, 천지인이 다 같이 하나로 뭉쳐 이 땅에 영원무궁한 천신국을 세우는 시초로 그 경축일이 될 것이로다. 알았느냐?"

그 말씀에 백성들은 모두 한결같이 하늘을 우러러 절을 하고 환웅천제님을 향해 경배를 하였다. 그러자 환웅천제께서는 크고 낭랑한 목소리로 근본을 말씀하기 시작했다.

"신명들도 함께 들으라! 태초에 이 우주는 혼몽한 암흑이었느니라. 저 높이 계신 광명하신 환인천제 한알님께서 무궁조화로 아득한 어둠을 거두시고 차츰 밝은 빛을 내기 시작하여 비로소 생명력을 갖춘 대우주 운행이 시작되었느니라. 암흑에서 밝은 빛을 발하니 따뜻한 열이 발생하여 음극과 양극이 형성되었으니 이것이 태극이니라. 어둡고 찬 것은 음이요, 밝고 더운 것은 양이니 만생명의 근원인 원기가 형성되었다. 즉, 삼태극이니라. 암흑 속에서 밝음이 생기고 어둠과 밝음의 복합체인 적과 흑, 적, 청색이 혼합된 무색이 백색이 되고, 모든 색의 변화색인 중앙 황색 기운이 생겨 우주의 오장인 오행이 생겨난 상생의 순서에 따라서 동서남북 사방위와 상하를 배합하여 육합이 되는 것이니 이것이 저 위에 계신 환인천제 한알님께서 무궁조화를 부리신 천부인 속의 대삼합육大三合六의 진리이니라."

환웅천제님의 그와 같은 가르침은 눈에 보이는 현상세계만이 실상이 아니라 눈에 보이지 않는 영혼세계가 참생명의 실상이라는 그 가르치심이었다.

그러한 창조 원리에 의해서 천상의 사람, 그 신령들이 태초의 음양주陰陽主 그 빛의 섭리에 의해 오행육합五行六合을 나타내 보이는 오색五色 조화정부를 하늘나라에 이루고 있으면서, 그 색소를 달리한 신들에 의해서 지구촌 물질인간 역시도 오색인종五色人種으로 그 뿌리가 세워졌다는 그 증표를 나타내 주고 있는 것이라고 했다.

그것이 태초의 조화주 하나님 우주 섭리에 의해서 비롯된 것으로 삼천대세계가 천지인天地人으로 대삼합육大三合六을 이루고 운행되고 있다는 말씀이었다.

그와 같은 창조 원리의 가르침은 성경 '창세기 1장'에 기록된 태초 우주만물이 생성된 창조전개의 수순절차와 조금도 다를 것이 없는 것이었다.

태초에 본자연本自然으로 존재하신 영계靈界의 천지부모 조화주 섭리역사에 의해서 다스림의 공중권세를 부여받고 천상의 사람으로 창조된 신계神界가 하늘에 오색 조화정부를 두고 있으며, 그 천상세계와 고리를 잇고 있는 대자연 속의 지구 또한 오대양 육대주를 형성하고, 자연이라는 인간 또한 마찬가지로 오장육부五臟六腑를 형성하고 있음이 바로 그 원리에 의한 것임을 그렇게 일깨워주신 것이다.

그러한 가르침이 환웅천제님으로 전래된 단독경전 천부경 속에 담아두고 있는 그 내용으로 대우주와 연결 고리를 잇고 있는 인간 생명체가 자아성찰自我省察하여 육감적인 오감을 다스림으로 신성神性을 이루었을 때 비로소 자신이 소우주임을 자각하게 된다고 하신 것이다.

그것이 인간 영혼생명의 존재 이유로 눈앞에 보이는 현상세계가 실상이 아니라, 눈에 보이지 않는 영원무궁한 참생명의 실상을 깨달아야 한다는 것이 환웅천제께서 백성들에게 인간근본의 이치를 가르치신 말씀이었다.

그와 같은 근본 원리의 강론에 삼천신장과 땅위에 번성되어진 많은 무리들이 하늘을 우러러 크게 경배를 올리므로 환웅천제께서는 다시 또 하늘 섭리의 무궁조화를 말씀하시었다.

"들거라! 태초에 저 위에 계시는 환인천제님께서 음양의 상생원리로 칠색의 조화를 이루어 무수한 기파를 발생하여 만물이 형성되었으니 이것이 우주에 널려 있는 수많은 뭇별이며, 너희들의 조상 아만과 아반이 생겨나서 너희들을 번식시킨 이 지구가 생겨나게 되었느니라. 그러나 가엾게도 너희 인간들은 땅이 모태인고로 땅이 요동치는 대로 홍수와 화산, 그리고 비바람을 견디지 못하고 죽어가니 그것은 촉감은 있으되 지각이 없는 연고로 환란을 피하지 못함이니라.

그 모습이 너무도 처연하고 가엾어서 저 위에 계신 환인천제께서 천지인 삼계의 대권능을 내게 부여하시어 너희 인간들을 홍익케 하고 천상의 뜻을 전하여 이화세계를 이 땅에 이룩하라는 천명을 받고 왔은 즉, 백성들은 들으라! 오늘을 기하여 한알님이신 환인천제님의 나라를 이 땅에 세우리니 그 이름을 배달이라 하리라. 배달이라 함은 하늘의 이치를 배로 통달하여 세계만방에 전하라는 것이니라. 그러한 뜻에서 내가 밝은 터 밝은 곳에 너희 조상 뿌리를 세워 하늘 천손민족으로 선택한 것이니 세세무궁토록 빛이 날 것이니라."

"오, 한울님이시여! 참으로 성은이 망극하옵니다."

백성들은 하나같이 입을 모아 환웅천제님을 '한울님' 또는 '신불님' 이라고 부르며 배달나라 혈손으로 선택됨을 기뻐하였다고 한다. 신불神佛이라 함은 신령한 진리를 말함이라고 했다.

그러한 연유에서 '신불의 나라' 로 그 별칭이 붙여졌었다는 것이며, 그것이 인간으로 하여 홍익弘益케 하여 영원불멸할 수 있는 신령한 영성체를 만들기 위함이라는 것이었다.

그것이 환웅천제께서 지상에 의도하신 인세교화로써 인간생명의 가장 깊은 곳에 태초의 빛, 그 우주 영혼의 불성이 깃들어 있기 때문에 영원한 그 생명의 이치를 깨달았을 때 인간은 조물주와 일체가 된다는 것이며, 그것이 최고의 자기실현이라는 그 가르치심이었다는 것이다.

그처럼 동방의 아시땅 백두대간 신단수 아래 하강하시어 하늘 천도天道의 가르침으로 교화주敎化主가 되신 환웅천제님이셨다. 그 섭리하심에 의해서 하늘 조화정부가 처음으로 이 땅에 교화정부를 세워 무지한 인간들을 대도大道의 하늘 천법天法으로 그 원리를 가르치기 시작하셨던 것이며, 그로 하여 배달나라 백성들은 비로소 자신이 자연의 한 부분임을 직감할 수 있었다는 것이다.

그래서 모든 날짐승과도 자연스럽게 어울리면서 새떼들은 사람의 머리 위에나 어깨 위에 스스럼없이 날아들었고, 백성들은 그런 것들을 당연하게 받아들였다고 한다.

그것이 자연과도 조화를 이루어야 한다는 환웅천제님의 가르침으로 배달겨레 조상들의 정신의식 속에 심어진 만물감통 사상이었다는 것이다.

이렇게 환웅천제께서는 삼천신장과 더불어 많은 무리를 모아 한 가족으로 배달나라를 세우시고 하늘 천도에 대한 진리를 설파하신 그 말씀이 태백산 계곡을 울리면서 하늘로 치솟았고, 환웅천제님의 표정은 마치 온누리를 그 가슴 속에 포용하고 있는 것처럼 보였다고 한다.

그야말로 빛은 빛들끼리 서로 부딪치며 새로운 빛을 만들어내고 있었고, 땅과 하늘이 다 함께 신령스러워지며 모든 소리는 아름다운 음악처럼 새로운 소리를 만들어가는 것이 천상의 신들이 즐기는 풍류도風流道 그 형태 모습 그대로였다는 것이다.

그처럼 자연과 화합을 이루는 기운이 환웅천제께서 개천開天을 하시고 이 땅에 일어난 엄청난 축복으로 천지가 화답을 하는 분위기 속에 고천을 마치신 환웅천제께서는 자리에 오르시어 백성들과 더불어 기쁨을 나누시었다고 했다.

그토록 신령스러운 기운이 감돌고 있는 태백산에는 늙지 않고 죽지 않게 하는 장생불사하는 약초가 많았기 때문에 환웅천제를 옹위한 하늘 천신들이 이것을 취해 먹었다고 한다.

그처럼 태백산이나 한밝산에는 선약이 자생하고, 날으는 새와 온갖 짐승들뿐만 아니라 모든 사물들이 흰색이어서 멀리서 바라보면 구름과도 같고 또는 흰눈과도 같았다고 했다.

그 태백산이 물질계를 열기 시작했던 '아시땅'으로 그토록 거룩한 땅에 배달나라를 세우신 환웅천제께서는 해마다 상달 상날을 개천제일로 삼으시고 이날이 되면 백성들과 함께 태백산에 오르시어 천제를 올리도록 하셨다고 한다.

그로부터 경천敬天 숭조崇祖 애인愛人이라는 배달겨레의 신성神性이 마음 속에 깊이 심어지기 시작하면서 배달나라는 선비국鮮卑國으로서 그 면모를 갖추어 나가기 시작했다는 것이다.

이렇듯 환웅천제께서 개천과 동시에 인세교화를 펴시므로 백성들은 환웅천제를 받들어 '안파견' 또는 '거발한'이라고도 하였다는 것인데 안파견이란, 천상의 환인천제(聖父: 한알님)을 대행한 천지부모라는 뜻으로 하늘과 땅과 사람을 하나로 총괄하는 삼신일체를 말하는 이름이라고 했다.

　그렇기 때문에 환웅천제님의 가르침은 곧 천상의 환인천제(한알님)의 숨결이었고, 그 능력 또한 조화주 천지부모의 사랑과 자비의 우주정신 그 홍익대법弘益大法으로 지상낙원의 이화세계理化世界를 이루시려는 신선도법神仙道法이었다는 것이다.

　그처럼 이 땅에 평화로운 천신국天神國을 세우기 위해 환웅천제께서 신인합발神人合發하여 백성들을 교화하시고 다스리시니 백성들은 날로 그 의식을 깨우치고 나라가 크게 번성하여졌으며, 그 모습을 흡족하게 지켜보신 환웅천제께서 마침내 그들을 열두 지역으로 나누어 다스릴 것을 고안하시고 삼신사령을 불러 명하시었다.

　"삼신 사령은 듣거라! 내 오늘 이같이 나라가 크게 번성하였으니 열두 지역으로 나누어 군장을 뽑아 그들을 제도하도록 할 것이로다."

　거기에 보좌신명들이 당연하다는 듯이 합세를 했다.

　"지당하신 말씀인 줄 아뢰오. 지금 이 나라는 땅이 남북이 오만리요, 동서가 이만리나 되었사오니 지역을 나누어 다스리심이 가한 줄 아옵니다."

　"그대들의 생각도 그러한가, 들으라! 내 오늘 이 나라 땅을 열두 지역으로 나누고 그 지방 백성들을 제도할 군장을 뽑아 세우리니 그 뜻을 만백성에게 선포하라!"

"세세무궁 배달나라 광영이 될 것이옵니다."

그로부터 나누어진 열두 지역은 비리국, 양운국, 구막한국, 일군국, 우루국, 필라국, 객현환국, 구모애국, 직구다국, 선비국, 통고사국, 수밀이국 등으로 이때가 배달나라의 전성기로 멀리 바이칼 호수까지 뻗어나갔다는 것이 배달한민족의 뿌리 역사 기록이다.

또한 예기禮記 황제편의 기록에서 동이東夷의 9한겨레는 삼국지가 말한 것과 같이 1. 동부여, 2. 북부여, 3. 고구려, 4. 동옥저, 5. 읍루, 6. 예, 7. 마한, 8. 변한, 9. 진한으로 아홉 겨레가 한밝산 곧 태백산을 중심으로 살았던 그 시원의 발상지였음을 기록해 두고 있다.

그런가 하면 '역대신선통감 권3, 제8절' 그 기록에도 동이의 9겨레가 벌써 7~8천 년 전부터 한원(中原, 中國)으로 갈라져 나가서 그곳을 개척하고 살았었다는 기록을 참고해 보게 해 준다.

그 태백산이 지구촌 물질계를 열었던 시원의 '아시땅'으로, 배달한민족 후손들이 그처럼 번성하여 12제국으로 나누어 태평성대를 이루고 있을 그때였다. 서양의 유대민족 뿌리 역사를 창건하도록 그 소명을 받고 하늘에서 내려온 여호와(Yahweh) 신이 물질계의 원천인 한밝산을 근접하고 그의 기쁨이 된다는 에덴동산을 창설하고 지구 중심의 황인종黃人種과는 그 특색을 달리한 노랑머리에 파란 눈으로 설계한 백인종白人種을 그 호흡으로 설계 창조했었음을 '창세기 2장'에 기록하고 있다.

그 창조 시원의 텃밭 역시나 물질계를 열었던 동방의 아시땅으로 태백산과 근접한 지형에 구획적인 에덴동산을 창설했다는 것으로, 그곳에서 네 줄기로 갈라져 있었다는 그 물줄기는 언어상으로만 다를 뿐 그 입증이 되어주고 있는 것이다.

그 첫째 이름은 비손이라, 금이 있는 하윌라에 들렀는데, 그 땅의 금은 정금이라 했으며, 그곳에는 베델리엄과 호마노도 있었다고 한다. 그리고 둘째 강의 이름은 '기혼'이라 구스온 땅에 들렀고, 셋째 강의 이름은 '힛데겔'이라 '앗수르' 동편으로 흐르며, 넷째 강 이름은 '유브라데'라 고 했다.

그처럼 동방의 한밝산을 중심으로 한 '천지못'에서 네 줄기로 갈라져 있었다는 강의 이름은 언어상으로만 다를 뿐, 그 강의 원천이 백두산 천지못이 그 입증이 되어주고 있는 실태다. 특히나 유대민족의 조상 아담은 그 구획적인 에덴동산이 창설되기 전에 창조되었음을 성경 '창세기 2장'에서 분명히 밝혀 주고 있다.

그런데도 서구 기독신학에서 지구촌에 조상신을 달리하고 분파된 오색인종五色人種을 유대민족의 뿌리, 그 아담의 후예로 단일화 시키면서 그 조상신 여호와(Yahweh)를 천지창조를 하신 전지전능하신 성부 하나님으로 극대화를 시키고 있는 성서풀이 논리형태다.

그러나 유대민족의 뿌리 조상 아담의 창조연대는 배달나라 조상신 환웅천제께서 지상천국 건설의 전초작업으로 세우신 배달나라 백성들에게 인세교화를 하시고 나라 형태가 12제국으로 나누어진 그 후반기에 이루어진 일이다.

그 무렵 배달나라를 세우신 환웅천제께서 홍익인간弘益人間 이화세계理化世界라는 지상천국 실현의 전초작업 소명을 마무리하고 본자리로 오르시기 위해 삼천신장들을 불러 모아 놓고 선포하시었다는 그 말씀이다.

"삼천신장들은 들으라! 오늘부터 우리가 신인합발하는 것이 천상의 환인천제님의 기쁘신 뜻을 이루는 일에 동참하는 것이 되느니라.

우리로 홍익인간 이화세계를 이루고자 하시니 그대들도 이 땅에 천상의 영원한 환인천제님의 숨결을 심으라. 그래야만 번식하여 인간들이 천제님의 뜻하신 대로 본자연의 제 위치로 돌아올 것이니라. 이것이 원시반본이니 천지에 도수가 있어 지구에 축이 바로 세워지는 날, 이 땅은 천상의 천신국으로 화해질 것인즉, 우리로 그 높은 뜻의 시작을 삼아주신 환인천제님께 감사하고, 그 기쁘신 일을 따르라. 시행토록 하라!"

이때부터 하늘 천신국의 삼천신장들은 환웅천제님의 어명을 받고 배달나라 낭자들을 취하여 이성교합을 이루므로 지구상에 처음으로 영과 육이 하나 되어 탄생된 완전한 인간들이 번성되기 시작하였다는 것이다.

이것이 신과 인간이 한 몸체를 이룬 신인합발神人合發하던 시대로 환웅천제께서 그 선천시대를 마감하기 위해 후사를 정하시니 이분이 바로 영육이 완전하게 출생하신 고조선 개국조開國祖 단군왕검이셨다.

이렇게 환웅천제께서는 이 땅에 개천을 하여 천상의 환인천제(한알님: 聖父)의 숨결과 영기靈氣를 심어놓으시고 후사로 예정하신 단군왕검에게 홍익인간弘益人間 이화세계理化世界를 이룩할 사명을 맡기시고 음陰과 양陽 그 태극太極 위치인 천지부모 자리로 오르시면서 백성들에게 언급하시었다는 그 말씀이다.

"들으라! 이제 짐은 때가 다하여 건곤乾坤 일체를 이루고 천지부모의 자리로 돌아가는 것이니라. 부디 너희들은 이 땅에 천궁의 장막을 열어서 그 크신 은혜를 베풀어 주신 환인천제님의 사랑에 감사함으로 보답하라. 그 은혜에 보답하는 길은 너희 근본을 잊지 말고 하늘 천법으로 스스로를 다스려 참인간의 도리를 다할 때 천상의 환인천제께서 기뻐하시는 자가 될 것이다. 이것이 너희가 그 은혜에 보답하는 길이니라. 무궁영세토록 힘쓸지어다."

그 말씀을 남기시고 환웅천제께서 빛으로 화천火天하시어 하늘로 오르시었다는 것이 배달민족 뿌리 역사 기록이다.

그처럼 물질모체로 보편적인 인간모습으로 이 땅에 천부인天符印 그 증표를 들고 강림하셨던 환웅천제께서는 그 깊은 뜻을 이 땅 동방에 심어놓으시고 천지부모의 본자리로 회귀하셨다는 것이다.

사람이 동물과 다른 것은 정신, 즉 마음이 있다는 점이다. 개개인에게 정신이 있듯이 인간집단이나 국가와 민족에게도 그 나름대로의 국민정신, 민족정신과 같은 집단정신이 있게 마련이다. 이러한 정신은 일정한 방향을 갖고 살아 움직일 때 비로소 그 가치가 결정된다고 했다.

우리 한민족은 세계 인류의 인간성 회복을 주도해 나가야 할 막중한 책임을 갖고 세워진 위대한 민족이며, 그렇기 때문에 조화주 하나님 앞에서 그 소명을 다해야 할 하늘 제사권祭祀權을 부여받은 으뜸 장손민족이라고 했다.

우리 한민족의 민족정신을 역사적으로 살펴보면 한반도에 단군왕검의 홍익인간사상弘益人間思想을 주축으로 하는 '한얼' 사상은 고대사에서 이웃민족을 평화롭게 다스렸던 이데올로기(Ideologie)로서 우리 민족사에 길이 연결되어 왔던 것이다.

다만 수난 과정에서 다소 변질되어 약화되었던 때가 있었지만 그러나 삼국을 통일한 화랑도 정신을 비롯해서 물샐 틈 없었던 혼란의 어려움 속에서도 분연히 재기하여 일어설 수 있었던 것은 그처럼 독특한 배달정신이 있었기 때문이다.

그러나 기나긴 역사 속에 대외적으로나 끝없이 시달림을 받은 것은 우리 민족성의 본질적인 것이 아니다. 긴 세월 속에 타민족에게 시달리는 동안 환경의 영향을 받아 나약해졌고, 그렇기 때문에 자연 발생적으로 의타심이 생기면서 자신력을 잃었던 것뿐이다.

그러므로 우리는 타의에 의해서 조성되었던 우리 민족 주체성을 확립 회복하여야 하며, 따라서 왜곡된 역사의 뿌리를 찾아내어 바로 세워 수정을 해야 할 때다. 그래야만 너와 내가 하나요, 전체 공익이라는 것이 개인의 자유와 평등 속에서 책임이 따르는 전체가 개인을 능멸하지 않는 상부상조의 홍익인간 정신으로 우리 겨레의 숙원인 통일 조국의 과업을 이룩할 수가 있게 될 것이다.

천지부모 조화주 하나님께서 단군왕검으로 하여 이 땅에 펴신 홍익인간 정신이야말로 우리 조국의 통일은 물론, 겨레의 통일과 문화의 통일, 그리고 전 인류의 삶의 원리가 하나님께서 동방의 한민족에게 심어 주신 홍익인간 정신에서 비롯될 것이기 때문이다.

개국조 단군왕검

Chapter 7

지구라는 행성의 별에 지상천국을 건설하기 위해 성부聖父의 대위가 되시는 성모聖母 환웅천제님께서 하늘나라 삼천의 신장들을 거느리고 신불神佛시대의 역사를 펼치시고 원대 복귀하시었다는 것이 배달한민족 뿌리 역사의 기록이다.

그 이후, 배달나라는 홍익인간弘益人間 이화세계理化世界의 사명을 부여 받은 단군왕검의 시대가 활짝 열렸다. 그 시대적인 역사를 배달나라 후손들뿐만 아니라, 세계인이 바로 알아야만 될 중대한 문제다. 고조선을 개국하신 단군왕검의 출생에 대해서 문명이 발달된 지구촌 현대인들은 논리적으로 신빙성이 없는 다만 허구로 꾸며진 신화적인 이야기라고 웃어넘기고 있기 때문이다.

그러나 그처럼 하늘사람 신과 인간이 일체관계를 이루고 탄생된 분위기는 유대민족 조상신 여호와(Yahweh) 신이 그 능력을 행사하던 구약시대의 분위기나 다를 것이 없다. 하늘에서 그 역할 분담을 맡고 보편적인 사람의 모습으로 성호를 붙이고 등장한 신명들과 식탁에 마주앉아 음식도 함께 나누어 먹어가면서 이야기도 주고받았고, 심지어는 자기 눈에 드는 여인을 취해 아들을 낳았다는 인물이 그처럼 유명한 고대용사였다는 것이 구약의 내용이다.

그러한 분위기나 다를 것이 없는 형태가 신과 인간이 일체관계를 이루어 신성과 인성을 겸비하고 탄생하신 단군왕검이셨다. 신불神佛 시대 그렇게 환웅천제께서 후사로 예정하신 가운데 신인합발神人合發 하여 탄생하신 단군왕검께서는 도읍을 아사달 평양으로 정하시고 무진년 10월 3일 홍익인간 이화세계 사명으로 천황의 자리에 오르시었다. 이 날이 바로 고조선의 건국일이 된 것이다.

그처럼 배달나라 대권주자로 개국을 하시는 아사달의 넓은 들에는 만백성이 단군왕검의 그 위용을 찬양하며 무릎을 꿇었고, 이때에 남쪽 하늘로부터 청룡이 치솟았으며, 서쪽 하늘에서 봉황새의 무리가 하늘을 가로질러 아사달로 날고 있는 가운데 하늘을 향해 고천을 하신 단군왕검께서는 천황의 보위에 오르시어 만백성에게 선포하시었다는 그 말씀이다.

"백성들은 들으라. 오늘은 무진년 상달 상날, 선조께서 나로 하여금 개국開國을 하게 하셨으니 나라 이름을 조선朝鮮이라 하리라! 오늘 개국을 하게 됨은 환웅천제께서 상원 갑자 상달 상날, 이 땅에 하늘 문을 열어 개천을 하셨기 때문이니라. 그리하여 너희를 하늘 천손으로 만들었으니 너희는 근본을 잊지 말아야 할 것이다. 근본이라 함은 너희의 생사화복을 주관하시는 저 높이 계신 조화주 환인천제님을 아는 것이 바로 근본이며, 그 근본을 알아야만 그 성은에 보답하게 될 것이니라."

그처럼 하늘 근본을 백성들에게 말씀하시기 시작한 단군왕검께서는 한알님(聖父) 한울님(聖母) 한얼님(聖子) 그 성삼위聖三位가 음양조화주陰陽造化主이신 천지부모와 일체관계의 가족구성원으로 만법의 근본임을 개국과 동시에 다시 또 가르치기 시작하였다.

　　"한은 비롯이니 한의 비롯은 없느니라. 한은 나누어 세극을 이루나 다함이 없는 근본이니라. 하늘은 한의 첫 번째 나눔이요, 땅은 한의 두 번째 나눔이요, 사람은 한의 세 번째 나눔이니라. 한은 열곱으로 불어나면서 모자람이 없이 세극으로 화하나니 하늘과 땅과 사람은 각기 맞짝과 세극을 지니고 있느니라. 한은 걸림 없이 변화하지만 움직임이 없는 근본이니라. 마음의 근본과 햇빛의 근본은 더 없이 밝나니 사람과 하늘 가운데 있는 한은 끝맺음이 없느니라."

　　단군왕검께서 설파하시는 근본의 말씀은 아사달 벌판을 흔들듯이 쩌렁쩌렁 울리는 가운데 백성들에게 이르시는 말씀은 여전히 힘 있게 이어지고 있었다고 한다.

　　"은혜는 생의 씨요, 영원한 생기이니라. 은혜는 응하여 삼신으로 화하나 다함없는 근원이니라. 삼신은 한알님, 한울님, 한얼님이니라. 삼신의 은혜는 허울도 자취도 없으나 삼신으로 화하여 싸지 않은 것이 없으며, 응하지 않은 곳이 없느니라. 만법의 근원은 한이요, 만행의 근본은 은혜이니라. 한알님은 한과 은혜로 온전하시니라. 한은 한알님의 몸이니 한으로부터 너희가 생겨났으며, 은혜는 한알님의 마음이니 은혜로써 너희가 사느니라. 너희는 한을 통하여 한알님의 모습을 볼 것이요, 은혜를 통하여 한알님의 마음을 알게 될 것이니라."

　　단군왕검께서 우주의 근본이신 한알님의 은혜에 대한 말씀을 펴시는 동안 하늘은 아사달의 동서東西를 걸쳐 영롱한 무지개를 펼쳐 내리시어 그 축복하심을 백성들에게 나타내 주시었다고 했다.

그토록 크신 은총을 내려주시는 하늘을 환한 미소로 바라보시는 단군왕검께서는 다시 하늘에 대한 말씀을 하시기 시작했다.

"저 푸른 것이 하늘이 아니며, 저 까마득한 것이 하늘이 아니니라. 하늘은 허울도 바탕도 없고, 시작도 끝도 없으며, 위와 아래와 사방과 겉도 속도 없느니라. 하늘은 어디나 있지 않은 데가 없으며, 무엇이나 싸지 않은 것이 없느니라. 한알님은 그 위에 더 없는 으뜸 자리에 계시사 큰 덕과 큰 슬기와 큰 힘을 지니시고 하늘을 내시며, 수없는 누리를 주관하시느니라 만물이 생겨남에 있어 티끌만한 것도 빠뜨리심이 없나니 밝고도 신령하시어 구태여 이름 지어서 헤아리지 아니 하시느니라. 한알님은 소리나 기운으로 원하여 빌면 대할 수 없나니 스스로의 성품에서 씨앗을 구하라. 그리하면 너희 머릿속에 내려와 계실 것이니라. 한알님의 나라에는 천궁이 있어 온갖 착함으로 섬돌을 하고 온갖 덕으로 문을 삼았느니라. 천궁은 한알님이 계시는 곳으로서 뭇 신령들이 받들고 있나니 지극히 복되고 가장 빛나는 곳이니라. 오직 성품을 통하고 공적을 다 바친 사람이라야 천궁에 가서 영원한 복락을 얻을지니라. 너희들은 총총히 널린 저 별들을 보라. 그 수가 다함이 없으며 크고, 작고, 밝고, 어둡고 괴롭고 즐거워 보임이 같지 않느니라. 한알님께서 모든 누리를 생겨나게 하시고 그 중에서 해누리 맡은 사자를 시켜 칠백누리를 거느리게 하시었느니라. 너희가 살고 있는 땅이 제일 큰 것 같으나 작은 한 개의 덩어리로 된 세계니라. 지진이 일어나고 화산이 터져 바다가 육지가 되고, 육지는 바다가 되면서 마침내 모든 형상을 이루었느니라. 한알님께서 기운을 풀어 밑까지 싸시고 햇빛과 열을 쬐시니 기어다니고 날고 탈바꿈으로 헤엄치고 사는 온갖 동식물이 번성하게 되었느니라."

백성들을 둘러보신 단군왕검의 말씀은 다시 참에 대한 근본원리의 '한사상'으로 이어졌다.

"사람이 다 같이 참함을 받나니 그것은 성품과 목숨과 정기이니라. 사람은 이 세 가지를 둥글게 받으나 만물은 치우치게 받느니라. 참 성품은 참함도 악함도 없으니 가장 밝은 지혜로써 두루 통하여 막힘이 없고, 참목숨은 밝음도 흐림도 없으니 다만 밝은 지혜로써 다 알아 미혹함이 없으며, 참정기로 후함도 막힘이 없으니 그 다음 밝은 지혜로써 잘 보전하여야 이지러짐이 없나니 모두 참으로 돌이키면 한알님과 하나가 되느니라. 뭇 사람들은 아득한 땅에 태어나면서부터 세 가지 허망한 뿌리를 내리나니 그것은 마음과 기운과 몸이니라……. 그 마음은 성품에 의지한 것으로써 착하고 악함이 있으니 착하면 복이 되고, 악하면 화가 되며, 기운은 목숨에 의지한 것으로써 맑고 흐림이 있으니, 맑으면 오래 살고, 흐리면 일찍 죽으며, 몸은 정기에 의지한 것으로서 후하고 박함이 있으니 후하면 귀하고, 박하면 천하게 되느니라. 참함과 허망함이 서로 맞서 세 갈래 길을 만드나니 그것은 느낌과 숨 쉼과 부딪침이니라. 세 갈래 길은 다시 열여덟 갈래로 갈라지나니 느낌에는 기쁨과 슬픔과 성냄과 두려움과 탐냄과 싫어함이 있고, 숨 쉼에는 향기와 난기와 한기와 열기와 진기와 습기가 있으며, 부딪침에는 소리와 빛갈과 냄새와 맛과 음탕함과 살닿음이 있느니라. 뭇 사람들은 착함과 악함과 맑고 흐림과 후하고 박함이 서로 얽히어 막다른 길을 쫓아가며 제 마음대로 살다가 허약해져서 병들고 혹은 고통을 겪게 되느니라. 밝은 사람은 느낌을 그치고 숨 쉼을 고루하며 부딪침을 금하며 오직 한 뜻만을 행함으로써 허망함을 돌이켜 참에 이르나니 신기가 크게 발하여 성품을 통하고 공적을 완수하게 되느니라."

단군왕검께서 참에 대한 말씀을 하시고 형형이는 눈빛으로 하늘을 우러러 보고 있는 모습에 거기에 모인 무리들도 왕검천황을 우러러 바라보며 다시 또 하늘을 향해 경배를 올렸다고 했다.

이렇듯 단군왕검께서는 개국과 동시에 하늘 삼신천법三神天法을 바로 세우기 위하여 힘을 쓰시는 그 위용에 백성들로부터 신령스러운 사람으로 그 용맹과, 슬기와 그 덕을 날로 더해 갔다는 것이다.

그처럼 신령스러운 모습에 날이 갈수록 만방에서 백성들이 모여들었던 것으로, 그것은 신성하신 인품과 어질고 자비로운 신선의 법도가 그들을 감화시켰기 때문이었다고 했다.

이른바 신선이란 사람이 스스로 태어난 바를 따라 생명의 이치를 바로 알고 두루 착하게 살도록 감싸주는 것으로, 이렇듯 단군왕검께서 지극한 한알님 공경과 조상숭배와 또 사람을 사랑하는 정신을 가르치시니 백성들은 '한배검'이라고도 불렀다고 한다.

'단군한배검'이란 진리를 밝히신 신선한 어른이라는 뜻이며, '한'은 만법의 근원을 뜻함으로, 곧 진리의 바탕 '한알님'과 함께 계시는 분이란 뜻이 내재되어 있는 말이기도 했다는 것이다.

거기에 또 배달나라 '배'란 밝다, '밝히다'라는 뜻으로 '검'은 어른 곧 절대자를 말함으로써 배달겨레 단군왕검은 한알님의 백성에게 진리를 밝히시는 절대 어르신이라는 뜻이었다.

그처럼 단군왕검께서 그 성삼위聖三位(한알님: 聖父), (한울님: 聖母), (한얼님: 聖子) 그 삼신三神의 근본을 가르치시니 백성들은 삼신각三神閣을 세우고 그 삼신께 소원을 빌었던 토속신앙이 그로부터 우리 조상들에게 민간풍습으로 전래되어졌던 것이라고 했다.

고조선을 개국하신 단군왕검께서 그렇게 백성들을 가르쳐 교화하심에 천경신고를 대본으로 삼아 삼신의 원리로 도덕과 윤리를 가르치시므로 이웃 백성들이 조선을 우러러 동방예의지국東方禮儀之國이라고 칭송하였다고 한다.

그러한 분위기 조성은 단군왕검께서 하늘 법도를 소상히 가르쳐 도덕군자가 되도록 가르쳐 주신 그 말씀이 있었기 때문이다.

"너희는 첫째 성실해서 속임이 없어야 할 것이니라. 둘째로 부지런해서 게으름이 없어야 할 것이며, 셋째, 효심으로 어김이 없어야 할 것이며, 넷째, 청렴해서 음탕치 말 것과, 다섯째, 겸손해서 싸우지 말 것이니라."

그렇게 백성들의 정신을 올바르게 도덕성을 고취시키신 단군왕검이셨다. 그런데 그때쯤 환웅천제께서 후사로 정하신 개국조 단군왕검보다 1000년 앞서 지구에 홀로 내려와 에덴동산을 창설하고 유대 이스라엘 민족 뿌리(Adam : Eve)를 창건한 그들 조상신(Yahweh)의 행사가 그 자손들에게 이방민족과 능력격투를 하는 데 필요한 살상무기 제작법을 가르치고 있었으며, 거기에 또한 그 민족 우월성을 높이기 위해 이방민족을 산골짜기로 유혹하는 전략작전으로 떼죽음을 시키기 위해 거짓말을 잘하는 보좌신명에게 '너는 그 일을 이루라!' 하고 그 피흘림의 능력격투 행사를 직접 진두지휘하고 있던 그와 같은 연대의 시간이었다.

그런데 개국조이신 단군왕검께서는 이웃과 대립적으로 다투고 싸우지 말아야 할 것을 당부하시고, 백성들을 올바르게 가르쳐 현묘한 도리로 세상이치를 밝게 드러내시니 사악한 백성이 있을 수가 없었다.

어느날 단군왕검께서는 백성들이 사는 모습을 살펴보시기 위해 나라 안의 구석구석을 살피시고 입궐하시어 바쁘게 대신들을 불러 모으시고 그들이 해야 할 일을 하명하시었다.

"짐은 오늘 백성들이 사는 모습을 살펴보고 왔느니라. 백성들이 날로 문명해져 가고는 있으나, 사람이 살아가는 데에 유익한 제도의 가르침이 있어야 되겠은 즉, 들으라! 사관신지 그대는 여러 가지 문서를 만들도록 하여라. 모든 농민들에게 농사법을 가르쳐서 백곡을 추수할 수 있도록 할 것이며, 신우 그대에게는 사악관의 일을 맡길 것인 즉, 만백성에게 음악을 가르쳐서 모든 백성이 마음과 몸을 밝고 명랑하게 가지도록 힘쓸 것이며, 그리고 해월 그대는 사공관이 되어야 하겠도다. 모든 장인들로 하여금 저마다의 기능을 연마토록 하고, 여러 가지 장신기구를 만들어 모든 백성이 골고루 사용할 수 있도록 해야 할 것이니라. 또 운목 그대에게는 감시관의 일을 맡길 것인즉, 춘하추동 사계절을 정하되, 이십사절기를 정하여 농업을 경영함에 있어 그 때를 놓치지 않도록 하라. 그리고 마옥 그대는 미술관이 되어 미술품 제작에 전력토록 할 것이며, 또 팽오 그대는 개척관이 되어 치산치수를 다스리도록 하라. 그리고 우관 원보팽우 그대는 한알님을 받드는 일을 맡길 것이니 각별히 명심해야 하느니라. 하늘은 형체가 없고, 상하사방도 없으며 허허공공하니라. 무소부재하신 한알님께서 대덕, 대혜, 대력으로 우주만물 세계를 주관하시며 만물을 낳아 기르시니라. 올바른 바른 축에 곧게 반사하는 것을 모두 사상이라고 하며, 바른 축에서 바른 우리에 반사하는 것을 진정한 힘이라고 하니라. 판단하는 주체는 곧 나요, 생각하는 실재이니 이것이 한알님의 신령한 주체이니라. 우주 자연의 바탕에서부터 서로 어울려서 신비롭게 정을 교환하는 곳이 영대이니 사람으로 하여금 종교심을 이곳에서 움트게 하느니라. 오직 고요하고 하나가 되어 그 중추를 잡아야 그 바름을 잃지 아니 하리라. 그리고 기성 그대는 의약을 개발하여 백성에게 인술을 베풀도록 할 것을 명하노라."

그때 단군왕검께서 각 대신들을 부른 그 호칭은 환웅천제와 더불어 이 땅에 내려와 그 맡은 소임을 다하고 떠난 신장들의 명칭으로 단군왕검께서는 그 이름을 각 부서의 관명으로 삼아 불렀다.

그토록 자상한 가르침과 후덕하심에 만백성의 칭송이 끊이지 않았으며, 아들을 낳으시니 맏아들 부루를 법가로 삼아 여러 가족들을 거느리게 하시고, 둘째 아드님 부소에게는 부소철夫蘇鐵과 부소돌夫蘇石과 부소깃을 만들어 불을 내어서 맹수와 독충毒蟲을 물리치게 하시었으며, 또한 셋째 아드님 부우는 의약을 만들어 질병을 다스리도록 하시었다.

그리고 단군왕검께서는 우주의 근본이신 한알(聖父), 한울(聖母), 한얼(聖子), 그 삼신님께 제사를 올려 근본의 은혜를 갚는 방법을 가르치시기 위해 마니산에 칠성단을 쌓게 하고 도道에 대한 말씀을 하시었다.

"도의 근본 원리는 삼신으로부터 비롯되어졌음을 알아야 하느니라. 도라는 것은 이름 또한 있을 수 없는 것인즉 이미 도가 될 수 없는 것이니라. 도라는 것은 변하지 않는 도가 없으며, 때에 따르는 것이 마땅할지니라. 그것이 곧 도의 귀함이니라. 이름 또한 불변의 이름이 없으며, 그야말로 백성을 편안하게 함이니 곧 그 이름의 참됨이니라. 그것 외에는 큰 것이 있을 수 없고, 그 일에 또한 작은 것이 없을지니

도는 곧 포함하지 않은 것이 없느니라. 하늘이 기틀이 있어 내 마음의 기틀에서 보아야 하며, 땅은 형상이 있으니 내 몸의 형상에서 보아야 하며, 만물이 주장이 있으니 내 기운의 주장에서 보아야 하느니라. 곧 하나를 잡아서 셋을 풀고 셋이 모여서 하나로 되는 것이니라. 이것이 곧 한알님께서 내리시는 만물의 이치이니라. 그러므로 하늘의 법은 오직 하나가 되는 것이니 너희는 오로지 지성을 다해 한결같은 마음으로만 하늘에 오를 수 있음을 알아야 하느니라. 하늘의 법이 불변하는 하나인 것처럼 사람의 마음도 같은 이치이니 몸과 마음을 바르게 하는 것이 하늘의 법이니라. 너희의 몸이 어버이로부터 태어남을 알라. 어버이는 한알님께서 내려주셨으니 너희는 어버이를 공경함으로써 한알님을 공경함인 것을 알아야 하느니라. 이것이 곧 나라를 위하는 충성과 효도일진대 너희가 이 도리를 깨우치게 되면 이루지 못할 것이 없은 즉, 한알님을 경배하고 이웃과 화목하라. 그리하면 너희의 복록이 결코 끊어지지 않을 것이니라. 이것이 세상을 이치로 되게 하시기 위한 한알님의 뜻으로 곧 사람을 크게 유익하게 하는 홍익인간 이념이니라."

이렇듯 단군왕검께서 칠성단을 쌓고 한알님께 경배를 올려 근본을 갚는 방법을 수시로 백성들에게 가르치시니 나라 안 곳곳에 천제단이 쌓아졌다는 것이다.

그리고 개천 이래로 해마다 행하여지는 제천행사는 상달이 되면 국중대회를 크게 열어 삼신께 경배를 올리고 선조이신 환웅천제님의 은덕을 찬양하며, 그 은혜에 감사하는 마음으로 온 백성이 남녀노소 할 것 없이 팔월대보름 날 밤이면 손에 손을 잡고 아사달 높은 언덕을 빙빙 돌았다는 것이다.

그 분위기가 홍익인간 이화세계를 이 땅에 펼치시기 위해 때가 이르면 간방艮方에 다시 오실 것을 약속하셨다는 그 말씀을 믿고 어두운 밤에 길 잃은 나그네의 이정표가 되는 북두칠성北斗七星 앞에 성모聖母님의 별을 상징한다고 해서 자미성紫微星이라고 칭했다는 그 새벽별을 바라보며 '~간艮~간艮~수월래水月來~' 하고 노래를 부르며 밤을 지새웠던 풍습이 그로부터 전래되어진 것이라고 했다.

그처럼 대자연의 이치를 일찍부터 배우고 깨우치도록 그 천도의 순행을 가르쳐 주시고 복귀하신 개천성조 환웅천제님이셨고, 또한 그 후사이신 개국조開國組 단군왕검께서는 봄가을이면 나라 안을 순행하시어 관리들의 선악을 살피시고 그 상벌을 신중히 하셨으며, 또한 학관을 설치하여 학문을 부흥시키고자 하시어 어느날 은밀히 삼랑을보록을 부르시어 참으로 중요한 임무를 맡기시었다.

"짐이 오랫동안 머릿속에서 생각해 온 일이 있느니라. 그대는 짐의 말을 잘 듣고 그 시행함에 힘쓰라. 그대도 알다시피 세상풍속과 말이 서로 다르지 않느냐? 물론 뜻을 표시하는 그림 문자 같은 것이 있긴 하지만 서로 쉽게 이해되지 않고 있느니라. 그대는 나라 글 중에서 정음을 잘 가리어 정리하여 올리도록 하라!"

"천황폐하! 그같이 중차대한 대사를 소인에게 맡기시니 감히 몸둘 바를 알지 못하겠나이다."

"아니로다. 짐은 일찍부터 을보록 그대의 총명함을 눈 여겨 보았느니라. 그대라면 능히 이 일을 이루어 낼 수 있을 것이니라. 사람의 몸에는 저마다 타고난 기가 있는 법, 내 그대를 본즉, 문서를 만들 수 있는 사관신지의 기를 그대로 타고 낳은 즉, 신불 때에 사관신지로 하여 만들어져 내려오는 소리글자를 모아 천부인의 원리를 토대로 잘 정리하여 보도록 하라. 그리하면 백성들이 알기 쉬운 문자가 나올 것이니라."

어명을 받고 어전을 물러나온 삼랑을보록은 그날부터 신불시대로부터 내려오는 소리글자와 숫자를 모아 천부인天符印 원방각을 토대로 하여 속자 스물한 자와 겉자 스물넉 자의 글자를 가림토에 새겨 올렸으며, 글자의 모양새를 훑어보시던 단군왕검께서는 이윽고 잔잔한 미소를 입가에 흘리시며 을보록을 칭찬하시었다.

"과연 을보록이로다. 내 그대를 믿어온 바대로 과연 틀림이 없도다. 아직도 혹시 미진한 데가 있을지 모르니 날로 연구를 더하여 완전한 글자를 이루도록 할지어다."

"황공하옵니다. 천황폐하!"

단군왕검께서는 을보록을 물러나게 한 후, 신지를 불러들여 을보록이 만들어온 글자로 배달유기를 편찬하도록 분부하시었다. 이것이 훗날 세종대왕으로 하여 한글 훈민정음이 만들어지게 된 근본이었다.

이렇게 우리 배달한민족 한글의 기틀을 만드신 단군왕검께서는 그해 봄, 궁궐을 크게 짓고 만백성으로 하여금 새로 지은 대궐의 본을 따서 백성이 안주하는 집의 제도를 가르치도록 하시니 이것이 세계에서 으뜸으로 인체의 건강을 돕는 목조문화를 일으킨 그 시작이었다.

또한 단군왕검께서는 재위 67년에 황태자 부루를 도산에 보내어 순임금시대 재상 우에게 오행五行 치수법을 가르치게 하시니 그 가르침을 받아 그들이 황하黃河의 치수에 성공하게 된 것이다.

이렇듯 단군왕검께서는 개국과 동시에 교를 세워 국정의 바탕으로 삼으시고, 조화경을 널리 알려 강설하여 백성들의 지혜를 밝게 하는 한편, 또 지화경을 가르쳐서 인간의 삼백예순여섯 가지 일을 주관하시면서 재세이화 홍익인간 하는데 주력을 다 하시므로 현명하고 슬기로운 신하들이 많아 하명하시기 전에 실행하기를 게을리 하지 않았다고 한다.

하루는 감성관 황보덕이 나라의 달력을 만들기 위해 단군왕검께 아뢰었다.

"폐하께 아뢰오. 신이 그동안 천문을 관측해 온 지 십년에 천체에 대해서 대강 추측할 수 있었나이다. 천체의 중심이 되는 큰 별은 북극성 같은 행성이며, 그 다음은 수성, 금성, 지구, 화성, 목성, 토성, 천왕성, 해왕성, 음명성, 신명성과 같은 행성이 있어 태양을 중추로 삼아 회전하는 것을 알았사옵니다. 우리가 살고 있는 지구는 태양계에 속한 하나의 행성이며, 태양은 땅의 온도를 조화하여 만물의 성장을 조성하고 있사옵니다. 지구의 외곽에는 붉은 막이 있어 둘러싸고 지면의 각종 기체를 보전하므로 기체가 발산하지 못하고 그 범위 안에 있어서 태양의 뜨거운 열을 받아 바람과 눈도 되고, 비와 우박도 되고 지뢰도 되고, 이슬과 서리도 되어 사시의 공간이 각각 달라지고 있사옵니다."

"오호, 참으로 가상한 일인지고. 그대가 그것을 헤아렸다니 소신껏 달력을 만들어 보도록 하라. 지상에 살고 있는 사람은 물건과 더불어 땅을 본받고, 땅은 하늘을 본받았으며, 하늘은 도를 본받고, 도는 자연을 본받는 것이니, 사람이 자연의 이치를 측량해서 알지 못하면 밝고 어둠 그 음양을 따라 사시를 순행하지 못할 것이니라. 만일 음양을 따라 사시를 순행하지 못하면 백성이 농사 시기를 알지 못하여 수

확이 없어 어려움을 당하게 되니 먼저 역법을 정리하여 우리나라 기후에 적당하게 하는 것이 좋을 것이니라. 그대가 수고하여 만들어 올리도록 하라."

"폐하! 정성껏 만들어 올리겠나이다."

감성관 황보덕은 그날부터 조선역서의 시원인 달력을 삼백육십오일 다섯 시간 사십팔 분 사십 육초를 일 년으로 하여 역曆을 만들어 올렸던 것으로, 이 역은 삼신일체 곧 우주의 무궁한 조화가 들어있는 천부경天符經 속의 진리를 토대로 삼은 것이었다고 했다.

이렇게 단군왕검께서는 천하가 큰 것을 생각하시고 한 사람의 능력으로는 이화세계를 이룰 수가 없음으로 신하들과 나누어 고루하시니 곳곳에서 상서로운 일들이 수없이 일어나 동문 밖 땅위에 난데없이 아름다운 연꽃이 솟아났고, 또 불함산에서는 누운 바위가 저절로 일어나 앉았으며, 천하강에서는 신령스러운 거북이가 나타났는데 그 등에 윷판과 같은 그림이 새겨져 있었다고 한다.

그런가 하면 발해 연안에서는 무려 열석 섬이나 되는 금덩이가 쏟아져 나오기도 했다는 것인데, 이 모든 서기는 삼신의 축복이었으며, 단군왕검의 치정을 크게 성찬해 주는 것이라고 백성들은 입을 모아 '우리의 천자국은 한알님의 나라가 분명한 것이외다' 하고 기뻐했다는 것이다.

백성들이 그와 같이 기뻐하는 모습을 보신 단군왕검께서는 삼신의 은혜를 알도록 하기 위해 하시었다는 그 말씀이다.

"성품을 밝게 하면 내 안에서 한알님과 통하여 재세이화 홍익인간하느니라."

그리고 단군왕검께서는 웃사람은 의관을 갖추며 칼을 차고 음악을 익히게 하였으며, 아랫사람을 범하는 일이 없도록 하여 위와 아래를 함께 다스리시니 백성들은 편안하여 장수하였으며, 해마다 풍년이 들어 태평성대를 이루므로 그 덕화가 닿지 않은 곳이 없어 만민의 칭송소리가 사해에 넘쳐 날이 갈수록 백성이 모여 국경이 동쪽으로 창해요, 서쪽으로는 요서, 남쪽은 남해, 그리고 북쪽으로는 서비노에까지 이르게 되었다는 것이다.

이 무렵 다수민족이 아홉이었으며, 소수민족이 열넷으로 단군왕검께서는 나라의 백성들이 불어남을 기뻐하시며 하신 말씀이다.

"하늘은 가없이 잔잔하므로 그 도는 크며, 그 일은 두루 원만하니 참함이 으뜸이요, 땅은 모아서 저장하므로 그 또한 크며, 그 일은 공을 들임이 원만하니 부지런함이 으뜸이요, 사람은 지능이 있으므로 그 도는 크며 그 일을 가려냄이 원만하니 화합이 으뜸이니라. 그러므로 한알님께서 임하시어 성통 광명하시리니 재세이화 홍익인간 할수 있을 것이니라."

백성들에게 그렇게 말씀하신 단군왕검께서는 백성들을 위하여 만국박람회를 국도 평양에서 크게 열어 열국의 진귀한 물품을 쌓아 서로의 문물을 알리도록 하시었다.

남기신 업적은 그것뿐만이 아니었다. 기계공장을 송화강 연안에 세우고 갖가지 배와 기계를 만들어 백성들의 생활이 기계의 힘을 이용할 수 있게 하기 위하여 나라 안에 크게 알려 모든 기계의 발명자에게 보상하도록 하시니 발명된 것이 다음과 같았다.

만운갑이 지남차와 목행마를 발명하였고, 목아득이 우주이론을 저술하는가 하면, 지이숙이 태양력과 팔괘 상중론을 저술하여 천황폐하께 올렸으며, 그때에 개발한 발명품이 황룡선, 자행선, 양수기, 차

경기구, 자발전차, 천문경, 조담경, 구석편, 자명종, 경중누기 소적, 발전동춘기, 색금, 천리상응기, 축전기, 양책기, 측우기, 양천계, 측한계, 축시계, 양우계, 측풍계 등이었다.

이렇게 백성들의 문화를 발전 향상시켜 온 단군왕검의 행적은 그 무렵 서양 유대 이스라엘 민족 조상신(Yahweh)이 그 백성들에게 살상무기제작법을 가르치고, 대립적 이분법二分法으로 타민족을 압도 제압하도록 그 민족정기를 심어준 것과는 판이하게 다른 형태의 가르침이었다.

단군왕검께서는 큰 풍년으로 남아도는 농작물이 많아 그 곡식들을 동남쪽 먼 바닷가의 백성들에게까지 베풀게 하시었으며, 한편으로는 종이공장을 만들어 설치하도록 하여 닥나무 껍질과 칡넝쿨 껍질로 많은 종이를 만들어 보관하게 한 이 종이가 천년이 가도 썩지를 않는다는 특이한 조선의 그 '한지'라고 한 것이다.

그처럼 천지의 지혜를 끌어 모으신 단군왕검께서는 송화강 남안에 조성공창을 설치하도록 하시었으며, 또 한편으로는 나라 안의 열두 명산을 택하여 국선수두를 설치케 하여 미혼의 자녀들을 뽑아 모아 독서와 습사를 익히도록 하시었다.

이들을 '국자랑'이라고 불렀으며, 이 국자랑이 출행할 때는 머리에 수려한 무궁화(천지화)를 꽂고 다녔기 때문에 사람들은 이들을 일컬어 천지화랑이라고 불렀다고 한다. 이들이 훗날 신라시대에 화랑도를 만들게 한 그 전신이 된 것이라고 했다.

이렇게 백성들의 문무를 함께 발전시키기에 심혈을 쏟으신 단군왕검께서는 몸소 수두에 납시어 영특하고 용맹스러운 국자랑들에게 도道에 대해서 강론하시었다는 그 기록의 말씀이다.

"도는 그 대상이 없고, 이름이 없기 때문에 억지로 이름하여 도라고 한다는 것이다. 도를 도라 하면 떳떳한 도가 될 수 없고, 이름을 이름이라 하면 떳떳한 이름이 될 수 없느니라. 천지의 큰 것으로부터 먼지의 작은 것에 이르기까지 모두 다 도를 포함하지 아니한 것이 없느니라. 그렇기 때문에 천지는 천지의 도가 있고, 사람은 사람의 도가 있고, 만물은 만물의 도가 있어 모든 사물을 모두 그 도로 인하여 우주와 더불어 있는 것이니라. 무형하게 그리고 유실하게 도를 이루는 사람은 신인이니 사람들이 보아도 보지 못하며 들어도 듣지 못하고 물체에 가려서 감히 미치지 않느니라. 천지가 비록 크다 할지라도 도 안에서 벗어나지 못하고 먼지가 비록 작다 할지라도 능히 도를 용납하며, 세상만사 이치가 뚜렷한 것은 드러나지 않고 깊숙한 데서 형성되어 생겨나며, 유정은 무정에서 생겨나고 형상의 근본은 정에서 생겨나느라. 우주는 무한광대한 것이니 참 기운이 공간에 충만하여 항상 순조로이 운동하므로 영구히 차례로 돌아가는 모양을 꾸며 만들어 내는 것이니라. 사람이 만물 중에 제일 신령한 것은 우주 생명의 돌발점이기 때문이요, 제일 고귀한 것은 한사상이 있기 때문이니 이것이 천지자연 생물의 현상이니라."

단군왕검의 긴 강론이 끝나자 국자랑들은 앉은 자리에서 일제히 일어나 크게 부복하여 감사의 예를 올렸다. 그처럼 단군왕검을 우러러보며 그 아래 부복한 국자랑들은 만 송이의 천지화나 다를 것이 없는 형태 분위기로 두 팔을 벌리고 한알님께 감사의 기도를 올렸다고 한다.

그렇게 나라 안팎의 온 백성들이 풍년가를 노래하며 즐거워 할 즈음에 단군왕검께서는 열국의 제후들을 불러 모으신 후, 한알, 한울,

한얼, 그 삼신님께 제를 올렸으며, 선조이신 환웅천제 한울님 신위에 배향하고 닷새 동안에 걸친 큰 잔치를 베풀었다.

그리고 잔치가 끝나자 단군왕검께서는 모든 제후들을 소집하여 친히 회의를 주관하시는 자리에서 백성을 다스리는 법과 나라의 앞날에 있을 일을 당부하시었다.

"들으라. 사람은 스스로 뉘우치고 나서 다른 사람들을 뉘우치도록 하여야 하며, 나라 또한 반드시 스스로 겪은 후에 백성들을 경계함이 옳으니라. 오래 된 고목에는 벌레가 생기는 것과 같이, 법이 오래 되면 패가 생기고 도가 오래 되면 마에 꾀이게 될 것이니라. 명심할 것은 이후에 백성들의 정통정신이 흐려지면 그 틈을 타서 도를 자처하고 먹지도, 보지도, 냄새도 맡지 못하는 목석같은 신들에게 미혹되어 마침내는 자손들이 조상을 잃어버리지 않도록 항상 경계하라, 조상을 잊어버리면 사상이 혼탁하여 나라 또한 쇠하여질 것이니라."

제후들은 훗날을 미리 예견하시고 당부하시는 단군왕검천황의 말씀에 여쭈어 물었다.

"바라옵건대 천황폐하께오서 장차 일을 헤아리고 계시오면 대략 일러 주시옵소서."

"장차 일은 천도의 순행을 살피면 알 것이라고 하지 않았느냐. 다만 한알님의 의지에 의해서 우주생명에 놀라운 천지 대이변이 있을 것인즉, 그때에 새로운 후천의 선경문화가 도래할 것이니라. 지금 그대들이 할 일은 정사이니, 정사는 다만 백성을 다스리는 도인즉, 비록 하나의 도에 속해 있다 할지라도 그 지방마다의 형세와 특징에 따라 생활 풍토가 다를 수밖에 없으니 또한 그 지방 백성의 지혜에 따라 문명 또한 같을 수 없음으로 일률적으로 다스리기란 무리가 따를 것인 즉, 그 지방에 맞는 방편으로 정치를 베풀어야 치국평천하 할 것이니라. 대개 정치는 백성을 교화로 다스림이요, 먼저 가르치지 아니하고 벌을 하는 것은 백성을 그물질하는 것과 같은 것이니 어찌 어진 사람이 위에 있어 백성을 그물질할 수 있겠느냐, 그 교화하는 방법에 있어 첫째 평민은 배부른 후에야 하늘을 우러르므로 의식을 풍족케 한 후에야 예의와 법도를 지도해야 마땅할 것이니라. 만일 백성이 의식에 걱정이 있으면 지닌 마음마저 없게 되어 마음에 중추를 잃게 될 것인즉, 그 귀순함이 물이 아래로 흐르지 못하고, 거슬러 올라 혼란을 빚게 되는 것이므로 양식을 생산하여 백성을 부유케 함으로써 정치의 요령을 삼아야 할 것이니라. 인간사 도리에 진리가 하나이듯 나라와 겨레는 서로 다를 수 있어도 치국평천하의 정도는 오직 하나이니 제후들은 명심하여 백성을 다스림에 소홀함이 없도록 하라."

단군왕검천황의 신중하신 가르침을 받은 제후들은 엎드려 부복하고 아뢰었다.

"천황폐하의 말씀 받들어 인류교화로 치국평천하하는데 힘쓸 것이옵니다."

제후들의 한결 같은 다짐에 왕검천황께서는 용안에 만족한 웃음을 띠우시고 다시 이르시었다.

"힘쓸지어다. 나라의 정치를 항상 새롭게 하고, 나라의 부강을 증진시켜 나라의 영토를 수호하여 튼튼히 하며 역사를 빛내는 것은 모두가 장래이니라. 이것이 충성이며, 올바름이며, 절개이며 기운이니라."

"천황폐하 일러주셔서 성은이 망극하옵니다."

"오호, 내 그대들을 믿을 것이니라."

제후들은 단군왕검천황의 가르침을 받고 각기 제나라로 돌아가 백성들을 올바름으로 가르치니 백성들이 공평하여 이치를 쫓아 살아가므로 이때부터 세속에는 순박하고 후덕한 인심이 넘쳤으며 공익에는 근면하며 공적인 일에는 민첩하였고, 은덕에는 명철하여 착한 일을 권하고 잘못이나 허물을 규제하니 스스로 예의를 갖추어 자비로운 풍속이 성삼위聖三位님과 하나 되어 순종하게 되었다.

이렇게 배달겨레 조선의 백성들은 날이 갈수록 태평성대를 구가하니 단군왕검천황께서는 백성들의 사는 모습을 보시고자 자주 나라 안을 행차하시어 살피시었다.

그리고 사람을 크게 유익하게 하기 위한 홍익인간弘益人間 이념과 이성을 받들어 사람마다 참사람, '한얼사람' 으로, 또 세상을 이치로 되게 하여 참나라인 '한알님' 나라로 만드시기 위해 온갖 정성과 힘을 다 쏟으셨다. 그것이 단군한배검께서 '홍익인간' 목적과 이념으로 배달한민족의 정신 '얼' 이 된 것이다.

이렇듯 단군왕검께서 삼신천법三神天法(천도의 법)으로 나라와 백성을 다스리시니 이때 북경의 동녘 땅은 모두 배달나라의 영토로 삼고 중국의 하남성과, 산동성 지역은 단군왕검천황의 제후나라로 봉하고, 우나라 순임금으로 하여 그 땅을 다스리게 하시었다.

그처럼 단군왕검께서 천하의 땅을 3한으로 나누어서 다스리던 단기 93년 3월 15일이었다. 단군왕검께서는 태자들을 불러 가까이 앉히시고 조용히 이르시었다.

"태자들은 들으라. 이제 이 조선을 이어 갈 사명을 너희들에게 맡길 그때가 되었느니라. 특히 황태자 부루는 이 나라 조선을 이어갈 사명이 주어졌은즉, 백성을 다스림에 삼신천법으로 한알님께서 기뻐하시는 천황이 되도록 하라."

"아바마마, 때가 되었다 하오시면….'"

"그것이 한알님의 뜻이니라."

"아바마마의 높으신 뜻이 배달나라 조선에 세세무궁토록 빛날 것 이옵니다."

태자들은 천황과 헤어져야 할 것을 예감하고 서운함을 금치 못해 숙연해져 있었고, 그 분위기를 보신 단군왕검께서는 태자들에게 우 주 원리가 들어있는 천부경 속의 진리를 다시 태자들에게 소상히 이 르시었다.

"덕혜력 삼종이시며 만물을 주관하시는 대자대비하시고 만물을 사랑하시는 한알님의 숨결과 말씀을 너희는 이 백성들에게 깊이 심 으라, 그것이 너희 태자들의 사명이니라, 알았느냐?"

그리고 단군왕검께서는 의관을 정제하시고 태자들에게 하명하시 었다.

"그 시간이 문 앞에 가까이 이르렀으니 어천대에 고천할 준비를 하 도록 명하라."

이윽고 어천대에 단군왕검께서 고천하실 준비가 마련되었고, 단군 왕검께서 고천대에 납시었을 때였다. 하늘에서는 태양을 중심으로 둥근 해무리가 그 넓이를 측량할 수 없게 하였고, 태백으로 이어지는 강한 빛의 줄기는 보는 사람으로 하여 눈을 뜰 수 없을 정도로 강렬 한 가운데 단군왕검께서 그 하늘을 우러러 보시며 하시었다는 말씀 이다.

"하늘의 뜻이로다. 내 때가 다하여졌으니 백성은 들으라. 나는 이 제 한알님의 부름을 받아갈 것이니라. 그러나 이 땅에는 불로불사의 시대가 도래할 것이니 마음을 닦아 본심에서 본성을 지켜 그때에 본자연의 제 위치에 서 있도록 힘쓰라. 그것이 은혜를 입은 천손들의 하늘 축복이니라."

그러나 거기에 엎드린 백성들과 대신들은 단군왕검천황께서 미래 지향적으로 도래할 것이라는 불로불사不老不死의 뜻을 얼른 납득할 수가 없었고, 고개를 숙인 그때에 갑자기 화창하던 날씨가 어두워지면서 바람이 땅에 몰아치다가 다시 잠잠하게 밝아졌다고 한다.

그 순간 태백산 산정의 하늘에 흰 구름이 동서로 줄을 그은 듯이 길게 이어진 것을 본 단군왕검께서는 하늘을 우러러 고천을 하시고 백성들에게 말씀하시었다.

"첫째, 너희는 지극히 거룩하신 한알님의 자녀 됨을 알아라.

둘째, 너희는 영원토록 자손이 계승할 때에 터럭만한 것도 사심이 없고, 이지러짐이 없어라.

셋째, 너희는 한겨레로 일치가 되어 의좋고 정답게 서로 손을 잡고 같이 살아라.

넷째, 너희는 조심하라. 조심하라. 내 땀방울이 적시우고 내 피가 물들인 이 강토에 혹여나 더러운 때로 묻힐세라.

다섯째, 너희는 내가 해야 할 일을 너희 손으로만 하여라. 그리하여 각기 너희 할 직분을 지켜라.

여섯째, 네가 가질 것을 남에게 주지 말고, 네가 할 일을 남에게 하게 하지 말라.

일곱째, 너희는 이 나라 빛을 한 군데에도 빠짐없이 하늘 은혜와 땅의 이익을 두루 받았음을 알라. 이것을 너의 것으로 삼아 쓸 데로 써서 너희 생활이 항상 풍족하라. 넉넉하라.

여덟째, 너희는 내가 오늘 훈칙한 이 알림을 할 일로서 천하 만민에게 알려주어라."

단군왕검의 훈칙의 말씀은 천지를 진동하듯 땅을 울리다가 하늘로부터 내려 비치는 강렬한 빛 속으로 스며들었다고 한다. 그 분위기가 하늘이 주신 소명을 마치시고 빛으로 화천火天하시어 오르시는 순간이었다.

그렇듯 개국조 단군왕검 천황께서 재천제세在天濟世의 권능으로 법리를 깨우쳐 천지인天地人이 하나이며, 경천敬天, 숭조崇祖, 애인愛人의 뿌리사상인 삼일정신三一情神이 하늘 천손민족의 맥임을 천하 만민에게 전하게 하시고 화천하시니 비로소 만물의 영장인 고등영체의 시대가 도래到來하게 되었다는 것이다.

그처럼 신인神人이라는 존엄하신 단군왕검은 인간주체로서의 성통광명性統光明, 재세이화在世理化 이념을 인본주체사상과 인간조화사상을 배달한민족의 뿌리정신으로 인간 최고의 사상과 철학을 가르쳐 심어 주신 스승이었다.

그렇게 천지인天地人 삼천대세계三天大世界를 사랑과 자비로 총괄하시는 천지부모 성부聖父 한알님, 성모聖母 한울님의 뜻 가운데 하늘 제사권 민족으로 세움을 받은 단군왕검의 조선은 건국 이래, 중국의 최고 지리지地理志 산해경山海經에 이르면 '동방에 있는 군자불사지국君子不死之國은 의관을 정제하고 칼을 찾으며, 성격이 양보를 좋아하고 다투지 않으며, 아침에 피어나 저녁에 지는 꽃(무궁화)이 있다고 하였으며, 2500년 전 공자 성현도 논어論語에서 중국에는 도가 행해지지 않기 때문에 한반도 구이九夷 나라에 가서 살고 싶다고 하시며, 배달한민족을 군자국君子國, 또는 예의지국禮儀之國이라 하여 다른 민족과는 다르다고 하셨다고 한다.

단군왕검 조선은 건국 이래 72대에 거쳐 황금의 시대가 이어지면서 만주(배달나라 본토)를 중심으로 동양문화와 동양철학의 근원인 나라로 보다 훌륭한 배달한민족 역사의 틀을 견고히 하였으며, 한족을 비롯한 이웃민족들을 평화스럽게 다스리고 지배하였던 우수한 민족이었다.

그러나 그토록 오랜 배달겨레 조선의 황실문은 해모수왕(고무서)을 마지막으로 황실의 문이 닫히고, 고주몽의 독립된 왕조로 전락하여 배달나라의 맥이 겨우 이어졌다.

고구려는 배달나라의 정통적인 맥을 면면히 이어받아서 마침내 본토를 수복하고 전통문화를 계승하고 또 발전시켜 태평성대를 이루다가 왕조수립 725년만인 개천 4565년(서기 558년) 28대 보장왕 27년에 신라와 당나라의 연합군에 의해 평양성이 함락되고 왕조가 멸망하기에 이르렀다. 이 무렵 고구려사람 대중상이 흩어진 유민을 이끌고 본토를 중심으로 말갈족과 그의 소수부족들을 규합하여 대진국이라는 새로운 왕조를 세워 고구려의 정통맥을 계승하였다.

그렇게 대중상의 맏아들 대조영이 왕위에 오르면서 나라이름을 발해라 하고, 연호를 천통으로 배달나라의 맥을 계승해 나가다가 왕조수립 258년만인 개천 4823년(서기 926년) 15대 애왕 26년에 거란족의 요나라 태조 야율아보기가 침략하여 수도 홀안성이 침략하고 왕조가 멸망하고 말았다.

그 후, 유민들은 본토에서 200여 년간 광복투쟁을 하였지만, 그 뜻을 이루지 못하고 일부는 사방으로 흩어져 살기에 이르렀고, 또 일부는 고려로 망명하여 살았다.

이렇게 환웅천제께서 천지인天地人 삼계의 대권주로 이 땅에 내려와 배달나라를 세우시고 후사이신 단군왕검으로 하여 조선을 개국하신 이후 3840년 동안 통일자주 국가로서 홍익인간 이화세계의 건국이념 아래 만주를 중심으로 한 아세아 대륙을 다스리던 천황의 나라는 왕국으로 전락하면서 점차 그 빛을 잃기 시작하였고, 따라서 배달 사람들의 사상도 점차 흐려지기 시작하였다.

그러나 신라시대에는 단군한배검의 가르침을 크게 일으켜 풍월교, 혹은 풍월도라고도 불렀으며, 진흥왕 때는 이 풍월도의 실행자를 모집하여 인재등용의 기틀을 이루었다.

이들이 곧 화랑도로서 신라통일의 원동력이 된 것이었지만, 그러나 고려 말기부터 조선 오백년을 지나오는 동안 이러한 민족정신은 점차 흐려지기 시작하였다.

고려 고종임금 때에 이르러 원나라 임금 홀필렬은 단군을 받드는 모든 백성들을 탄압하기 시작하여 배달정신을 빼앗아 버리고, 인도에서 중국으로 불교의 본질과는 달리 미신적으로 겉살을 붙여 들어온 불교만을 숭상하게 하여 마침내는 우리 배달겨레의 민속신앙이 탄압을 받기에 이르러 국력은 심히 약화되고 백성은 주체성을 잃어가기 시작하였다.

주체성이란 내가 나의 주인공이란 마음의 상태로 내가 개체가 될 수 없다는 것이며, 그러므로 주체성에는 부족의 주체성이 있을 수 있고, 또 민족의 주체성, 개인의 주체성이 있을 수 있다.

이와 같은 주체성은 곧 내가 나의 주인공이며, 우리 민족 우리나라의 주인공이라는 자부심과 자각에서 비롯되는 것으로, 우리 배달겨레의 주체성이란 인간이 창조된 뜻대로 참 자아를 깨달아 자기의 의식을 바르게 확보한 정신사상이다. 곧 인간인 내가 만물의 영장으로서 영장다운 자격을 얻고 나아가서 천하 만물을 다스리는 권한을 소유한 모든 것의 주인으로서 삼라만상을 지배하는 모든 인간과는 화이동和而同하는 상태를 말하는 것이라고 했다.

이것이 환웅천제님 개천 이래의 우리 한민족 정신세계에 깊이 뿌리를 내려 찬란한 동방의 문화를 꽃피웠던 배달겨레 주체성의 극치였다. 즉 자연관과 인간관을 바탕으로 국조 단군왕검께서는 한알님 숭배, 조상숭배, 인간 사랑을 골자로 한 홍익인간 이념을 펴심으로써 그 이념이 바로 우리 배달한민족의 종교이며, 철학으로 큰 덕과 슬기와 힘을 갖추므로, 곧 자각자(眞人)가 될 수 있다는 사상으로 이러한 배달의 얼 '한사상' 이 구현되어 왔던 것이다.

역대 단군천황의 예언과 말씀을 살펴보면 제30대 단군 아한천황 재위 2년 여름의 일이었다. 아한천황 측근에 천도의 순행을 헤아릴 줄 아는 대신 유위자가 있었다. 그때 나라 안에 외발 달린 짐승이 송화 강변에 나타나 울면서 돌아다녔다고 한다.

거기에 나라 백성들이 괴이한 말을 퍼뜨리며 엄청난 물의를 일으키고 다닌다는 그 소문을 들으신 아한천황께서 유위자를 불러 그 연고를 물으셨을 때에 그가 조심스럽게 했다는 말이다.

"나라가 장차 망하게 될 때에는 반드시 요괴가 나타나 이상한 물건을 보이면서 세상을 혼란케 하는 것은 천지의 조화이옵니다. 외발 달린 짐승은 하나라 남방에 사는 양수라는 짐승이온데 워낙 신기한 짐승이라, 장차 하나라가 어지러워질 것을 미리 알고 난을 피하여 이 땅에 와서 슬피 우는 것입니다. 그 징조만으로 장차 일을 알 수가 있는 것으로, 천도의 순행을 살피면 만세의 일도 능히 미리 알 수가 있다는 것이옵니다."

"그럼 장차 내 운의 성하고 쇠하는 기간은 과연 얼마나 되겠는지 대략 말해 줄 수 있겠는가?"

천황의 물으심에 유위자가 부복하여 아뢰었다.

"나라가 성하고 쇠하는 운수는 하늘에서 정하신 것으로 사람의 힘으로는 이를 바가 아니옵니다. 천황께옵서는 백성에게 선정을 크게 베푸셨으니, 그 덕이 만방에 퍼져 있어 나라의 운명이 중화보다 훨씬 앞서고 있습니다. 그러나 중화의 순조에 이르러서는 특히 예약법도가 찬연해지고 성현이 나타나 경전을 저술할 것이오며, 그리하여 백성의 집안에서 경 읽는 소리가 들리니 문화가 크게 향상하여 천하를 휩쓸게 될 것이옵니다. 뿐만 아니옵고 만국이 그 나라 문화를 흠모하여 다투어 그 나라를 찾아가 배우게 될 것인 즉, 한학전성시대는 자연히 이루어지게 될 것이옵니다. 그때를 당하여 천황폐하의 자손이 북방에서 터를 보존하고, 혹은 동방으로 도읍을 옮기며, 혹은 남방에서 나라를 세우는 자 있으나 큰 자는 지방이 수천리요, 작은 자는 수백리라. 후속이 서로가 좋지 못하여 서로 돌보지 않을 뿐만 아니라, 날이 갈수록 모화사상으로 깊이 빠져들어 수천 년 후에는 모화에 미친 위모비가 나라 안에 편만해져서 우리나라의 문자는 완전히 없어지고 한문 문자만 전용하게 되어 나라 이름과 제왕 이름은 물론이려니와 땅 이름, 관청이름, 사물 이름 등, 모든 이름을 한문으로 바꾸어 쓰고 심지어는 사람 이름까지도 중화인의 이름과 같이 쓰게 되어 우리 백성을 중화인으로 알게 되고, 마침내는 자손들이 조상을 잃어버리는 자가 속출할 것이오니 장차 일을 생각하오면 참으로 한심하고 통탄치 않을 수가 없아옵니다. 바라옵건대 천황폐하께옵서는 깊이 통촉하시어 장차 일을 헤아리심이 옳은 줄로 아뢰옵니다."

유위자의 진언이 끝나자 천황폐하께서는 참으로 놀랍다는 듯이 말씀하시었다.

"그대는 참으로 천고의 신인이로다. 능히 수천 년 뒷일을 추측할 수 있다니…."

그렇게 경탄을 하시며 천하에 명하시어 돌로 비석을 만들어 나라의 사방 경계에 세우고 그 비면에 제황의 이름을 새기되 우리 글자로 써서 영원히 나라 글을 보존하라고 이르셨다. 그리고 아한천황께서는 유위자를 국태사로 삼고 태학관을 세워 훌륭한 선비를 양성하는 데 힘쓰셨다. 신인 유위자는 벌써 수천 년 뒤에 일어날 이 나라의 운세를 그처럼 예견하고 있었던 것이다.

부루천황 재위 58년 때였다. 나함연이라는 신하가 천황께 조심스럽게 아뢰었다.

"신이 지난해 남녀지에 건너가서 법경빈(마라문교도)을 만나 새로운 교리를 접한 후 생각을 해 보았습니다. 그 교리에 참된 진리가 있는 것 같았습니다. 남녀지에 성인이 나타나 그 새로운 이치를 밝혀 놓은 듯하오니 그곳으로 사신을 보내시어 그곳의 도덕과 정치를 살피게 하신 후, 좋은 점은 본받아 우리 백성에게 알리면 나라 발전에 크게 도움이 될까 하옵니다."

나함연의 말을 가만히 들으신 부루천황께서 말씀하시었다.

"인간사 도리에 진리가 하나이듯 양점 사이의 직선도 하나이니라. 나라와 겨레는 서로 다를 수가 있어도 치국평천하의 정도는 오직 하나이니라. 짐이 일찍이 선황으로부터 들어 알기로는 유정은 오직 하나인 고로 그것을 중심으로 삼는 것은 바른 것을 지킴이라 하시었거늘 어찌하여 다른 나라의 도덕과 정치를 살펴서 우리에게 보태거나 뺄 수가 있겠는가? 물론 동서양 문화권에서 발생한 여러 종교들도 한 결같이 인간을 선한 바탕에서 이해하려고 했지만 그러나 시간이 흐르면서 본질과는 달리 삿된 겉살이 붙어 근본적인 우리의 종교와는 하늘과 땅의 법으로 그 차이가 있을 것이다. 새와 짐승은 땅에서 살고 물고기는 물에서 살아야 하거늘 이것들을 바꾸어 살게 한다면 그 형세가 어찌 오래 갈 수가 있으리요. 그와 마찬가지로 우리가 다른 나라의 본을 받게 된다면 반드시 오래 가지 못하게 될 것이니라."

부루천황의 신중하신 말씀에 그 어느 누구도 감히 입을 열지 못하였다. 그러자 천황께서는 선황께서 베푸신 하늘 천법天法의 도道가 시대와 나라를 달리하고 출현하신 성현들의 부분지체 도맥을 모두 포괄하고 있는 정심정도正心正導의 원통맥임을 설파하시었다.

그리고 그것이 선조이신 환웅천제님으로부터 배달한민족의 뿌리 정기로 심어진 '한사상'임을 강론하시었다.

단군 제3대 가륵천황께서는 선조의 선정을 본받아 하늘 근본의 한사상 진리로 백성을 다스리며 온 백성에게 당부하여 이르셨다.

"천하의 대본은 마음이 한가운데 바르게 있는 것이니라. 사람이 중정을 잃으면 하는 일에 성취가 있을 수 없고, 만물이 중정을 잃으면 그 실체가 기울어져서 뒤집히게 되느니라. 사람의 마음은 위험하고 도를 지닌 마음은 좌우 어느 쪽에도 치우침이 없나니 유정이 오직 하나인 것처럼 그 중추를 잡아서 중정을 잃지 말아야 하느니라. 마음이 중정이 된 연후에야 비로소 만사를 반듯하게 할 수 있는 것이니라. 중정의 도는 부모는 마땅히 자식을 사랑으로 키우고, 자식은 마땅히 부모님께 효도하며, 임금은 마땅히 신하를 아끼고 신하는 또한 임금께 충성하며, 부부는 마땅히 서로 존경할 것이며, 아랫사람은 마땅히 윗사람을 공대하고, 벗은 또 당연히 믿음이 있어야 되는 것이며, 사람이 서로를 대함에 있어 공손하고 겸손하게 몸가짐을 가지고, 박애로써 하며 학문을 배우고 기술을 익혀 지능을 개발하여 인격과 능력을 갖추어 공익을 넓히는 데 힘쓸 것이니라. 또한 항상 국시를 높여 국법을 지키고 각자 직분을 다해서 증산에 힘쓰다가 나라가 위급함이 생기면 사사로운 것을 버리고 공익을 생각하며 앞장서서 나라의 대운을 붙들지니, 나와 네가 신하와 백성이 다 함께 부흥하여 한 마음으로 나아가면 모두가 지극하게 뜻을 실천으로 옮길 수 있게 될 것이니라."

그렇듯 가륵천황께서는 단군왕검 천황으로부터 내려온 '한알님' 사상의 정신으로 늘 한결같이 마음을 밝게 하시니 감히 요괴한 술사들이 근접하지를 못했다는 것이다.

그와 같이 우리 한민족의 조상들은 인내천人乃天 사상으로 가르침을 받고 마음의 중추를 잃지 않았으므로 백성들은 태평성대를 누렸고, 백악에서는 봉황이 날았으며, 짐승들도 그 성품이 극히 온순하여 함께 어우러지기도 했었다고 한다.

그러한 분위기가 백보좌(聖母) 환웅천제님께서 개천하신 이래 우리 한민족 정신세계에 깊이 뿌리를 내린 찬란한 동방의 문화를 꽃피게 했던 자연관과 인간관을 바탕으로 하는 홍익인간 이념의 정신이었다. 그렇기 때문에 동양은 서양에 비하여 종교와 예술방면에 현저하게 발전을 보였으며, 세계 사대종교 유, 불, 선, 기독교의 원천이 될 수 있었다. 그처럼 사람을 크게 유익케 하기 위함이라는 '한얼사상'은 세계의 모든 종교와 철학이 다 같이 요청하는 최고의 이념으로써 사람과 역사가 원하고 실현해야 할 목적이라고 했다.

그토록 위대한 뜻을 이 땅에 펼치신 분이 우리 배달겨레의 선조先祖이신 환웅천제님이셨고, 그 후사가 단군왕검이셨다. 그러나 배달겨레 단군조선은 세대가 멀어지면서 사실상 백성들은 '한알님'을 숭배하는 그 '한사상'과 멀어졌고, 도道가 오래되면 마魔가 꾀인다고 하듯이 그 형태가 되고 말았다.

그와 같이 우리 조상들의 정신 얼과 마음을 지배해 온 사상이자 종교는 미신적인 차원으로 떨어져 참된 본질인 인간의 생명이 자연과의 교감交感을 통해서 이루어진다는 만물감통사상의 철학은 샤머니즘으로 흘러 심지어는 '샤머니즘'의 발상지인 '시베리아'의 그것과 동질의 것이냐, 또는 '샤머니즘'이란 명칭을 붙이는 것이 타당하냐에 관해서 여러 가지 논제가 되고 있는 실정에 이르렀다.

지구상에 현존하는 약 2억3~4천에 달하는 미개발 야만인들이자 연신에게 숭배해 왔던 무속신앙이 그 샤머니즘이다. 그러나 배달한 민족의 조상들이 세계 으뜸문화를 일으킬 수 있었던 만물감통萬物感通, 재세이화在世理化, 홍익인간弘益人間의 이념과 사상은 단순히 자연과 그저 어울리는 것이 아니었다. 호연한 자연과 감정을 같이하려는 정신이 그 본질인 것으로, 자연과 인간이 서로 주체를 잃지 않고 조화를 이룰 때 자연은 더욱 자연다워지고, 인간은 더욱 인간다워진다는 뜻이었다.

그러나 세대가 멀어지면서 그 본질의 뜻은 흐려지고 자연신 숭배의 사상과 종교를 바탕으로 다만 높은 산은 생명의 근원이며, 산신은 생명과 화복의 사신으로 백두산, 금강산, 토함산 등이 모두 다 생명이 나오고 죽으면 혼백이 돌아가는 것으로 믿어 산신을 위하는 산신제를 비롯한 각종 제사가 가장 소중한 일로 신성한 장소를 택하여 정결한 몸가짐으로 행사를 했었다는 것이다.

이러한 자연신 숭배사상이 세대가 멀어지면서 고대 우리 조상들로부터 흘러나와 시베리아로 흘러 들어가서 샤머니즘으로 통하고 있는 실태다. 그러나 우리의 국조 단군왕검께서 한얼숭배, 조상숭배, 인간사랑을 골자로 하는 홍익인간의 이념은 한민족의 종교며 철학으로서 그 이념을 실천해 나가면 사람은 큰 덕과 슬기와 힘을 갖추고 진인이 될 수 있다는 것이었다.

그러나 안타깝게도 그처럼 숭고한 배달민족의 '한얼' 사상은 서양의 강세적인 물질 위주에 휘말려 주체성을 잃고 자유민주주의와 사회주의의 상반된 입장에서 남북한은 분단과 6.25전쟁을 거치면서 같은 조상 혈손자손끼리 대립적인 상황처지에 놓이게 되고 말았다.

이러한 비극적인 현실 속에서 평화통일을 달성하기 위해서는 조상님의 은혜를 잊지 않는 효심으로 뭉쳤을 때 으뜸 장손민족으로 고조선시대 12제국을 평화롭게 다스렸던 그 민족정기로 세계로 나가 햇볕정책(Sunshine Policy)을 펼치게 될 수 있을 것이다.

그것이 처음과 끝(Alpha : Omega) 천지부모 하나님께서 고대하시는 지상낙원세계를 이루어 드릴 수 있는 배달민족의 업무수행으로, 그 역할 분담이기 때문이다.

Chapter

8

시대적인 어둠 역사

시대와 나라를 달리하고 동서東西로 출현하신 세계칠대 성현들의 가르치심이 먼저는 네 부모를 공경하라는 지침이었다.

부모의 은혜를 모르는 그 자손을 하늘 부모님이 보호해 주실 리가 없다. 그 교훈적인 모델이 유대 이스라엘 백성들이 그들 조상신 (Yahweh)이 '나 이외는 다른 신을 섬기지 말라!' 고 했음에도 불구하고 그 백성들이 으뜸으로 지켜야 할 계율戒律을 어기고 어느 한때 이방민족 조상신을 더 높이 보고 쫓아가 섬길 때가 있었다.

거기에 진노한 여호와는 그 백성들이 조상님의 은혜를 깨우치도록 내린 응징의 벌이 이방민족과 벌리는 능력격투에서 일체 보호를 하지 않고 방치해 둠으로써 애굽(이집트) 노예로 끌려가 4백 년 동안 종살이를 하게 된 것이었다.

그렇게 불효함으로써 노예로 끌려가 피눈물을 흘리며 종살이를 하게 했던 그 역사적인 사건이 구약(출애굽기)에 기록된 내용이다. 그 원인이 바로 자손들이 조상신(Yahweh) 은혜를 잊어버린 진노의 벌로 부모가 자식을 키우면서 깨우침을 주고자 회초리를 들고 아픔을 주듯이 그와 다를 것이 없는 이치였다. 인간은 고통의 충격을 받았을 때 비로소 깨우침을 얻는다는 것 때문이다.

그 형태나 다름없음이 고조선시대 '동방의 등불'로 칭송을 받아왔던 배달한민족 자손이 그처럼 숭고한 조상님 맥박의 은혜를 잊어버리고 불충함으로 지구촌에서 유일하게 분단국가라는 불명예를 씻어내지 못하고 오늘에 이르기까지도 강대국의 눈치를 보며 진통을 겪고 있는 실태인 것이다.

그러나 우리 배달한민족은 세계 그 어느 민족과도 비교할 수 없는 천상의 정신문화민족으로 단군왕검 조선은 건국 이래 72대에 걸쳐 황금의 시대가 이어져 나왔었다.

그렇게 전개된 상황분위기가 삼천리반도 금수강산을 위시하여 조상님의 활동무대였던 만주 본토를 중심으로 동양문화와 동양철학의 근원인 나라로 보다 훌륭한 배달민족 역사의 틀을 견고히 하였으며, 이웃민족과 대립이 없는 조화의 협동정신으로 12제국을 평화스럽게 다스려왔던 시대였다. 그러나 배달겨레 조선의 황실문은 해모수천황을 마지막으로 문이 닫히고 고주몽의 독립된 왕조로 전락되어 배달나라의 맥이 겨우 이어져 나왔다.

고구려는 배달나라의 전통적인 맥을 면면히 이어 받아서 마침내 본토를 수복하고, 찬란한 전통문화를 계승하고 또 발전시켜 태평성대를 이루다가 왕조수립 725년(서기 668년) 28대 보장왕 27년에 신라와 당나라의 연합군에 의해 평양성이 함락되고 왕조가 멸망하기에 이르렀다.

이 무렵 고구려 사람 대중상이 흩어진 유민을 이끌고 본토를 중심으로 하여 말갈족과 소수부족들을 규합하여 대진국이라는 새로운 왕조를 세워 고구려의 정통 맥을 계승하였다.

대중상의 맏아들 대조영이 그렇게 왕위에 오르면서 나라 이름을 '발해'라 하고, 연호를 배달나라의 전통을 계승해 나가다가 왕조수립 258년만인(서기 926년) 15대 애왕 26년에 거란족의 요나라 태조 야율아보기가 침략하여 수도 홀안성이 함락되고 왕조가 멸망하게 되었다.

그 후 유민들은 본토에서 200여 년간 광복투쟁을 하였지만 그 뜻을 이루지 못하고 사방으로 흩어져 살기에 이르렀고, 또 일부는 고려로 망명하여 살았다. 그처럼 환웅천제께서 천지인天地人 삼계의 대권주자로 이 땅에 하강하시어 배달나라를 세우시고 후사이신 단군왕검으로 하여 조선을 개국하신 이후 통일자주국가로서 홍익인간弘益人間 이화세계 건국이념 아래 만주를 중심으로 아시아 대륙을 다스리던 천황의 나라는 왕국으로 전락하면서 그 빛을 잃어가기 시작했고, 따라서 점차적으로 사상도 흐려지기 시작했다는 것이다.

그러나 신라에서는 단군왕검의 가르침을 크게 일으켜 풍류교, 혹은 풍월도, 풍월교라고도 불렀으며, 진흥왕 때는 이 풍월도의 실행자를 모집하여 인재등용의 기틀을 이루었다고 한다.

이들이 화랑도로서 신라통일의 원동력이 된 것이었지만 그러나 고려 말기에 이르러 원나라 임금 홀필렬은 단군을 받드는 모든 이들을 탄압하기 시작하여 배달정신을 빼앗아 버리고, 삼국시대 인도에서 중국을 거쳐 들어온 소승불교만을 숭상하게 함으로써 우리 배달겨레의 민속신앙은 현세의 복덕을 기원하는 미신적인 차원으로 떨어져

주술을 읊어대는 무속인들 법당에서나 찾아볼 수 있을 정도로 흐려지기 시작했다는 것이다.

그렇게 우리 배달겨레의 민속신앙이 탄압을 받게 되면서 국력은 심히 약화되고 백성들은 주체성을 잃어가기 시작했던 것으로, 역사를 잊은 민족에게는 미래가 없다는 그 본보기의 실제상황이 되어버린 것이라고 할 수 있다. 그 역사적인 사실이 고려 말기末期 공민왕이 주장한 중원을 지배했던 몽골족 원나라는 우리 배달한민족 가계혈통으로 이어진 민족임을 입증해 주는 증표가 태어날 때에 엉덩짝에 그 삼신반점을 붙이고 태어난다는 것이다.

그 원나라가 명나라의 주원장에 의해 1368년 멸망하고 북쪽 몽골 초원으로 쫓겨 가는 대변혁기를 맞게 되었다. 그런데 그처럼 급부상한 명나라는 원나라가 지배했던 땅의 연고권을 주장하고 나섰다. 거기에 맞선 고려의 공민왕은 그 땅은 원래 우리 조상들의 활동무대였다고 돌려받기를 원했다. 특히나 중원에서 본격적으로 발굴된 피라미드는 배달민족 조상들이 활동하던 고토古土로 동북 아시아시대 홍산문화의 유적임을 입증시켜 주고 있기 때문이다.

그러나 새로운 중원의 강자로 급부상한 명나라는 고려의 주장을 무시하고 사신을 보내 원나라와 고려의 국경지역에 접해 있는 철령위 설치를 강행하겠다는 통보를 해 왔다. 하지만 공민왕의 뒤를 이어 왕위에 오른 우왕은 최영 장군으로 하여금 명나라 사신단 12명을 처형하게 한 것은 맞붙어 볼라치면 붙어보자는 일종의 도전장을 내보인 것이나 다를 것이 없었다.

그로부터 고려 우왕은 이성계 장군에게 팔도의 군사를 징집해 압록강 안에 있는 위화도에서 회군을 단행하여 대궐을 침탈하고 왕권을 쟁취함으로써, 고려가 멸망하고 조선이 건국되는 그 계기가 만들어진 것이다.

그러나 그처럼 민족주체성을 잃어버린 이성계의 역신 행보에 실망을 한 고려의 충신 정몽주 대신이 국정을 논의하자는 조정의 손짓에 고개를 돌리고 애절하게 읊조렸다는 애국애족의 심성이 일편단심—片丹心으로 "이 몸이 죽고 죽어 일백 번 고쳐 죽어/ 백골이 진토되어 넋이라도 있고 없고/ 임 향한 일편단심이야 가실 줄이 있으랴" 그것이었다.

그러나 그 옆에서 그 읊조림을 민망스럽게 듣고 있던 이성계의 아들 이방원이 거기에 대변한 읊조림이 "이런들 어떠하리 저런들 어떠하리/ 만수산 드렁칡이 얽혀진들 어떠하리/ 우리도 이같이 얽혀져 백년까지 누리리라." 그 분위기 그대로 얽혀진 형국이 되어버린 조선 500년의 역사였다.

그렇게 민족주체성을 잃고 왕명을 거슬르고 회군을 했던 입신출세 지향적인 이성계 장군의 역신행보는 그로부터 대외 의존적인 체계로 전환되었다. 그 행보가 과거 우리 조상들의 지배국이던 명나라에 소중화로 자처하고 들어가 조공을 바쳐 올리면서 중국의 모화풍조를 받아들인 것이 유교였다. 하지만 모든 종교가 스승의 본질적인 가르침과는 달리 변질되어 들어오듯이 유교 또한 마찬가지였다.

공자 성현의 가르침과는 달리 조선에 들어와 지배자의 방편으로 우리 조상들의 만민평등사상이 아닌, 귀하고 천한 반상제도를 만들었던 것이 불평등사상으로, 그러한 지배권의 억압과 탄압에서 벗어나고자 했던 농민들의 민중봉기 동학란이 일어났던 그 시대 배경이었다.

주체성이란 내가 나의 주인공이라는 마음의 상태로 내가 개체가 될 수 없는 것이며, 주체성에는 부족의 주체성이 있고, 또 국가와 민족의 주체성이 있는 것으로, 그와 같은 주체성은 자부심 자각에서 비롯되는 것이라고 했다.

그런데 그처럼 우리 배달민족 자존의 뿌리정신을 잃어버린 조정에서 국정을 논의한 제도가 급부상한 명나라에 국교처럼 자리 잡고 있는 공자님의 유교를 제대로 받아들이지 못하고 정치적인 색체를 띠고 귀하고 천한 반상제도를 만들었던 것이다.

그 형태가 신분관계를 중시하는 관존민비, 남존여비 등 엄격한 인간차별 의식이 뿌리를 내리게 되면서 수없이 많은 폐단을 가져오게 되면서 분란이 일어나기 시작했다.

그처럼 조선 태조로부터 비롯된 반상제도에 의해 관건 수탈과 탄압을 받아오던 농민들은 마침내 죽기를 각오하고 불을 켜들고 일어났고, 거기에 뜻을 같이한 동학도 총대장이 전봉준이었다.

동학의 성격은 그 시대적 상황에서 귀하고 천함의 반상제도를 타파하자는 것이었고, 또 한편으로는 서양문물에 업혀 들어와 우리 민족 뿌리를 유대민족 아담의 후손으로 묶어 왜곡시키고 있는 천주학에 대처하기 위한 민족주의적 성격을 내포하고 있었다.

그렇게 동학도들이 농민들과 함께 합세했던 민중봉기는 지배층에 있는 사대부와 탐관오리들이 자행한 수탈이 그 원인이 되어 일어난 조선시대 최대의 항쟁이었다.

동학을 창설한 수운 최제우(1824~1964) 선생은 우리 배달한민족의 '한알님' 사상을 종교적으로 그 사상체제를 새로운 양상으로 정립하신 분이다. 그 주요 골자의 맥은 우리 배달한민족 고유의 전통문화사상을 바탕으로 하는 천지인天地人이 '한틀' 속에 운행된다는 조화의 사상이었다.

그것이 우리 조상들이 생활 속에 익혀 왔던 만물감통 사상으로 인간존중과 자유와 박애, 평등사상으로 개체와 전체를 모두 살릴 수 있는 조화의 홍익인간弘益人間 이념이 그 바탕이었다.

그처럼 지고한 우리 조상들의 정신문화 그 옛것을 새롭게 복원하여 살리자는 동학의 창설 의도는 지배자의 방편으로 창시된 반상제도 타파를 강조하고 있었기 때문에 당시 신분제도에 억눌려 왔던 가난한 민초들이 거기에 위로를 받고 선호했던 종교나 마찬가지였다.

그 동학사상에는 민족주체성과 민족자각의 정신이 짙게 뿌리를 내리고 있었던 것으로, 수운 선생은 하느님을 위하는 지극한 마음과 아울러 영기靈氣와 화합하는 신적인 상태를 갖추어야만 하느님을 모실 수 있다고 하는 그 마음을 수심정기守心正氣라고 했다.

그처럼 수심정기로써 하느님을 모실 수가 있다고 믿었던 것이 우리 배달민족의 인내천忍耐天 사상으로 인간존엄성의 극치가 되고 있는 것이었기 때문에 수운 선생이 우리 민족의 사상을 되찾자는 동학운동의 의도가 바로 거기에 있었던 것이다.

나라와 개인 그 어떤 집단도 뚜렷한 사상이 없을 때는 그 주체성이 있을 수 없기 때문에 매사에 기회주의자가 될 뿐만 아니라 자기비하로까지 떨어져 타에 의존하려는 걸인근성으로 변태되어 버린다는 것으로, 결국 조선시대로부터 비롯된 사대주의사상, 그 노비근성, 걸인근성은 역사적으로 주체성 침해를 물리적으로 이겨내지 못한 결과에서 초래한 것이었다.

그러한 시대 상황분위기에 우리 배달한민족의 사상을 되찾자는 수운 최제우 선생은 마침내 순교를 당하셨고, 조선조 말기末期 동학의 제2대 교주 최시형은 전봉준 동학란 후에 동학을 수습하다가 체포되어 1898년 교수형을 당함으로 우리 배달민족 정신을 되찾자는 동학 혁명 운동은 끝내 그 불을 붙이지 못하고 말았다.

그러나 그 시대 반상제도에 억눌려 왔던 민초들이 조정에 반기를 들고 민중봉기가 일어나게 되었고, 그 기세를 억압하기 위해 조정은 외세의 도움을 청하게 되면서 이윽고 청일전쟁이 일어났다. 그 싸움에서 일본이 우세하게 되면서 다음해 6월 20일 오토리 케스케가 식민지화하려는 약정을 맺게 되었던 것이다.

이때 적중에 망명해 있던 박영효, 서광범, 서재필 등 개화파들이 이윽고 그 모습을 드러내 국가의 권력을 쥐고 국내에 있던 적당과 호응 결탁하고 공사 문적의 단기 음력을 서양제도를 따라 서기 양력으로 표기하게 했었다.

그리고 잇달아 관아명을 변경했으며, 심지어는 의복 빛깔까지도 바꾸고 주군을 개혁했던 것으로 관찰사나 군수가 된 자가 이미 적당의 앞잡이 노릇을 하고 있었기 때문에 그 명령을 시행함이 불길보다도 더 빠르게 진행되었다고 한다.

그처럼 그 당시 개화파가 시도했던 개혁은 사도세자의 아버지 영조임금으로부터 비롯되었다. 그러나 개화라는 명분으로 하느님은 만민을 사랑하신다는 기독교정신을 상징성으로 나타내고 있는 십자가에 포장해서 업고 들어온 종교논리가 지구촌에 분파된 오색인종을 단일적으로 이스라엘 민족 조상 뿌리에 묶어 유대민족 조상신 여호와(Yahweh)를 천지창조 하나님으로 숭배하도록 한 것이 천주교였다.

그러한 종교논리가 지구촌 오색인종을 유대민족 그 혈통계보에 묶어 설파한다는 것이 화근으로 문제였다. 그들이 믿고 숭배해 온 여호와를 천주 하나님으로 믿고 섬기면 서양처럼 물질적인 풍요를 누리게 해 준다는 것이 천주교 신부들의 논리였기 때문에 순조임금 때에 이르러 천주교 신부들을 박해하고 처형했던 것이다.

그 사태를 빌미로 프랑스 함대가 강화도를 쳐들어오는 '병인양요'를 불러 일으켰던 그 원인이었던 것이며, 그것이 또한 고종 때에 개화파와 대립적인 견해를 보이던 보수파와 대원군의 결행으로, 그처럼 천주교 신부들을 박해했던 형세가 대원군의 쇄국정책이었다.

그만큼 양화洋靴 천주교의 유포는 서양세력 침투의 전조로 보고 양화에 대한 금단령을 내렸고, 천주학에 대해서 가차 없는 탄압으로 박해를 가하기도 했던 것이다.

그러나 그 당시 대원군의 권력은 처음부터 확고한 정치적 사상에 뿌리를 둔 것이 아니었기 때문에 국경을 넘나드는 무역을 통해 흘러들어온 양화가 도성 안에 범람하였고, 거기에 프랑스 신부들의 잠입 활동에 따라 은밀하게 유포되고 있는 천주학은 대립적인 개화파들에 의해 거의 묵인되다시피 되어 있는 상황이었다.

그러한 시국 정세에 대원군의 집권정치 그늘에서 기회만을 노리고 있던 외척세력이 배태 성장되어 대원군은 집권 10년 만에 정치권 뒤로 물러나야 했고, 그 후 중전 명성황후가 민씨 척족을 앞세우고 나라를 바로 세우려고 다각도로 방안을 모색했지만, 그러나 국제정세는 이미 빠르게 급변하고 있었다.

그처럼 변화를 가져오는 국제정세 속에 개화라는 대세를 거스를 수 없음을 깨달은 민씨 정권은 어쩔 수 없이 1876년 자의 반 타의 반으로 일본과 '강화도 조약' 을 체결하게 되면서 그로부터 부산, 원산,

인천 3개 항구를 개방하는 치외법권이 인정됨에 따라 일본 화폐의 통용과 무관세 무역을 뒤이어 인정하게 되었다.

그렇게 일본에 문호를 개방한 중전은 이를 견제할 세력이 필요하다는 확신을 갖게 되면서 청나라의 주선으로 미국과 통상조약을 체결하고, 또 영국을 비롯한 여러 나라와도 통상조약을 맺음으로써 본격적인 개화의 시대, 그 문이 열리게 된 것이었다.

그러한 시대 분위기에 미국 정부가 10만$을 들여와 세운 그리스도 청년회관이 낙성되는 그때, 일본인 목하전종태랑目賀田種太郞(메가타 다네타로)이 2만냥을 기부하였으며, 그 회당건물이 장안에서 제일 높아 공사 관청 건물도 그만한 것이 없었다고 한다.

그렇게 미국이나 일본이 주체성을 잃어버린 이 땅에 들어와 흔연스럽게 그리스도 청년회관을 짓는데 거금을 들였다는 것은 그만한 속셈이 있었기 때문이다.

인간 정신을 움직이게 하는 것이 그 신앙이라는 사상에서 비롯되는 것으로, 특히나 민족 뿌리 역사를 왜곡시키는 그 천주학 논리에 순조임금이나 대원군이 그처럼 서양신부들을 박해를 했었던 이유가 거기에 있었던 것이다.

그런데 그 이후 일본은 중앙복음 전도관 이외에 신궁경의회神宮敬意會, 정토종淨土宗, 신리교神理敎, 천조교天照敎를 세웠다. 그 속셈은 일본에 저항하고 일어선 동학도들의 사상이 본래 우리 배달민족의 근본정신을 바탕으로 하고 일어선 애국애족의 민중봉기였기 때문에 그 당시 개화파들이 쫓는 현실적 방안이 문명화된 미국의 번영임을 감안하고 민족정신을 개조시키기 위함인 것이었다.

그처럼 개화파들에 의해 서양문물을 받아들이기 시작한 조선은 이

태조로부터 비롯된 소중화문화가 변해서 동학란을 계기로 소일문화로 바꾸어지는 시대 변화를 가져오면서 그로부터 일본정부의 내정간섭은 더욱 심화되었다.

그러나 1896년 2월 20일 아관파천이 일어나고 갑오경장 내각이 붕괴됨으로써 개화파에서 국왕을 황제로 격상시키려는 운동이 중단되고, 열강에 이권을 빼앗긴 정권은 친러수구파에 의해 중단되면서 고종은 러시아 공관으로 파천이 되었다.

그해를 넘기고 1897년 고종이 러시아 공관에 파천당한 지 1년 만에 경운궁으로 환궁하게 되었을 그때에 비로소 개화파와 수구파가 하나로 힘을 모아 청제건원을 추천한 것은 조선 자주독립을 강화하려는 하나의 방법이라고 본 것이다.

거기에 고종과 조정에서는 '청제'를 위한 준비 작업으로 그 행사의식 장소인 소공동에 원구단을 만들고 1897년 10월 12일 백관을 거느리고 황제즉위식을 마치고, 조선의 국호를 대한제국大韓帝國으로 고쳐 국내외에 선포를 했다.

그러나 대한제국 설립 후 정치체제를 놓고, 독립협회파와 수구파 사이에 정치적 견해가 크게 대립되면서 갈등은 다시 격화되었고, 그 논쟁의 결과 독립협회파는 궁궐을 에워싸고 철야상소를 전개하여 친러 수구파의 정부를 붕괴시키고 박정환, 민영환을 중심으로 개혁파 정부를 수립하는 데 성공하면서 1898년 우리나라 역사상 최초의 의회설립인 중추원 관신제를 공포하였다.

그런데 문제는 다시 또 심각해졌다. 의회가 설립되고 개혁파 정부가 수립되면 그 정권에 친러 수구파는 영원히 배제될 것으로 판단한 그들은 음해 모략전술을 펴낸 것으로, 독립협회가 의회를 설립한 목적은 황제 고종을 폐위하고 박정양을 대통령으로, 그리고 윤치호를 부통령으로 한 공화제를 수립할 것이라는 허위 진단을 독립협의회 이름으로 시내 각 요소마다 뿌린 것이다.

그들이 말한 윤치호는 우리나라 최초의 일본 유학생으로 2년여 유학생활을 하고 돌아왔고, 이어서 미국 유학생활에서 미국의 번영이 기독교라는 정신적 가치에 토대를 둔 민주주의에 있다는 생각을 갖게 된 것으로, 이후 초대 주한 미국공사의 통역관이 되어 귀국했었다.

그런데 그러한 허위 진단 포고에 놀란 고종황제였다. 경무청과 친위대를 동원하여 독립협회 간부들을 기습적으로 체포하고 개혁파를 붕괴시킨 다음 조병식을 중심으로 하는 수구파 정부를 수립함으로써, 대한제국의 정치체제를 전제군주로부터 입헌대의 군주제로 개혁하려 했던 독립협회 등 개혁파의 운동은 독립협회 지도자 450여 명이 일시에 체포됨으로써 성공 일보직전에서 1898년 12월 좌절당하고 독립협회 만민공동회도 강제해산을 당하고 말았다.

그처럼 정국은 다시 태풍전야처럼 어둡기만 했던 그 분위기에 고종황제와 정부는 관인만이 정치를 논의할 수 있다는 것이며, 인민이 정치를 논하는 것은 부당한 것으로, 백성들의 정치적 언론집회와 결사를 엄금한다고 포고하고, 대한제국은 전제군주국이므로 이를 고치려고 하는 모든 위원회의 시도는 반역행위로 처벌할 것을 선포했다.

그 시대 대한제국의 정책 중에 가장 큰 문제점은 대외정책이었다. 그런데 조정에서는 독립을 수호할 수 있는 자력을 기르는 데 총력을 집중하지 못하고 강대한 재정러시아에 의뢰하는 성향으로 외교정책은 다분히 친러적인 색체가 짙었다.

그 결과 대한제국은 러시아에게 여러 가지 이권을 넘겨주었으며, 여기에 반발하는 일본을 무마하기 위해 그 편에도 이권을 넘겨주어야만 했었다.

그로부터 1901년 대한제국은 일본에게 적산금광 채굴권을 빼앗겼을 뿐만 아니라, 프랑스에게는 평안북도 채굴권을 허용했다. 자립으로 독립을 지킬 대책을 제대로 수립하여 실행하지 못했었기 때문이다. 그러한 시대 분위기에 이윽고 일본은 1902년 영일동맹을 체결하는 데 성공하고, 그로부터 더욱 전쟁 준비에 박차를 가하고 러일전쟁을 일으킬 기회만을 노리고 있었으며, 대한제국 정부는 전쟁에 휘말리지 않기 위한 조치로 국외중립을 선언했지만 이미 뒤늦은 상황이었다.

일본은 대한제국의 중립선언에도 불구하고, 드디어 인천항에 정박하고 있는 러시아군함 2척을 선제공격하여 격침시켰다. 이로써 일본 제국주의 침략은 본격화되면서 일본군을 대대적으로 인천항에 상륙시키고 2월 10일 선전포고를 함과 동시에 여수항에 정박중인 러시아 군함을 기습 공격했다.

그리고 이어서 한양을 점령하고 2월 23일 대한제국을 무력으로 점령하고 한일의정서를 강제로 체결했다. 그 체결은 일본군이 2개 사단병력을 대한제국 주차군으로 편성하여 상주시키고, 러일전쟁에 직접 투입하지 않은 주차군의 군사력으로 대한제국 정부를 위협하고, 모든 권리를 조직적으로 침탈하려고 했었기 때문이다.

그처럼 야심에 찬 일본이 제 땅을 떠나서 하는 전쟁이나 전화는 고스란히 그 길목이 되는 대한제국이 덮어썼다. 그러한 일본의 전략작전에 의해 경인선이 1899년에 개통이 되었고, 경부선이 1905년, 경의선이 1906년에 개통되었으며, 대전 목포간의 호남선이 1914년에 이리 여수간의 전라선이 같은 해에 개통되었다.

일본이 그처럼 철로 개설을 할 때 가장 말썽을 일으켰던 곳이 곡창지대 호남으로 전라도 유생선비들이었다고 한다. 일본이 제 땅을 떠나서 전쟁을 해야 했던 만큼 우선적으로 노린 것이 군량미였다. 그들이 호남지방의 미곡을 탈취 수매해 가는 길목에 철로를 개설하는 데 동원되어야 했던 지방민들이었다.

거기에 반기를 들고 일어선 것이 호남의 선비 유생들로 의병과 합세하여 잦은 격전이 벌어지곤 했었을 때, 그들의 골칫거리가 된 전라도 유생들이 말썽을 부린다고 하여 만들어진 욕설이 바로 '빠가야로! 전라도 개똥새' 였다는 것이다.

그처럼 그들에 의해 불미스럽게 만들어진 그 '개똥새' 는 의도적으로 그렇게 폄하하기 위해 만들어진 것이 아니라, 그들의 혀가 짧아 만들어진 것으로, 철로를 개설하는데 그 '개통생원' 들이 들고 일어나 말썽을 부린다는 말이 전라도 사람을 두고 폄하를 하는 욕설처럼 와전되어 버린 것이라고 했다.

그렇게 철로를 개설한 일본은 마침내 서해안 어업권을 강탈해 갔으며, 또한 우리 조정에서 신경을 쓰지 못하고 버려두었던 전국 황무지 개간권까지를 요구해 왔었다.

그와 같은 그들의 요구에 뜻있는 인사들이 보안회를 조직하고 대대적인 반대운동을 전개함으로써 일단은 저지되었다고 한다. 그러나 거기에 뒤이어 1904년 7월 '군사경찰훈령' 을 만들어 일본군이 치안을 담당한다고 우리 정부에 통보함으로써 치안권마저도 빼앗아 갔으며, 그런 한편으로 친일파의 양성과 조직의 절감을 깊이 감찰하고 그해 8월 '진보회'를 조직하고, 또 '유신회'를 조직하도록 하였다가 9월 '일진회'로 통합함으로 그 일진회는 일본의 지시를 받아 매국활동을 본격적으로 전개하기 시작했었다.

조선시대 그와 같은 정치지도자들의 망국적인 숨결 발자취가 조상의 은혜를 잊어버린 그 인과응보因果應報로 조선 500년 역사에 만수산 칡넝쿨처럼 엉키어 태조 이성계의 아들 이방원이 '이런들 어떠하리. 저런들 어떠하리~'하고 읊었던 그대로 말이 씨가 된다고 하듯이 그처럼 얽혀진 형국이 되고 말았던 것이다.

그와 같이 혼돈스러운 시대 분위기에 마침내 1907년 고종은 네덜란드 헤이그에서 개최된 만국평화회의에 이준, 이상철, 이위종 등 밀사를 파견하여 세계 각국에 일본의 강권에 의해 맺어진 을사조약의 부당성을 호소하기 위해 옥쇄를 찍은 문방을 가지고 가게 했다.

그대 이준을 옹위하고 떠난 이위종은 이범진의 아들로 그때 나이 21세였지만 7세부터 부친을 따라 구미 각국을 거치면서 서양 말을 습득했었기 때문에 그를 함께 따라 보냈던 것으로, 헤이그에 도착한 일행은 을사조약은 잘못된 것이라고 자초지종을 피력했었다고 한다.

그러나 회의 참석자들은 한국인은 외교권이 없다며 들으려고도 하지 않았기 때문에 이에 의분을 강개한 밀사 이준은 그 억울함을 이겨내지 못하고 자신의 배를 칼로 찔러 뜨거운 피를 움켜쥐고 그들의 좌석에다가 뿌리며, '이같이 해도 믿지 못하겠느냐?'하고 외치다가 피가 흘러서 바닥을 적시고 쓰러지고 말았다.

그 분위기에 크게 놀란 참석자들은 서로를 바라보면서 '천하의 용맹 있는 대장부다'라는 말과 함께 모두가 일본의 소행이 나쁘다고 말했다는 것이다.

그때까지도 유럽인들은 반신반의하다가 그 충격적인 사건으로 모든 것이 폭로되자 일본은 변명도 하지 못하다가 도리어 이상설, 이위종을 해치려고 했었지만 이때 미국의 사신들이 데리고 나갔었다고 했다.

그처럼 참담한 비보를 전해 들은 고국의 국민들은 땅을 치며 통곡을 했고, 드디어 1902년 주권을 잃어버린 백성들 통탄의 울음이 일본에 나라의 주권을 팔아넘긴 매국노를 향해 「대한일보」 사설란에 불화살을 실어 퍼뜨렸다.

원수놈의 일진회—進會야!

—잘 보아라. 국세를 보건대 분개를 금할 수 없노라. 4천여 년의 생맥은 일조에 패망하였으니 무슨 면목으로 단군기자를 대하리요. 백두산 밑 강물은 예와 변함없어도 삼천리 금수강산은 간데없고, 한설寒雪만 쌓였도다. 북간도 서간도로 이주하는 동포의 발소리가 란하고, 단군의 자손들은 돈 없어 눈물 흘리니 이 꼴을 차마 볼 수 있는가.

—남편은 본가로 가고, 처는 친정으로 가니 생이별이 가엾구나. 단군의 자손들아, 한국 종자들아! 뿔뿔이 흩어져 걸식하고 도처에는 구타되니 오호라! 이렇게 만든 자가 누구냐? 바로 일진회가 아니냐. 이제 합방문제를 냈으니 머지않아 만물세萬物世를 낼 것이다.

이놈들아! 골육상쟁도 정도가 있느니라. 내가 살면 너도 살고, 내가 죽으면 너도 죽을 것인데 너희들은 무슨 권리를 얻고 무슨 짓을 했기에 이 따위 일을 하는가. 이 주먹 받아라! 원수놈의 일진회야! 너희도 똑 같은 운명이다!

그처럼 불화살을 날린 논객은 다른 사람이 아닌 장지연이었다. 그
는 「황성신문」 사설에 '시일야방성대곡'을 썼다가 일본 관헌에 붙잡
혀 3개월간 투옥되었다가 풀려나와 윤효정 등과 대한자강회를 조직
하고 구국운동을 벌리다가 강제로 해산을 당하자 '대한협회'로 개편
을 하고 「대한매일신보」에 주필을 맡고 있었다.

　　그 신문사는 영국인 배설이 설립하여 「매일신보」라고 하였으며,
박은식을 초빙하여 주필로 삼고 있었기에 「황성신문」을 폐간 당한
장지연이 그 사설란에 불화살을 실어 날릴 수가 있었던 것이다.

　　그런 일이 있고부터 영국인 배설에게 위축된 일본공사였다. 각 신
문에서는 의병을 비적으로 몰아 폭도로 정했지만 오직 「매일신보」만
이 반항하여 일제에 항거하고 나선 의병이라고 칭하고 일본의 일거
수일투족을 들춰 폭로했다.

　　그렇듯 혼돈의 시대에 목숨을 내걸고 일어서는 우국지사들이 있는
가 하면 나라의 안위는 아랑곳도 없이 오직 일신의 영달만을 도모하
는 매국노들이 함께 공생공존共生共存하는 분위기가 만수산 칡넝쿨이
얼크러진 그런 형국이나 다를 것이 없었다.

　　그처럼 얼크러진 상황분위기에 황제 고종은 1904년 11월 일찍부터
신학문에 눈을 뜨고 배재학당에서 영어반의 조교사로 있었던 이승만
에게 밀지를 주어 미국정부의 협조를 구하도록 파견하였다. 하지만
그 밀지는 야심에 찬 이승만의 입심출세의 길만 열어주는 계기가 되
었을 뿐 무색하게 되고 말았다. 이승만의 그 역신행보가 태조 이성계
의 사욕적인 반민족주의 정신이나 다를 것이 없었기 때문이다.

Chapter

남북분단의 동기와 배경

빛과 어둠이 교차하는 것이 인간 세상이다. 동양의 정신문명과 서양 물질문명의 역사가 자연의 그 이치와 다를 것이 없다.

그 원천적 역사를 움직이는 원동력은 인류를 한 가족으로 보는 천지부모 하나님의 섭리역사 가운데 빛과 어둠, 그 천기운행天氣運行에 의해 이루어진 것이기 때문에 인류학적 고찰이 필요한 것이다.

우리 한민족은 일찍이 서양에 앞서 지구촌에 등불역할을 하도록 인류는 '한틀' 속에 존재한다는 홍익인간弘益人間 이념을 펼치도록 조상님으로부터 그 정기正氣를 받고 세워진 정신문화 민족이었다.

그렇기 때문에 과거 고조선시대 이방민족으로부터 동방예의지국東方禮儀之國이라는 칭송을 받아왔었다는 것이 숭고한 배달민족의 역사다. 그러나 해가 저물어지면서 펼쳐지는 것이 어둠 역사이듯 우리 조상들로부터 전래되어 내려온 조화의 홍익인간弘益人間 사상을 무시하고 지배자의 방편으로 만들어냈던 것이 민족주체성을 잃어버린 태조 이성계의 반상제도였다.

거기에 인권을 무시당했던 백성들이 들고 일어났던 변란이 민중봉기였다. 그러나 그 기세를 제압할 능력이 없는 조정에서 외세를 끌어들인 것이 바로 그 문제였다. 그로 인해서 마침내 국권을 빼앗기고 말았던 일제치하에서 우리 국민은 그처럼 36년 동안 피눈물을 흘리며 혹독한 노예생활을 했어야만 했었다.

그러나 그때 광야를 집을 삼고 세계를 향해 국권을 회복하기 위해 피눈물을 흘리며 전력투구한 독립 운동가들의 노력에 의해 미, 영, 불, 소 강대국의 힘을 빌려 그처럼 국민들이 학수고대하던 조국해방을 맞을 수가 있게 되었던 것이다.

그러나 8.15해방 이후 그 분위기는 그처럼 민족 주체성을 잃어버리고 서양 문화권을 무조건 추구했던 '얼' 빠진 위선자들의 농단에 의해 남북이 사상 대립적으로 3.8선을 긋고 세계 속에 유일한 분단국가로 지금까지도 그 갈등을 빚고 신음을 하고 있는 실태다.

그러한 분위기를 해방공간에서 누가 어떻게 조성했던 것인지 오늘 대한민국 국민들이 바로 알아야 할 그 문제다. 일본 제국시대 독립 운동가들이 목숨을 내걸고 세계를 향한 그 외침에 의해 일제로부터 해방을 시킨 강대국들이 국권을 상실했던 미진국가 대한민국을 보호해야 한다는 협의방안 사안이 파리에서 열린 카이로회담이었다.

그 결론이 미국과 소련 양국이 5년간 신탁통치를 해야 한다는 합의 사항이었다. 그러한 시대 분위기에 오직 입신출세 지향적인 야심을 가지고 조상 뿌리를 왜곡시키는 서양문화권의 종교논리를 여과 없이 무조건 추구한 개화파들이 미군정을 등에 업고 들어왔다. 그 주동 인물이 미국에서 소위 신학박사 학위까지를 취득했다는 이승만이었다.

그 입신 출세지향적인 야심의 꿈은 일제가 배달한민족 정기正氣의 국혼 말살정책으로 '암곰의 자손'으로 변조시킨 뿌리 역사를 회복하고 민족에 대한 긍지를 고취시키려는 생각은 전혀 없었다.

그 정신의식 구조가 선진국 서양문화라면 무조건 선호하고 추구했었기 때문에 잃어버린 민족주체성을 회복하고 올바른 국가관을 세울 그런 건국대통령의 정신의식이 전혀 아니었다. 서구문화권에 업혀 들어온 그 종교논리가 일본의 아베 노부유키(阿部信行, 1875~1953)가 쫓겨 가면서 말했던 뿌리 역사 왜곡으로 그 반도식민사관이 총과 대포보다도 더 무서운 정복무기나 다를 것이 없다고 했다는 것이다.

그처럼 타민족을 정복하기 위해 유럽에서 태동시킨 그 종교논리가 유대민족의 조상신(Yahweh) 이분법적인 초등학문 가르침의 유태교와, 천지창조 하나님의 아들 성자 예수께서 여호와는 본질상 하나님이 아니라고 하시며, 그 시대 구별을 하라고 하셨다가 참수형을 당하셨던 고등종교 스승의 기독교정신과 혼합시켜 이 땅에 뿌리를 내리게 되었던 것은 우리 한민족 주체성을 잃어버린 개화파들이 그 종교논리를 여과 없이 선호하고 받아들였기 때문이다. 그 상황이 일제 강점기에 식민정책의 일환으로 왜곡시킨 곰의 자손이 해방공간에서 서구 문화권에 업혀 들어온 그 종교논리에 의해 유대민족 조상 뿌리(Adam: Eve)에 단일화시켜 설파하는 분위기를 조성했기 때문에 올바른 우리 배달민족 국가관이 바로 정립되어 세워질 수가 없었다.

그 형태가 해방이 되고 다시 거듭된 반도식민사관으로, 거기에 합세한 개화파 무리들이 오직 정치적 야욕의 이기심으로 그 분위기를 더욱 북돋아 힘을 실어 주었던 것이다.

그러한 개화파의 기세가 해방공간에서 미군정을 등에 업고 남한만의 단독정부를 선포하려는 공론을 모아 그처럼 치달리고 있었다. 그러나 그러한 분위기를 철저하게 배타한 독립운동 선봉장이셨던 백범 김구 선생께서는 유엔 한국위원단에 남북 협상안을 제시함과 동시에 1948년 2월 10일 '삼천만 동포에게 읍고함' 이라는 그 성명서를 발표했다.

> 나는 통일된 조국을 건설하려다가 3.8선을 베고 쓰러질지언정 일신의 안일만을 위하여 남한만의 단독정부를 세우는 데는 협력하지 않겠다.

그렇게 선포하셨던 김구 선생을 남한만의 단독정부를 세우려고 시도했던 개화파 무리들이 그냥 곱게 보아줄 리가 없었다.

그처럼 혼돈스러웠던 해방 후의 정치사 100장면을 참고해 보게 되면 그때 북측의 김일성 수령이 독립운동 선봉장이신 김구 선생과 함께 그처럼 단호하게 고집했던 그 주체사상 개념이 무엇인지를 충분히 짐작해 볼 수 있게 해 준다.

그 분위기가 일제로부터 풀려난 대한민국은 미진한 국가이기 때문에 미국과 소련 양국이 5년간 신탁통치를 하겠다는 협의를 내보였을 때였다. 그러나 그때 보호국으로 선정된 소련의 정치적 내정간섭은 일체 받지 않겠다고 단호하게 선포한 북측의 김일성 수령이었다.

그 자주적 독립정신이 단호하게 '소련은 우리 땅에서 물러가고, 미군정도 남한에서 물러가라!' 그처럼 이제 다시 강대국의 내정 간섭을 받지 않겠다는 김일성 수령의 주체사상 거기에 공감대를 함께 형성하고 있었던 독립운동 선봉장이셨던 백범 김구 선생께서는 자주독립국가로서의 구상안을 들고 김일성 수령을 만나기 위해 이북을 오르내렸다는 것이다.

그러나 그 행보를 미군정을 등에 업은 남쪽의 이승만과 개화파들이 곱게 보아줄 리가 없었다. 국민 모두가 독립운동 선봉장이신 김구 선생을 대한민국 대권주자로 존경하고 있었기 때문에 북한의 김일성과 협상을 하려고 오르내리는 그 행보를 저지하기 위해 육군 장교 안두희를 시켜 그처럼 암살을 해 버리고 말았던 것이다.

그렇게도 민족주체성이 없는 남쪽의 이승만 신생 정부체제에 실망한 국민들은 설왕설래하기 시작했었고, 그러한 분위기가 마침내 김구 선생 비명횡사에 실망을 하고 들고 일어난 민중봉기가 1946년 대구폭동에 이어 제주도로 점화된 4.3사건이었다.

그리고 뒤이어 신생 정부에서 제주도 진압군으로 보내기 위해 여수 신월동에 준비시킨 14연대였다. 그러나 그 분위기를 너무나 잘 알고 있는 소대장은 오히려 제주도 출동거부 병사위원회를 조직하고 그 명의로 내걸었다는 성명서다.

"제주도 출동 절대 반대! 미군도 소련군을 본받아 즉시 철퇴하라!"
거기에 여수수산고등학교 학생회장 최재욱은 그날 밤으로 학생들에게 비상소집 안내문을 써서 돌렸다는 그 내용이다.

여러분 드디어 우리들도 이제 일어설 때가 온 것 같다. 14연대 경비들이 오늘밤 혁명을 일으킨다는 기별을 보내왔네. 우리도 작은 힘이지만 의병으로 일어나야 하지 않겠나. 우리가 일어서는 것은 나라를 위해서가 아니겠나?! 미제국주의 사상을 찬양하는 저 앞잡이 놈들은 국가의 비극임과 동시에 국민 전체의 비극이고, 우리의 혁명정신에 암적 존재들이 아니겠나! 그야말로 작은 하나에 착오가 생기면 백 가지의 착오가 뒤를 따르게 된다고 하질 않던가.

지금 정부가 그 모양이네. 민족과 국가의 백년대계를 위한다는 자들이 지금까지 국민 앞에 보여준 모습이 무엇이었단 말인가? 간악한 일제 치하에서도 볼 수 없었던 만행을 일말의 양심도 없이 저지르고 있지 않은가 말이다. 우리는 그 같은 동족상잔을 가만히 보고만 있어서는 안 될 것이다. 아니 우리가 일어서야 한다!

사람은 누구나 확실한 자기 신념이 있어야 한다고 했지 않은가. 이제 그대들의 신념을 굳게 지키려는 것을 하늘이 부른 것이다. 음흉한 사람은 불행을 피하려고 애쓰지만 하늘이 찾아가서 혼을 낸다고 하는 말도 있지 않은가. 그것은 칼날을 쥐었느냐? 칼자루를 쥐느냐의 차이인 것이다. 자! 우리도 이제 민족과 나라를 위해 의병으로 일어서자!

그렇게 민중혁명이 불이 붙어 일어난 10월 20일 오후 3시경, 시내를 장악한 14연대는 중앙로터리 광장에서 인민대회를 열었으며, 이때 해방의 노래를 불러가며 여수 순천에서 모여든 군중이 4만여 명에 달했다고 했다.

그렇게 들고 일어난 민중봉기의 외침, 그 요구조건이 망국적인 남한만의 단독선거 절대반대, 투옥중인 애국지사 즉시석방, 유엔 한국임시위원단 철수, 이승만 매국도당 즉시 철수, 경찰대와 테러집단 즉시 철수, 그리고 대한민국 통일 등의 슬로건을 내걸고 유격대가 조직되면서 경찰과 충돌하는 유격전이 벌어지기 시작했던 것이다.

그와 같은 분위기에 미군정은 한국 군인들은 이제 믿을 수가 없다며 재조정 진압작전에 들어갔다. 총 5개 연대, 그리고 10개 대대와 경비병의 비행기 10대, 해안경비 함정들이 동원되면서 미군정헬기에서 여수시민의 안위와는 관계없이 혁명인사들이 숨어든 빈민가에 기름을 뿌려 불을 붙인 화재로 시민들은 우왕좌왕 토굴 속으로 숨어들면서 죽어갔다.

그처럼 약소국가로 국권을 빼앗겼던 일제의 억압 속에서 조국이 해방되었다는 기쁨도 잠시뿐 아비규환을 이루는 그 공포의 도가니 속에서 14연대에 합세했던 학생과 민간들은 어쩔 수 없이 진압군에 밀려나면서 구례, 순천, 남원, 곡성, 광양방면으로 퇴각하면서 붙잡혀 총살을 당하는 비극적인 참상이 벌어졌다.

그렇게 재조정된 정부의 진압작전에 의해 14연대에 합세하지 않은 까까머리 학생들까지도 붙잡히면 변명해 볼 겨를조차도 없이 무조건 배에 실려가 '애기섬' 앞 바다에서 시체도 찾을 수 없이 고기밥이 되어갔다.

그때 몸을 숨기고 달아났던 여수수산고등학교 졸업반 학생 두 명만이 기적처럼 숨어 겨우 살아남게 되었다는 민족비극의 참상을 민족주체성 없는 이승만 체제하에서 불러일으켰던 것이다.

그처럼 일제의 억압에서 조국이 해방되었다는 기쁨도 잠시뿐 정부군이 불붙인 화염 속에서 무고한 학생들과 백성들이 그처럼 속절없이 죽어가야만 했다.

그러한 아비규환 속에서 남북통일을 염원하던 민중봉기의 기세가 역전되면서 14연대 정보장교 임무를 맡고 있던 박정희 소장은 당연히 이북 공산당을 추종하는 좌파로 경찰에 체포되어 사형선고를 받게 되었다.

그러나 그것이 국가적인 천운天運이었던지 그 당시 이승만 정부체제하에서 육군 장성 위치에서 총지휘권을 갖고 있던 사람이 일본 제국시대 일본사관학교 동기생이었던 강문봉 씨였다. 그런데 그와는 남다른 친분관계가 있었던 만큼 그처럼 극한 위기 상황에서 그가 책임을 지겠다고 서준 보증으로 구사일생으로 풀려나게 되었을 뿐만 아니라, 그 일은 없었던 것으로 지워지면서 다시 군부대에 원대 복귀를 할 수 있게 되었던 것이다.

그러한 사태에도 북상을 하여 그 애국애족의 정신을 모아 남과 북이 손을 잡고 자주독립 국가를 형성하려 했던 민중봉기였지만, 그러나 안타깝게도 미군정에 의해 중단되면서 죽기를 각오하고 달아났던 곳이 그처럼 역사적으로 피를 많이 흘려 '피내골' 이라는 별칭이 붙여졌다는 전라남도 구례 지리산 골짜기였다.

그 변란사태 이후, 이승만 신생정부 측에서는 그 연막작전으로 정당성 확보를 위해 남한만의 단독정부 수립에 반기를 들었던 민족주의자들을 수색하여 소련 공산주의 사상을 추종하는 이북좌파 '빨갱이' 라는 딱지를 붙여 무조건 처형시켜 버렸던 것이다.

그렇게 남한만의 단독정부 수립에 반기를 들었던 민중봉기가 미군정의 협조를 받고 역전되면서 마침내 6.25한국전쟁이 일어나게 된 동기부여가 된 것이지만, 그러나 그 진상을 남측의 국민들은 이승만 자유당 정부체제의 연막작전에 의해 지금까지도 제대로 알지 못하고 있는 실태다.

그렇기 때문에 이북 김일성 수령이 무조건 무력남침을 했던 것이라고만 알고 있다. 그러나 그 진상은 오늘 우리 국민들이 기필코 알아야만 될 문제점이다. 북한에서 무력남침을 시도하기 전에 남북이 외세에 의지하지 않는 평화통일을 이루어 보자는 손짓으로 우호적인 사신을 이승만에게 보내왔었던 것이다.

북한에서 그 몸짓을 보내온 것은 여순 민중봉기가 역전되면서 예상치 않았던 분위기가 엮어진 것이 그 동기부여였다. 그러니까 여수, 순천 학생들이 미군정에 도움을 받고 있는 신생정부에 반기를 들고 일어난 외침이 '미군정은 물러가라!' 는 것이었기 때문에 거기에 반대적으로 불만을 느낀 대상이 우리 조상 뿌리가 아담(Adam)과 이브(Eve)라는 서양문화권의 종교논리를 선호하고 거기에 의존하고 있던 기독교계열의 순천 매산梅山고등학교 우파 학생들이었다.

그러한 분위기에 민중봉기를 일으킨 좌파 학생들과는 반대급부적으로 사상대립적인 격투가 벌어지면서 그 당시 순천 손양원 목사의 두 아들이 민족주의를 부르짖는 좌파 학생들에게 쫓기다가 붙들려 맞아죽고 말았다.

그런데 그 3일 만에 민중봉기의 형세가 역전되어 뒤바뀌면서 그 선두주자 학생이 붙들려 사형선고를 받게 되었을 그때였다. 그러나 이미 아들을 하늘나라로 떠나보낸 손양원 목사는 그러한 극한상황에 '원수를 사랑하라' 는 기독교정신을 내보여야 하는 것이 자신이 해야 할 일이라는 생각으로 그 부대사령관에게 아들을 죽인 그 주모자 학생을 풀어주기를 간청했지만 그는 그 결정은 상부에서 지시가 있기 전에는 그럴 수 없다고 거부를 했다는 것이다.

그때 손양원 목사는 그렇다면 상부에서 지시가 내려올 때까지 기다려 달라고 부탁을 해놓고 이승만 대통령에게 올렸던 건의가 이토록 비극적인 참사를 통해 원수를 사랑하는 기독교정신을 국민들에게 내보여야 되겠다는 심정을 글로써 띄워 보냄으로 다행히도 그 제안을 받아들인 상부지시에 의해 사형장에서 그 청년이 풀려나게 되었다는 것이다.

그런데 그 좌파 청년을 손양원 목사가 수양아들로 삼았다는 것이 쇼킹하게 《사랑의 원자탄》이라는 책자로 펼쳐지게 되면서 거기에 감동을 받았다는 이북 김일성 수령이다.

그렇다면 우리가 원수까지도 사랑하는 그 기독교정신을 모델로 평화적인 통일을 이루어보자는 모색방안으로 남한의 정세를 살피는 미국 정보요원들의 시선을 피하기 위해 일본 조총련계를 통해 천주교 신부에게 10만$이라는 거액을 들려 미국의 원조를 받고 있는 이승만에게 전해 주도록 지시했다는 것이다.

그 당시 10만 불이라면 남한 정부에서 미국의 구호적인 원조를 받지 않아도 경제개발의 초석을 삼아 자주적으로 일어설 수가 있었을 정도로 엄청난 금액이었다고 한다.

그처럼 북측에서 이제는 외세에 의지하지 말고 남북이 힘을 합해 자주적 평화통일 국가를 이루어보자는 의도로 내려보냈던 자금은 이북에 묻힌 천연광산자원이 화학무기, 미사일 핵무기를 개발할 수 있었을 정도로 경제적 힘이 되어주고 있었기 때문이다.

그러나 거기에 변수가 생긴 것이 오직 일신의 입신출세만을 추구했던 민족 '얼' 빠진 매국도당의 정신이었던 만큼 제대로 받아들이질 못했다. 물론 그 형태가 군사작전까지 넘겨주었던 이승만정권의 체제였지만 거기에 또한 방패막이 구실을 한 매국도가 그 당시 서대문 새문안교회 신도로 출입했던 부통령 이기붕이었다고 한다.

그 이기붕 부통령을 신부가 매주 찾아갔지만, 그러나 그는 차기 대통령을 꿈꾸고 있었기 때문에 여러 가지 핑계와 이유를 달고 이승만과 직접적인 대면을 시켜주지 않고 차일피일 남북한 협의 구상에 머리를 굴려가며 미루고 있었던 그 시간이 무려 4개월이 지났을 때였다고 한다.

그처럼 북측의 기대와는 달리 전혀 그 호응을 보이지 않는 남쪽 분위기 지연상태에 결국 남북 평화협상은 어떤 방안으로도 이룰 수가 없는 남쪽체제의 분위기라는 것을 감안하게 된 김일성 수령은 더는 기대할 수 없다는 결단을 거기에서 내리게 되었다는 것이다.

그리고 시도했던 것이 그 6.25 무력남침이었으며, 그때 그렇게 이기붕의 지연작전에 책임완수를 끝내 하지 못하고 남침과 동시에 일차적으로 이북에 압송된 그 신부에 의해서 매국도당 이승만 정권체제의 그 진상이 이북에 그대로 전달되어졌다고 했다.

그러나 그 무력남침의 기세가 겨우 경상남도 부산만이 함락되지 않고 막바지에 이르렀던 그 일보직전의 분위기에 미국에서 투입시킨 맥아더 장군의 인천상륙작전으로 북한이 계획한 무력통일조차도 무산되고 말았던 것이다.

그처럼 남북한 국민들이 쫓기고 쫓기면서 통탄을 했었던 역사적 분위기를 참고해 보면 해방공간에서 백범 김구 선생과 함께 그 공감대를 형성하고 남한만의 단독정부수립 선포에 연합되지 않기 위해 고개를 돌리고 그 체제를 달리했던 북측 김일성 수령의 주체사상이 무엇인가를 충분히 짐작해 볼 수 있게 해 준다는 점이다.

그러나 그처럼 외세의 내정간섭을 받지 않으려는 김일성 수령의 민족주체사상을 남측 자유당 체제에서는 변증법적辨證法的 유물론 공산주의 사상을 전적으로 추종하고 받아들인 좌익집단으로 '독재자'라고 연막을 쳐서 국민들에게 공포하고 매도시켰다.

그 형태가 외세와 연합된 남측의 이승만 정권체제의 모색방안으로 그처럼 휘몰아쳤던 국제풍운의 어둠 역사 속에 삼천리반도 금수강산 국토가 3.8선으로 갈라진 남북분단의 진상이 그렇게 불투명하게 파묻히고 말았던 것이다.

그러나 이 세상에 비밀은 없다고 하듯이 민중봉기가 들고 일어났었던 혼돈의 시대 분위기에 애국애족하는 민족주체사상이 무엇이란 것을 그 비극의 참상을 통해 듣고 알게 된 청년학생들이었다. 그 정의감이 죽음을 각오하고 이승만 정부체제에 반기를 들고 일어났던 불씨가 1960년 4.19혁명으로 도저히 제압할 수 없는 상황에 대통령 이승만은 미국 하와이로 망명길에 올랐던 것이다.

그처럼 팽배된 이승만 정부체제에 대한 불만이 남산에 대한민국 건국의 '아버지' 라고 장승처럼 우뚝 세워놓은 이승만 대통령의 동상부터 때려 부숴 버렸다. 그리고 인천상륙작전으로 매국역도당 체제의 기세를 그처럼 북돋아준 미군정 맥아더 장군 동상 역시도 때려 부수고, 차기 대통령 권좌에 오르기 위해 오직 이승만 대통령 자유당정부 체제에 전력투구하고 있던 이기붕 부통령의 서대문 자택을 침투해 일가족 모두를 몰살시켜 버렸던 것이다.

그렇게 불가항력으로 불이 붙어 일어났었던 난세를 피하기 위해 하와이 망명길에 오른 이승만 대통령의 행보가 남북한 그 시대상황을 충분히 대변해 주고도 남는다.

그렇다면 우리 국민들로부터 그렇게 쫓김을 당해야 했던 자유당정부 체제에서 만들어낸 민주주의 우익과 대립되는 공산주의 좌익사상의 근본이 어디서부터 어떻게 비롯되었는가를 알아야만이 우리의 소원인 통일을 이루는 데 그 걸림돌이 무엇인가를 감지할 수가 있게 된다는 점이다.

그 원인을 바로 알고 분석하기 위해서는 남측에서 소련 공산당으로 매도하는 이북 김일성 수령의 주체사상이 과연 무엇인가? 그 진의를 바로 알아야 되기 때문에 북한의 지도자로 수령의 자리에 오르기까지의 행적을 더듬어 보지 않을 수가 없다.

그 행보를 더듬어 보게 되면 놀랍게도 그처럼 완강하게 주체사상을 고집한 김일성 수령은 서양문화권에서 유대민족 조상신(Yahweh) 숭배사상을 업고 들어온 기독교의 문제점이 무엇이란 것을 일찍이 파악할 수 있었던 그런 집안환경 분위기 속에서 성장했었음을 주시하지 않을 수가 없다.

그렇기 때문에 그 어떤 목적을 위해 왜곡된 종교논리처럼 무서운 정복무기가 없다고 단정을 지은 그 정신의식 사고가 그처럼 완강하게 주장한 것이 바로 국가와 민족은 나와 불가분의 관계라는 김일성 수령의 주체사상이었던 것임을 짐작해 보게 해 준다.

Chapter

10

하늘이 준비시킨 선구자

처음과 끝(Alpha-Omega) 천지창조 하나님의 섭리역사가 평화로운 지상천국을 이루기 위해서 운행하신다는 것이 시대와 나라를 달리하고 동서東西로 출현하신 칠대 성현들께서 일깨워 주고 가신 말씀이다.

그 목적하신 뜻이 하늘과 땅과 사람, 그 천지인天地人 삼천대세계三天大世界를 이루시기 위함인 것으로 하늘 사람, 그 신계神界를 지구에 보내어 생성시킨 물체인간의 마음이 광명하신 영계靈界의 천지창조 하나님 그 빛의 말씀(Logos)으로 태양과도 같이 밝고 신령하신 그 성품과 일체가 되어야 한다는 그 의미개념이 우리 배달한민족 단독경전 천부경天符經 속에 기재된 본심본태양本心本太陽이다.

그토록 숭고하고 크신 뜻을 이 땅에 이루기 위해서 일찍이 지구중심혈맥 동방의 백두대간에 만민평등의 주권을 행사할 하늘 제사장 천손민족으로 그 예정 가운데 세움을 받았다는 것이 조상으로부터 전래된 태고사太古史《환단고기》로 그 뿌리 역사다.

266 **麗海 한승연 _ 지구촌 빛과 어둠의 역사**

그러나 유대 땅에 출현하신 성자 예수께서 '물질은 일만 악의 뿌리라' 고 하셨듯이 서양이 지구촌에 물질문명을 발전시켜 나온 강세적인 미국의 시대(Pax Americana) 그 어둠 역사에 휘말려 불 꺼진 창이 되어 버렸다.

　그러한 어둠 역사 속에 그처럼 하나님께서 예비하신 축복의 땅이 3.8선으로 갈라져 남북이 대립되는 비극의 참상을 빚고 있는 형태가 되고 말았다. 하지만 그러한 혼돈 속에 삼천리반도 금수강산을 수호하고 지켜야 할 소명을 맡고 출현한 인물이 그 능력의 활개를 펼치게 될 것임을 기대하고 지구촌 빛과 어둠 역사를 유추해 보게 해 준다.

　시대와 나라를 달리하고 출현하신 성현들의 미래적인 예언도 그렇지만 특히나 기독교성경《요한 계시록》에서도 하나님의 뜻이 이 땅에서 이루어지는 말법시대는 한민족의 정신문화가 지구촌 인류평화를 주도해 나가는(Pax Koreana) 시대가 도래到來하게 된다는 것을 경고해 주고 있기 때문에 그 사역을 맡은 일꾼들이 삼천리 금수강산 이 영토에 출현하게 될 것이 틀림없다.

　그런데 거기에 대두된 인물이 파멸의 늪으로 치닫고 있는 백의민족 이 땅에 구원의 선구자로 하늘이 출현시킨 북측의 김일성 수령임에 틀림이 없다. 그 정신의식이 그처럼 어둠 역사에 휘말린 양극사상을 파악하고 배타를 할 수 있었던 민족주체 사상은 하나님의 뜻이 땅에서 이루어진다는 지구이변의 말법시대未法時代, 지구촌에 동방의 등불을 밝히기 위해 준비된 배달민족 자손들을 양극사상에 휘몰리지 않도록 그 소명을 맡고 온 신비적인 인물이었기 때문에 일부학자들로부터 '돌연변이' 라는 평가를 받았던 것인지도 모른다.

　세계적으로 유일하게 우주문명시대를 열어가는 데 필요한 천연광

산자원이 더 없이 묻힌 금수강산이다. 그 옥토를 지켜야 하는 업무수
행자로 독특하게 그 맡은 바 능력행사를 펼쳐 나온 행적이 거기에 대
한 믿음을 그처럼 실어주기 때문이다.

그 행보에 참고가 되게 하는 내용이 구약으로 유대 이스라엘 백성
들이 한때 이방민족의 조상신을 더 높이 보고 쫓아가 섬겼을 때가 있
었다. 그렇게 그 자손들의 '얼' 빠진 분위기에 '나 이외는 다른 신을
섬기지 말라!' 고 선포했었던 조상신(Yahweh)의 진노함을 입고 400년
동안 애굽(이집트)에서 피눈물 나는 종살이를 하도록 방치해 두었다
가 모세를 제사장으로 뽑아 그 백성들을 애굽 노예생활에서 이끌어
내도록 그 소명을 맡으라고 하명을 했을 때였다.

그러자 놀란 모세는 자신은 말을 잘하지 못하는데 어떻게 그 중차
대한 임무를 자신이 맡아서 할 수 있겠느냐고 주저를 했었다. 그러자
여호와는 이미 너의 능력을 알고 있다는 듯이 너 옆에 말 잘하는 '아
론'을 붙이기로 했다는 내용을 참고해 보더라도 각 사람에게 주어진
그 능력의 역할이 개체적으로 주어져 있음을 유대민족 뿌리 역사
〈출애굽기〉 내용에서 참고해 보게 해 준다는 점이다.

그와 같은 연계성에서 김일성 수령 성장배경의 분위기를 살펴보면
그토록 강력한 독자적인 주체사상이 어떠한 형태로 주입된 것인가를
짐작해 볼 수가 있게 해 준다.

그렇기 때문에 오늘 우리가 남북한 통일협상을 이루기 위해서는
그 정신구조를 형성해 준 성장배경의 환경 분위기부터 먼저 알아야
만 김일성 수령의 주체사상이 이해되지 않겠는가 싶은 것이다.

김일성 수령의 본관은 전주김씨全州金氏였다. 시조는 고려 문장공文
莊公파 김태서로 신라 경순왕의 넷째 아들 대안군의 7대손 김계양이

김일성의 직계 조상으로 임진왜란 때에 전주에서 평안남도 대동군으로 이주를 하여 고조부 증조부로 이어지고 거기에서 장남으로 태어난 아들이 김일성의 아버지 '김형직'으로 형권, 형록 삼형제였다고 한다.

김형직의 장남으로 태어난 김일성은 장손으로 성주成株라고 불렸을 정도로 그 두뇌가 남다르게 명석했으며, 아버지 김형직은 기독교계 숭실중학을 졸업하고 순화巡和학교에서 교편을 잡았었다.

그처럼 일찍이 기독교를 받아들인 그런 환경 분위기 속에서 성장한 김일성의 장인 강돈욱 역시도 숭실학교를 졸업하고 당시 창덕학교에서 한문과 성경을 가르친 독실한 기독교 신자로 장로였기 때문에 그 딸의 이름을 반석磐石이라고 했을 정도였다고 한다. 그 이름이 주는 의미 자체가 반석처럼 굳은 믿음의 딸이 되라는 의미를 부여한 것이라고 했다.

그 정도로 기독신앙이 투철한 집안에서 태어난 김일성의 어머니였다. 그러니까 불평등한 조정의 반상제도에 억눌려 백성들이 반기를 들고 일어났던 조선조 말엽, 그 개화기에 만민이 평등하다고 설파하는 기독교를 일찍이 받아들였던 그러한 가계혈통의 분위기 속에서 1912년에 태어나 성장한 김일성이었다.

그처럼 일찍이 기독교를 접하고 그 계통에서 교편을 잡고 있던 부친 김형직은 김일성이 10세가 되었을 때에 그 정신에 갑자기 어떤 변화가 왔었던지 단신으로 만주로 떠났다. 그리고 자주독립을 외치는 독립군을 돕고 있던 아버지가 갑자기 병사하게 되자 중국인 대장 '무씨'가 그 아들 김일성을 양자로 삼아 만주 무송無松 제일소학교에 전학을 시켜 주었고, 15세가 되었을 때 화순현의 화성의숙華城義塾 독립단체 학교로 전입해 들어갔다. 그 초대 교장이 바로 천도교 교령을 지냈고 훗날 서독대사 외무장관을 역임한 최덕신 씨의 부친이었다.

그 화성의숙을 거친 김일성은 16세가 되던 1927년 중국 길림성에 있는 위준중학교에 입학했으나 18세로 3학년을 중퇴하고 독립군을 따라다니기 시작했다. 나라 잃은 한恨을 안고 독립운동에 몸을 바쳐 왔던 김일성의 아버지 김형직이 아들에게 보여주고 간 생활모습이 그 교훈을 심어주었기 때문이기도 한 것이다.

그처럼 부친이 남겨주고 가신 그 애국적인 숨결에 어린 나이로 독립운동단체에 뛰어든 김일성은 이때부터 남다른 지혜와 통솔력을 보여 왔던 것으로, 그 명석한 두뇌가 '육군판사' 또는 '어린 장군님'이라는 별칭이 따라 붙어 다녔을 정도였다고 한다.

한편 김일성의 어머니 강반석은 남편이 병사하자 만주 독립군부대가 이끄는 부대에서 봉사생활을 시작했으며, 여기에서 얻어온 음식으로 생활유지를 해 오던 이때 김일성 동생 철주가 영양실조로 사망하는 슬픔을 당하기도 했다.

그처럼 가난한 환경여건 속에서 동생을 영양실조로 떠나보낸 청년 김일성은 그 슬픔을 계기로 그때부터 가진 자와 갖지 못한 자의 비극적 불균형을 깊이 생각하게 되었던 것인지도 모른다. 그것은 시대적으로도 그랬다. 1917년 마르크스 공산당 선언 등에서 영향을 받은 볼셰비키당에 의한 러시아혁명은 소위 '피압박민족' 노동자 계급 등을 선동하는 역할을 했었다.

그로부터 중국공산당이 조직되었고, 이때 일제에 대한 저항운동에 나섰던 독립 운동가들의 일각에서도 이러한 공산주의 사상을 재창하는 운동이 불붙어 일어나기 시작했던 시기였다. 그러한 분위기에서 당시 만주는 1920년 이래 공산주의 사상이 전파되어 혁명이란 구실 아래 마적단들이 부락민을 털고 다녔다고 한다.

그러한 시대 분위기에 독립군도 더러는 마적단들과 같이 그렇게 매도를 당하기도 했었다는 시대상황으로, 당시 만주는 그처럼 무법천지나 마찬가지였다는 것이다.

그런데 1931년, 김일성이 몸을 담고 있던 독립운동단체가 모택동의 산하인 동북항일적군에 흡수되었고, 이때 2군장을 맡았던 중국인 주보중周保中은 남다르게 그 두뇌가 명석한 김일성을 몹시 아꼈다고 한다. 여기에서 김일성은 게릴라 전법과 전술전략 등을 배웠고, 1939년 드디어 8월 항일무장전투의 게릴라부대를 조직하게 되었던 것이라고 했다.

김일성이 소련으로 들어가게 된 것은 1941년이었다. 일본군의 토벌작전에 밀리게 된 김일성의 게릴라부대는 우수리 강을 건너 소련 땅 하바로프스크로 피신을 하게 되었다. 하지만 여기에서 김일성은 그의 일행과 함께 일제의 스파이로 오인을 받게 되면서 제일 형무소 감옥에 투옥되고 말았다.

이때 그를 구해 준 사람이 김일성을 그처럼 아껴주던 동북항일직군의 부사령 군장이던 중국인 주보중의 보증으로 풀려나게 되면서 소련 극동부(치해사령부/治海司令部, NKVD)에서 첩보훈련을 받게 되었던 것이라고 했다.

여기에서 김일성은 정치정보 책임자인 로마넹코 소장의 눈에 들게 되면서 해방공간에서 정치지도자의 우두머리 위치, 그 수령으로 지목을 받게 된 것으로, 로마넹코는 소련 스탈린의 직계로 비밀경찰 두목인 베리야와 같은 동향으로 친척관계였다고 한다.

1945년 일본의 패망이 결정적으로 되자 미·소 협정으로 소련군이 급격히 만주 땅으로 남하해 올 때였다, 로마넹코는 모스크바에 있는 베리야에게 '앞으로 조선 땅은 김일성에게 맡기는 것이 좋을 것 같다' 는 전문을 보냈다는 것이다.

그 전문을 받은 베리야는 소련 스탈린을 설득해서 김일성을 북한의 지도자로 지목을 받게 했던 것으로, 해방이 되고 입북할 당시 김일성은 소련군 소좌 계급장을 달고 있었다고 한다.

그것은 적어도 성장 과정에서 독특하게 형성된 민족해방 의식이 잠재적으로 강하게 작용하고 있었기 때문이라고 할 수 있다. 그래서 이북 공산주의 체제를 연구한 미국의 석학 T. 칼라피노 교수는 북한의 김일성은 '민족공산주의' 라고 말한 바 있고, 또 일부 외국인 학자나 저널리스트 '일본 AA파나 미국의 코헨' 등 또는 제3세계의 정치가들 중에서는 김일성을 평화를 추구하는 인물로 평가하는 사람도 있었다고 한다.

그러나 또 다른 한편으로는 세계적으로 불가사의 속에 싸여 있는 북한정치지도자로 그래서 이해하기 어려운 '돌연변이' 라는 평가를 받기도 했다는 것이다.

그것은 민족해방을 부르짖어 왔던 김일성 수령의 정신의식 구조 속에는 공간적 사고로 물질적 현상에만 집착하는 남쪽의 서구 민주주의 체제를 구축하고 있는 정치지도자들과는 또 다른 사고로 그 체제를 구축해 나왔기 때문이다.

그처럼 사회정의와 민족적 당위성만을 내세우고 추구해 온 김일성 수령의 정신의식 구조는 강대국 중심의 민주주의와 공산주의라는 양대 사상이 안고 있는 그 문제점을 그때 이미 파악하고 읽어냈던 선구자적인 소명을 받고 온 인물이었음에는 틀림이 없다.

그 명석한 천재적인 두뇌가 강대국들이 세계에서 일으키는 일은 그 모두가 자국의 입장을 먼저 생각하고 펼치는 외교라는 사실을 읽어냈기 때문에 그처럼 배제하면서 오직 주체적 자주독립국가의 정책을 펴기 시작한 것이다.

그러한 정신의식 구조는 조상으로부터 물려 내려온 전통적 배달민족의 주체의식과, 그 속에 어려서부터 주입된 성자 예수 가르침의 기독교정신이 은연중에 내포되어 있었기 때문이다.

그런 관계로 독특한 돌연변이의 체제를 만들어 나온 것이라고 말하는 학자도 있었다. 특히 1960년대에 이르러서는 중국 소련 간의 이데올로기 논쟁이 심화되고 있을 때였다. 김일성 수령은 그처럼 독특한 주체사상으로 중·소 분쟁의 압력에서부터 과감하게 벗어나는 모습을 보여주었기 때문에 주목을 받기도 했었다.

그것은 그 정신의식구조 속에 내재되어 있는 민족주체 의식의 자아自我를 뚜렷하게 표출해 보여준 것이라고 할 수 있다. 그러한 김일성 수령의 정신의식 구조는 마침내 1962년 북한노동당 조직을 만들면서 '김일성주의'를 확고하게 내세워 보였다.

그리고 그 독자적인 모습을 보여준 것이 소련 공산당 마르크스 레닌주의를 북한 실정에 맞게끔 재확립하고 세계를 향해 선전하고 나선 그 내용이 '우리는 무조건 남의 나라만 따를 필요가 없다. 소련의 『프라우드』지에 발표가 나가면 우리 신문에도 그대로 쓰는 일이 있는데, 그래서는 발전을 가져 올 수가 없다.' 그처럼 유일사상에서 주체사상을 선언하고 나선 김일성의 정신구조는 강대국의 간섭을 받지 않겠다는 일종의 혁명 같은 것이기도 했다.

이때부터 이북은 김일성주의가 만들어지면서 '김일성원수金日省元
師'님은 조선민족의 태양일 뿐 아니라 혁명을 하는 전 세계 인민의
태양이시다, 하며 마르크스 레닌보다도 더 훌륭한 사상가로 선전되
기도 했다.

그러한 김일성의 주체사상은 미국의 뉴욕타임지, 영국의 런던타임
지, 불란서의 르몽드지 등을 위시해서 서방 및 중립국의 각 신문에
대대적으로 김일성주의가 반복하여 실리기도 했고, 그와 동시에 세
계 각국에서는 이른바 '김일성사상연구소'가 만들어지기도 했다는
것이다.

그것은 북한 주민들이 허리끈을 질끈 졸라매고 천연자원으로 묻힌
광산물질을 파낸 그 피나는 노동의 대가로 얻어낸 외화를 막대하게
써가면서까지 미사일 핵을 만들어 세계 속에 김일성 주체사상의 민
족긍지를 내세워 선전한 노력의 부산물임에는 틀림이 없다.

그 주체정신 교육이 국민들에게 '청소년들을 혁명적으로 기르는
데 대하여'라는 그 주제로 주권을 잃고 외세에 의존하고 있는 남조
선 인민을 해방시켜야 한다는 사명감을 고조시키는 사상교육을 철저
하게 시켜 나온 것이다.

그러한 교육정책이 김일성의 주체사상으로 북측의 인민들은 그 정
신이 무장되어지면서 '우리는 김일성 수령께서 생각하는 대로 생각
하며, 행동하는 대로 행동하고, 수령님과 함께 숨을 쉬어야 한다. 그
와 함께 하지 않는 어떤 일도 용납할 수 없다.' 그와 같은 북측의 분
위기에 남측에서는 김일성 복제인간이 만들어졌다는 평가비난이 나
돌기도 했다.

그와 같이 탁월하고 다이내믹한 김일성의 지도력에 이북을 방문한

외국인들은 그야말로 감탄을 했다는 이야기다. 그처럼 두뇌 명석한 북측의 김일성 수령은 그가 제창한 독특한 주체사상으로 강대국의 간섭으로부터 과감하게 벗어나는 한편, 남북통일을 위해서라면 때로는 우호적으로, 혹은 물리적 수단을 동원하여 오직 자주 통일국가를 이룩하고자 최선의 노력을 다해 왔음을 보여주었다.

그러나 그러한 북측의 분위기와는 전혀 달리 남쪽의 자유당 체제에서는 소련공산주의를 선호하는 집단체제로 매도하는 빌미로 삼았다. 하지만 김일성 수령이 그처럼 미·소 양극체제에 거리감을 두고 민족주체사상을 고집했던 데에는 그만한 이유가 또 있었다.

그 정신의식 구조가 어려서부터 기독신앙 분위기 속에서 성장했기 때문에 인류 조상 뿌리를 그처럼 유대민족(Adam: Eve) 혈통계보에 묶어 단일화시키는 애매모호한 서구 기독신학 논리를 그의 명석하고 천재적인 두뇌로 그때 벌써 성경을 바탕으로 충분히 파악할 수가 있었던 것임을 짐작해 보게 해 준다.

거기에 또 한편으로 참고가 되게 해 준 것이 소련 공산주의 유물론唯物論 사상은 유대민족에 국한된 조상신(Yahweh)을 서구문화권에서 천지창조 하나님으로 극대화시키는 논리에 반격한 것으로 '신은 없다!'고 외친 그 변증법적 논리에도 적극 호응하지 않았음을 보여준다.

그처럼 무신론적無神論的 공산주의 이론을 태동시킨 칼 마르크스(Karl Marx)는 국적은 독일이지만 유태계로 이스라엘 자손이었다. 그런데도 '신은 없다'면서 무신론無神論을 주장한 데는 그만한 이유가 있었다.

유대 땅에 구세주로 출현하셨다는 천지창조 하나님의 아들 성자 예수였다. 그런데 구약시대 이스라엘 백성들이 유일하게 절대자 천주天主 하나님으로 믿고 숭배해 온 조상신(Yahweh)을 예수께서 본질상 하나님이 아니라고 그 실체를 밝혀 주신 '갈라디아서 4장' 의 말씀이 화근이 된 것이다.

내가 또 말하노니 유업을 이을 자가 모든 것의 주인이나 어렸을 동안에는 종과 다름이 없어서 그 아버지 정한 때까지 후견인과 청지기 아래 있나니 이와 같이 우리도 어렸을 때에 이 세상 초등학문 아래 있어서 종노릇하였더니, 때가 차매 하나님이 그 아들을 보내사 여자에게 나게 하시고 율법 아래 나게 하신 것은 율법 아래 있는 자들을 속량하시고 우리로 아들의 명분을 얻게 하려 하심이라. 너희가 아들인고로 하나님이 그 아들의 영을 우리 마음 가운데 보내사 아바, 아버지라 부르게 하셨느니라. 그러므로 이후로는 종이 아니라 아들이니 아들이면 하나님으로 말미암아 유업을 이을 자니라. 그러나 너희가 그때에는 하나님을 알지 못하여 본질상 하나님이 아닌 자들에게 종노릇하였더니 이제는 너희가 하나님을 알 뿐더러 하나님의 아신 바 되었거늘 어찌하여 다시 약하고 천한 초등학문으로 돌아가서 다시 저희에게 종노릇하려 하느냐. 너희가 날과 달과 절기와 해를 삼가 지키니 내가 너희를 위해 수고한 것이 헛될까 두려워 하노라. 형제들아 내가 너희와 같이 되었은즉, 너희도 나와 같이 되기를 구하노라.

그렇게 시대변화를 깨우치도록 가르쳐 주신 구세주의 말씀이 이스라엘 백성들로서는 그들이 천주 하나님으로 믿고 섬기는 여호와를 감히 하나님의 심부름꾼(청지기) 종從으로 폄하시킨다는 것은 귀신이 들어간 이단의 괴수로 십자가에 매달아 참수형을 시켜야 한다는 공론이 모아졌던 것이다.

물론 그것이 성자 예수께서 짊어져야 할 십자가로 성서적인 예정론이다. 그러니까 유대인들이 성자 예수를 이단의 괴수로 십자가에 매달아 못을 박게 했을 그때였다. 그 당시는 유대 이스라엘은 로마제국의 지배하에 있었기 때문에 그 재판관이었던 빌라도는 그 법정에서 예수가 날강도들과 함께 십자가에 못이 박혀 처형되어야 할 정도로 큰 죄과가 없다고 판정을 내린 것이다.

그 법관의 판정에 유대인들은 예수가 그들이 유일하게 천주 하나님으로 믿고 섬기는 조상신(Yaheh) 하나님을 감히 본질상 하나님이 아니라고 폄하했다는 것이 불경不敬 모독죄라는 것으로 십자가에 매달아 처형을 시켜야 한다고 외치면서 강압적으로 반기를 들고 일어났다.

그러나 심판관 빌라도가 본 견지에서는 예수가 한 말이 전혀 타당성이 없는 말이 아니기 때문에 예수가 날강도들과 함께 십자가에 매달려 참수형을 당해야 할 정도로 무거운 죄과가 될 수 없다고 단정을 짓고 말했었다.

그러자 유대교 제사장, 그리고 서기관들과 합세한 무리들이 당당하게 들고 일어나 그 피의 대가를 '우리와 우리 자손에게 돌릴지어다!' 하고 외쳐대는 일대소란이 벌어졌다. 그러자 심판관 빌라도는 그렇다면 나는 무죄하니 너희가 그 피의 대가를 받으라, 하고 물을 가져오게 해서 손을 씻었다는 기록이다.

그런데 그 말이 '씨'가 된다고 하듯이 무죄한 성자 예수의 핏값을 실제적으로 이스라엘 백성들이 그대로 치루는 형태가 이루어지고 말았다. 성자 예수 부활 승천 이후, 강대국 나치 독일의 살인마 히틀러에 의해 그 자손들이 쫓김을 당해야만 했다.

그런데 그동안 이스라엘 백성들만을 관리 수호하면서 그들의 생사화복生死禍福을 주관해 왔던 조상신(Yahweh) 하나님을 그 자손들이 아무리 통곡을 하고 외쳐 불렀지만 구원의 손길조차 없는 채, 그 어떤 대책 방법이 없었기 때문에 600만 명이 피를 흘리고 죽어가야만 했었다.

그처럼 극한 상황에서 수용소 아우슈바츠 독가스실에 갇힌 유대인 수천 명이 죽어나갔다. 하지만 그동안 그 백성들의 생사生死를 주관하고 이방민족과 격투를 진두지휘하면서 승전고를 울리게 했었던 그들이 절대자로 믿어온 천주 하나님(Yahweh)의 모습은 전혀 나타나 보이질 않았다.

그 이유는 성자 예수께서 그 시대변화적인 원리를 주인이 농사짓는 비유까지 들어가며 천지창조 하나님의 종복(청지기) 신계神界가 각자 책임 소명을 맡고 그 영광을 위해 지상에 내려와 그 호흡으로 유대민족 '종자씨'를 심고 가꾸면서 이방민족과 경계의 선을 긋는 이분법적인 그 행사를 이루면서 주관해 왔던 구약시대가 고등종교 스승 성자 예수 출현으로 신약시대의 문이 열리면서 성부 하나님 종복從僕 신계가 행사하던 구약시대가 마감되었기 때문이다.

그러한 시대 변화론적인 원리를 예수께서 그 백성들에게 세분화하여 가르쳐 주셨지만 받아들이지 못하고, '그 핏값을 우리와 우리 자손들에게 돌릴지어다.' 그대로의 형국이 되어 버렸던 것이다.

그러한 분위기 상황에서 겨우 살아남게 된 유대인 자손들은 결국 우리가 믿어야 할 신은 없다고 무신론을 주창하게 된 것으로, 공산주의 이론을 정립한 마르크스의 아버지는 유태인 대학살을 피해 1818년에 독일어를 쓰는 땅에서 마르크스를 낳게 되었다. 그 즈음 유럽 전역에서는 유태인에 대한 경계심과 멸시가 대단했기 때문이다.

그와 같이 시대변화적인 분위기 속에서 태어난 마르크스는 자라면서 '나는 누구인가?' 하는 자문 속에서 짙은 고독과 함께 성장했었던 것이며, 마르크스 아버지는 유태인으로 당연히 조상신(Yahweh) 숭배사상 논리를 그대로 믿어야 했지만, 그러나 그처럼 우리가 믿어야 할 신은 없다고 고개를 돌려 버렸던 것이다.

그리고 루터의 종교개혁 이후 마르크스가 일곱 살이 되던 1824년 자녀들과 함께 성자 예수께서 설파하신 그 시대 변론적인 말씀이 옳다고 단정하고 개신교로 개종을 해 버렸다. 그처럼 유대인 혈통에서 조상신(Yahweh) 숭배사상의 유태교를 떠난다는 것은 대단한 용기로 그 결단을 내비친 것이다.

그로부터 마르크스 가족은 같은 혈통의 유대교 집단으로부터 따돌림을 받을 수밖에 없었고, 그것이 경계의 소외감으로 마르크스로 하여금 많은 생각을 하는 사람으로 그처럼 정신적인 성장을 시켜 주었던 그 환경 분위기였다.

결국 그는 그러한 환경 소외감 때문에 학창시절 헤겔파라 불리우던 좌파들의 써클에 들어가 적극적으로 어울렸고, 1841년 4월 마침내 예나(Jane)대학에서 철학박사 학위를 받을 수 있게 되었다. 하지만 마르크스는 그 대학에 남을 수 없었고, 겨우 라인신문의 편집장으로 취직은 되었지만, 그러나 그것도 불과 5개월 만에 신문사가 폐간 당하면서 그 후로는 일생동안 취직이라고는 해 본 일이 없었다는 것이다.

 그렇기 때문에 늘 불안 초조한 삶으로 이어져야 했던 생활은 억울하다는 것이 늘 심층 밑바닥에 깔려 있었고, 그처럼 팽배된 사회적 구조의 불만은 마침내 보편적인 믿음이나 신을 부정하기에 이르렀다. 그로부터 당시의 권위체제나 학설 등에 반발하고 나서기에 주저하지를 않았다고 한다.

 그의 외침은 사회를 쳐부수고, 새로운 사회를 건설하기 위하여 '노동자여! 프롤레타리아여 단결하라! 그대들이 잃은 것은 그대들의 발목에 있는 족쇄요, 얻은 것은 모든 것이니라!' 그와 같은 마르크스의 외침은 당시 유럽의 산업자본주의가 펼쳐내는 부르조아 사회분위기에서 억울하게 착취당하고 있는 시민들을 구제할 수 있는 처방의 묘약을 만들어내는 불씨였다.

 마르크스는 그가 살던 모든 사회의 체제를 줄기차게 비난했고, 그의 통렬한 비난은 마침내 부르조아 자본주의 사회체제를 전면적으로 부정하는 공산주의 이론을 만들어 내기에 이르렀다.

 그 이론과 함께 마르크스는 혁명 활동에 직접 뛰어들어 조직을 세우고 노동자가 노동의 대가를 제대로 받지 못하기 때문에 소외되는 것이라고 역설했다. 그처럼 불합리한 사회구조를 맹렬히 비판하고 사회주의 혁명의 불씨를 당긴 마르크스는 인간성과 사상의 문제를 놓고 끝없이 고민하다가 1856년 가난한 망명생활 끝에 영국의 런던에서 사망했다.

 그가 남긴 말년의 저서 《자본론(Das Kapital)》에서 노동자가 어떻게 착취를 당한다는 점에 대해서 다음과 같이 적고 있다.

노동력의 구매와 판매는 순환의 영역 또는 상품 교환의 영역에 속하며, 이것이 인간의 천부적 권리이기도 하다. 상품을 사고파는 것은 그들의 자유이기 때문에 노동력의 판매도 자유라고 말할 수 있다. 그러나 우리가 돈의 소유자(자본가)와 노동력의 소유자(노동자)가 거래를 하는 표면만 볼 것이 아니라 이면을 보면 '거래 이외는 노동자와 면회사절!'이라 쓰인 팻말 뒤에 어떤 일이 일어나고 있는가? 이런 착취를 통한 비밀스런 이윤창출은 결국 노출되고 만다.

이렇게 마르크스는 노동자들이 불이익을 당하게 만드는 자본가의 착취문제를 중요하게 다루었던 것으로, 생산력과 생산관계를 둘러싼 시대적 변동을 연구해 놓은 것이다.

이것이 공산주의 이론으로 유물변증법적 또는 사적유물론이라고 한 것으로, 즉 상품의 가치와 시장에서의 교환가치 간에 잉여가치가 발생하게 된다는데 여기에서 발생되는 잉여가치를 모조리 자본가들이 차지하기 때문에 노동자는 자연히 착취를 당하게 된다는 것이 그의 주장이다.

그것이 자본주의 구조 사회에서 '노동자 착취'라는 개념은 바로 프롤레타리아 혁명을 일으키게 했던 마르크스 변증법적 공산주의 개념의 이론으로 그 시대 역사 발전을 보인 것이다.

그렇기 때문에 자본가들이 그 사회 권위주의를 내세우고 노동자를 착취하고 있다고 설파함과 동시에 평등한 인간의 권리를 되찾기 위해서는 서구의 자본주의 사회제도를 개혁해야 한다는 것이 마르크스의 그 유물변증법론唯物辨證法論이었다.

그 개혁논리가 유태교 토속종교 논리에 박차를 가한 것으로 성자 예수 십자가의 고난으로 문이 열린 기독신학의 개신교를 그 틀 속에 묶어 업고 여전히 유대교 유일신(Yahweh) 숭배사상으로 그 우월성을 높이고 있는 서양 자본주의 사회를 향해 '신은 없다!' 는 무신론으로 그처럼 사상적인 공격을 무차별하게 가했던 것이다.

그런데 그처럼 신은 없다고 외친 마르크스 공산주의 사상개념과는 다른 한편으로 서구 기독신학에서 그처럼 억지스럽게 천지창조 성부 하나님으로 극대화시켜 내세우는 여호와 숭배사상의 문제점이 무엇이란 것을 이미 간파해 온 이북 김일성 수령이었다.

그런 관계로 나라 잃은 민족혼을 지켜내고 민족의식을 고취시켜야 한다는 김일성 수령의 주체사상 그 정신은 '신은 없다' 는 공산주의 사상이나, 서양 문화권에서 유대민족에 국한된 조상신(Yahweh)을 성부 하나님으로 극대화시키는 양극체제에 어느 한쪽으로 기울어 동의하지 않았음을 여실히 나타내 보여주고 있다.

그처럼 독특한 정신의식 구조가 북한 김일성 수령의 주체사상으로 보호신탁국인 소련의 내정간섭 역시나 받지 않겠다는 주장이었기 때문에 주변국에서는 '독재자' 라는 평가를 받기도 했었다.

그것이 북측의 김일성 수령의 투철한 국가개조의 구심점으로 북한 지도자로 소련으로부터 지목된 김일성 수령은 외세의 보호를 받는 것까지는 좋으나 내정 간섭은 일체 받지 않겠다는 그 의지로 외세에 의해 잃어버린 민족주의를 바로 세우자고 주창해 온 것이 그 주체사상이었던 것이다.

그렇기 때문에 약소국가로 미국에 주권을 넘겨주고 의지하면서 그 눈치나 보고 있는 남한 정부 체제와는 달리 보호국이라는 소련에 주권을 넘겨주지 않고 1962년 영변에 원자력연구소를 설치하고, 1979

년 본격적으로 천연자원으로 묻혀 있는 광산개발을 추진하고 핵개발을 시도했던 것이다.

그 분위기 상황이 남북한 국민 모두가 그처럼 기아선상에서 허덕이고 있을 때였다. 그러나 남측은 북한의 자주적 광산개발 분위기와는 달리 강대국 미국에 군사작전권마저도 넘겨주고 편협하게 구호물자와 경제지원을 받아가면서 무조건 서구문화를 추종하고 받아들였었다.

그러나 북한은 굶주림의 기아선상에서 일제가 빼앗아 갔던 광산권을 되찾아 그처럼 개발촉진을 서두르고 국민경제 기반의 초석을 깔게 되었으며, 그로부터 무엇보다도 자주독립국가로 외세의 내정간섭을 받지 말아야 한다는 결속다짐의 방안이 경제력이 있는 강대국이나 추진할 수 있었던 핵무기 추진개발 계획으로 거기에는 엄청난 자금이 투자되어야만 했다.

그런데 그 '핵 프로젝트' 구상을 외부지원 없이 계획할 수 있게 해준 그 구매자원이 세계적으로 유일하게 이북 4대강 주변에 묻혀 있는 천연자원으로 풍력발전소뿐만 아니라, 먹물의 붓대와 펜대를 접고 연필을 만들어 쓰게 했던 흑연 등 모두가 최첨단 금강 자원으로 특수한 광산물질이 묻혀 있었던 것이다.

북한의 국토 총면적은 123,370㎞로 전체면적의 80%가 산이며, 그 나머지 20%가 평야지대이기 때문에 국민이 얻어내는 노동의 대가는 천연자원이 묻힌 그 광산개발에 의지하고 있는 실태였다. 그러한 환경 분위기였기 때문에 과거 농경문화시대 호남평야로 보내진 전라감사 다음으로 평양감사를 손꼽았다고 한다. 그와 같은 자연환경 여건 속에서 산악지대를 이루고 있는 경상도 주민들은 굶주림을 면하기 위해 대농가를 이루고 있는 전라도 곡창지대로 더부살이를 하면서 굶주림을 면할 수가 있었다.

그런데 구한말 조정에서 광산개발권을 일제에 빼앗기고 난 이후부터 경상도 주민들이 개성공단으로 옮겨가 그 노동의 대가를 얻어내고 생활을 하게 되면서 그 분위기가 바뀌어졌다. 해방이 되고 3.8선으로 분단된 북측에서는 그 노동의 대가를 얻기 위해서는 전 국민이 광산개발에 총력을 기울일 수밖에 없었다.

그런 자연환경이었기 때문에 그처럼 공동체적인 분위기를 형성하고 있는 북측에서는 주민들에게 식량공급을 해 주는 형태였다. 그렇게 자연적으로 주어진 환경여건에 국토 지하개발을 시도하게 되면서 평양시내와 지하철이 연결되었으며, 거기에 각종 첨단 군사장비까지 숨겨 놓을 정도로 땅굴도시를 형성하게 되었다는 것이다.

그러한 지하개발 조직에 사고가 났을 경우를 대비해서 비상구를 별도로 설치해 두었을 뿐만 아니라, 거기에 대비한 비상용 터널은 서해연안 남포항까지 80㎞로 이어져 있는 형태라고 했다.

그와 같은 설계 조직은 전쟁이 일어날 경우 북한정권이 모두 들어갈 수 있을 정도로 거대하게 설치되어 만들어진 상태로 보안 친위대인 경호원들이 1,500명 이상이 경계를 철통같이 지키고 있었으며, 그 비밀 유지를 위해 기마대가 동원되고 있었고, 그 산하에 열차 호위부와 오토바이 행사대원까지 합쳐 21지구라는 명칭을 두고 있다는 것이다.

그 땅굴 벙커는 핵미사일전쟁에 대비한 철근 콘크리트로 핵발전소보다 더 견고하게 시설되어 있기 때문에 핵전쟁이 일어나도 최고사령부 정무원 내각부서 노동당 등 모든 산하 부서가 그 속에서 총지휘를 할 수 있도록 평양시내와 연결되어 있다고 했다.

그 형태가 그처럼 외세의 내정간섭을 일체 받지 않으려는 북한 김일성 수령의 주체사상 정신에 의해 이루어진 것으로, 핵미사일 화학무기를 개발하는 과학기술 인력에 1979년부터 본격적으로 막대한 투자를 아끼지 않았다는 것이다.

그리고 자라나는 청소년들에게 민족 주체의식을 고취시키기 위한 교육 방안을 지시했고, 각 대학에 우수학생을 군에 투입시켜 지속적인 전자전에 대비하도록 그 준비를 시켰다고 한다.

그처럼 우리 한민족 주체사상을 우선적으로 심어주고자 했던 모색 방안은 그뿐만이 아니라, 국민을 보호한 군사 우선주의 입장에서 노동자 농민 근로자와 분리 격상이 아니라 그 권한을 강화를 한다는 의미에서 만들어진 헌법 제정이 모두가 그 목적을 지향하는 평등주의 '동무' 격으로 심지어는 김일성 '아바이 동무'라고까지 하게 된 것이라고 했다.

그 통합적인 사상은 기독교 스승 성자 예수께서 너희가 그 영생의 말씀으로 시대구별을 하고 깨어나 천지부모 하나님의 아들로 거듭나게 되면 '너와 내가 형제'라고 부르기 부끄러워하지 않겠노라 하신 그 원리 말씀이나 다를 것이 없다.

그렇게 북한체제를 이루어 나온 김일성 아바이 동무의 그 의식구조를 검토해 보면 그처럼 민족주체성을 살리기 위해 일제가 우리 한민족 뿌리 역사를 단군신화로 폄하시킨 개국조開國組 단군릉을 복원시키고 국민들과 함께 조상님께 천도제天道祭를 올렸다는 그 자체부터가 결코 평범하게 볼 수가 없는 일이다.

그 행사는 하늘 제사권祭祀權을 부여 받고 세워진 배달민족 제사장의 입지가 아니고서는 그처럼 독자적인 지혜를 그 환경여건에서 결코 펴낼 수가 없는 일이기 때문이다.

그러나 해방공간에서부터 미군정을 등에 업고 신생정부를 이룬 남한의 이승만 정부 자유당 체제에서는 그러한 북측의 김일성 수령의 민족주의적인 정신구조를 국민의 안위는 일체 생각지도 않는 '독재자' 라고 내몰아 평가를 해 왔었다.

그와 같은 남측의 자유당 이승만 정권의 연막전술에 우리 국민들은 서구 자유민주화의 통일론에만 기대하고 의지해 왔다. 그 부분에 대해서 오늘 우리가 심도 깊게 생각해 볼 문제다. 해방정국에서 우리나라는 약소국가로 미·소 강대국이 5년간 신탁통치를 한다는 합의였다. 거기에 무조건 동의한 이승만 정부체제는 미국에 군사작전권마저도 넘겨주고 빌붙어서 구호물자와 경제지원을 받아가면서 그들의 등 뒤에서 눈치를 보면서 움직였다.

그렇기 때문에 민족의식이 살아 있는 지식인들은 지난날 이승만 정부체제 속에 묻혀 버린 그처럼 비통한 동족상잔의 근대사를 되돌아보며 통한의 입술을 깨물면서 안타까워들 하고 있다.

북한의 김일성 수령의 주체사상은 외세의 간섭을 일체 받지 않겠다는 독립정신으로 오직 자주독립 국가를 이루기 위한 것만이 최상의 목표임을 무력남침 이전에 그처럼 남과 북이 협상하자는 의도로 그 원조를 서양에 거주하고 있던 천주교 신부를 통해 은밀하게 보내왔고 시도했음이 군사정부시절 밝혀지기도 했었다.

그렇기 때문에 오늘 국제적으로 논의되는 동서협의는 양극체제의 통일논의가 아니라는 여론이 한 편에서 일고 있다. 그 논의는 다만 전쟁만을 피하기 위한 것이 아니라, 강대국의 우월성을 높이려는 속셈일 뿐, 우리의 소원이라는 조국통일과는 별개의 문제라는 평가다. 그러한 국제환경 분위기를 바로 알기 위해서는 오늘 우리 대한민국 국민들이 무엇보다도 해방 이후의 근대사를 바로 알아야 한다는 것이다.

한강의 기적

　오늘 대한민국 국민들이 남북한의 분위기를 바로 알기 위해서는 근대사를 바로 알아야 한다는 점이다.

　거기에 특히나 덧붙여진 문제가 4.19혁명 이후 5.16군사혁명을 일으켜 그처럼 주권을 쥐고 유신을 선포하고 '우리도 노력하면 잘 살 수 있다!' 하고 국가 경제발전을 위해 최선의 노력을 다 기울여 '한강의 기적'을 일으켰던 박정희 대통령이었다.

　그런데 그 측근 김재규로부터 왜 피살을 당해야만 했었던 것인지 그 시대적 분위기를 우리 국민들은 제대로 모르고 있다. 그러나 그렇게 된 동기가 군사혁명 이후 그 주도권을 들고 일어났던 박정희 대통령 과거의 행적이 여수 순천 민중봉기를 부추겼던 14연대의 정보부장으로 그 변란에 체포되었다가 사형이 면제된 전력이 있었기 때문에 결코 곱게 보아주지 않은 미군정체제였다.

　그러한 연계성에서 그 문제의 인물이 대한민국 주도권을 쥔 군사정부를 수립하게 되면 문제가 되겠다고 판정을 내리고 그동안 남한에 지원하던 경제 원조를 일체 끊어버렸다.

그런데 미군정의 추측대로 군사정부가 들어서면서 박정희 대통령은 단호하게 "미군정도 소련처럼 내정간섭을 하지 말고 우리 땅에서 물러가라!"는 선포였다.

그처럼 자주독립을 구현하겠다는 군사정부의 강력한 주장에 더는 어쩔 수 없이 용산에 주둔해 있던 미8군부대를 철수시키는 형태를 보였다. 그 분위기가 거기에 소속되어 있던 임직원의 퇴직금을 일시불로 지불하고, 용산에 새로운 문화도시처럼 골프장과 종합병원은 물론, 유치원에서 고등학교까지 거창한 도시 형태를 갖추고 주둔해 있던 미8군부대 본부를 충청도 촌락 평택으로 옮겨가는 분위기를 어슬어슬 그럴 듯하게 내보였던 것이다.

그러한 분위기에 누구도 말릴 수 없는 박정희 대통령의 우국충정의 심지가 하루바삐 민족의 숙원인 통일을 이루기 위해서는 남북한 갈등, 불신, 불안을 제거하자는 구상방안이 그 1단계로 한민족공동체제로 남북화합의 그 무대 장場을 열자는 것이 군사정부를 세웠던 박정희 대통령의 그 추진의도였다.

그토록 투철한 민족주체의식이 1966년 1월 18일 국회에 보낸 연두교서 그 내용을 참고해 보면, "우리의 지상명제는 바로 조국통일이다. 우리가 지향하는 조국근대화야말로 남북통일을 위한 대전제요, 중간목표이다. 통일의 꿈이 근대화에 있고, 근대화의 길이 경제자력에 있는 것이라면 자립은 통일의 첫 단계가 된다."

그와 같이 투철한 민족정신이 과거 해방공간에서 이북 김일성 수령이 "남한 국민이여! 일제의 치욕을 잊었는가? 남한에서 미군정은 물러가라!" 하고 외쳤듯이 그와 다를 것이 없는 선포를 주한미군 사령부를 향해 강력하게 쏘아올렸던 것이다.

그리고 민족 웅비의 대전환점을 준비하기 위해 서양문화권에서 표류시킨 우리 민족 전통문화를 회복시키기 위해 장발족 단속과 미니스커트 단속뿐만 아니라, 윤리도덕을 다시 회복하고 잃어버린 국혼과 민족정통성을 살리자는 분위기를 조성해 나가기 시작했다.

북한에서는 해방이 되고 진즉부터 단군릉을 복원시켜 참성단을 쌓고 국민들과 함께 개국조開國祖이신 단군왕검에게 참배를 올리는 국가적인 개천절 의례행사를 해 오면서 일제가 허구의 신화로 폄하시킨 우리 한민족의 역사를 그처럼 회복시키고자 전 국민이 노력하고 있음을 알고 있었기 때문이다.

그러한 취지 아래 군사정부시절 박 대통령은 앞으로 이 나라를 짊어지고 나갈 청소년들의 의식사고부터 고쳐시켜야 한다는 교육방침으로 학교마당에 개국조 단군왕검의 동상을 세워서 외세가 표류시킨 우리 민족의 역사관을 바로 세우려고 시도했다.

그러나 그 당시 서양문화권의 종교논리가 들어와 그 뿌리가 내려진 우리나라 국민정서는 안타깝게도 그러한 국가적인 교육방침 분위기에 고개를 돌리고 말았다. 지구촌 인류의 조상은 유대민족의 뿌리(Adam-Eve)라는 서구 기독신학 논리가 이미 우리나라 국교 이상의 자리를 차지하고 있었기 때문이다.

그런 분위기였던 만큼 밤사이에 단군동상이 두 동강으로 갈라져 파손되는 사태가 연속적으로 벌어졌다. 그러한 사태에 어쩔 수 없이 다시 구상한 계획방안이 삼청공원에 단군 참성단을 세워 참배를 올리고 우리 민족정신을 회복시켜야 한다는 뜻을 모아 음력 10월 3일정부에서 국가경축일로 제정하여 개천행사를 주도하고자 했던 것이다.

그러나 그때 그 설계추진 계획방안이 밖으로 흘러나가면서 거기에 반기를 들고 일어난 주동인물이 가톨릭 주요한 신부였으며, 서울대 백낙천 교수였다. 그들은 곰 탈바가지까지를 만들어 쓰고 기독교 세를 엎고 시청 앞 광장으로 몰려나와 '곰의 자손은 물러가라!' 그 시위데모에 어쩔 수 없이 조정에서는 그 계획안마저도 무색하게 되면서 그 설계사무실만 지금도 삼청공원에 그 비극의 흔적처럼 썰렁하게 남아 있다고 했다.

그러한 분위기는 서양문화권의 풍조를 선지문화로 받아들인 그대로 답습하고 있는 우리 사회에 한때 강풍이나 마찬가지였다. 사실 남한에서 소련 공산당 체제라고 매도하고 있는 북한사회 체제의 분위기는 우리 민족 전통문화 그대로를 살려 보존해야 한다는 의도에서 일반 국민들은 말할 것도 없고 심지어는 방송국 아나운서조차도 한복을 곱게 차려입고 나와 그 행사진행을 맡아보고 있었다.

그만큼 우리 조상들의 전통문화를 국민들과 함께 소중하게 아낄 줄 아는 북측은 미국의 보호국임을 스스로 나타내는 남측처럼 꼬부랑 외래어 간판을 늘어 붙인 그런 풍경분위기가 전혀 아니었다.

그처럼 한민족 전통문화를 다시 찾아 회복하려는 김일성 수령을 남측에서는 소련 공산주의를 추종하고 거기에 연합된 체제라고 비방했다. 그런데 군사혁명을 일으켰던 박정희 대통령이 주창했던 애국애족의 주체의식이 김일성 수령의 주체사상과 조금도 다를 것이 없었다. 조국근대화를 위해 이제는 외세의 내정간섭을 받지 않겠다는 의도에서 '미군정은 물러가라!' 그 선포와 함께 미국으로부터 원조가 끊기고 말았던 것이다.

그러나 거기에 비굴하게 엎드려서 구원을 청할 박 대통령이 아니었다. 국민 앞에 허리끈을 불끈 동여매고 심층에 잠재된 나라걱정과 나라사랑은 구체적인 행동으로 나타나야 한다며 국민경제를 살리기 위한 방안이 월남파병, 그리고 독일 간호장교 파견으로, 그렇게 부국강병의 목표를 달성해야 한다는 그 정신을 국민들 앞에 내보였던 것이다.

그처럼 한국적 전통과 생리에 뿌리를 둔 박정희 대통령의 강력한 민족주체의식 정신을 그대로 보고 있을 이북 김일성 수령이 아니었다. 미국의 원조가 끊기고 남한이 당면한 그 경제위기를 감안하고 은밀하게 이북에서 특사로 내려 보낸 사신이 군사정부시절 간첩으로 신고되어 체포되었다고 발표된 그 황태성 씨였다.

그 앞뒤 진상을 살펴보면 북측에서 UN 감시원들에게 그 연막을 치기 위한 국제적인 위장전술로 일찍이 게릴라전술을 배워온 김일성 수령이었기 때문에 그 위장전술이 '손자병법'을 활용한 것이나 다를 것이 없었다. 간첩으로 신고되어 붙들린 이북의 특사 황태성 무역상은 대구 폭동을 일으켰던 박 대통령의 형님 박상희 씨와 매사를 함께 논의했던 친구였다는 사실을 감안해 보더라도 그가 남쪽에 내려오게 된 그 진의를 충분히 짐작해 보게 해 준다.

그렇게 미국의 원조가 끊겼던 군사정부시절 한국경제를 살릴 수 있는 거액의 20만 불($)을 조총련계 일본을 거쳐 들려 보냈던 김일성 수령이다. 그렇게 이북에서 거액을 내려 보낼 수 있었던 경제지원자금은 '하나님이 보호하사 우리나라 만세!' 부를 수 있도록 그 예정 가운데 삼천리반도 금수강산에 파묻힌 그 화학성분의 광산물질이 세계 열강국들이 얻고자 눈독을 들이고 있는 그 천연 지하자원이었던 것이다.

그렇기 때문에 개인 사유재산이 있을 수 없는 북한의 국민들은 허리끈을 졸라매고 하나로 뭉쳐 오직 그 광산 지하자원을 출토하는 일에만 전력투구했음이다. 그렇게 국민들이 출토한 그 지하자원을 넘겨보고 있는 주변국에 팔아 취득한 그 돈이 거액으로 국민들의 생활을 공동체적으로 국가에서 관리수호하면서 남은 그 수입원이 스위스 국제은행에 보관되어 있을 정도였다.

그러한 북측의 분위기 형성에 이북 김일성 수령 다음으로 국민들부터 지지를 받고 있던 한덕수 씨가 일본으로 건너가 그처럼 거대한 조총련 건물을 세우고 가난한 민초들을 도우며 그 활동무대를 펼쳤던 것도 강대국에 빌붙어 의존하는 남조선을 통일해 보자는 김일성 수령의 모색방안에 의한 것이었다.

그러한 계획으로 북측에서 남파된 돈이 우리 국민들에게 알려지기로는 황태성이 남파간첩 활동자금으로 들고 온 것이었는데 다행히 간첩신고가 들어와 체포되면서 우리 정부에 압수되었다고 발표되었다. 그러나 실제적으로는 그처럼 미국으로부터 원조가 끊긴 남한의 경제발전을 돕기 위한 전략작전으로 보내진 그 후원자금이나 마찬가지였다.

그때 이북 김일성 수령이 남북이 대동단결하여 자주통일국가를 이루기 위한 그 모색방안은 경제지원뿐만이 아니었다. 그 당시 북한은 지하자원을 개발하여 고차원적 화학무기 '핵 프로젝트'를 설계하고 있을 정도였다. 하지만 남한은 산업화 인식과정에 있어서도 황무지나 다를 것이 없었다.

그런데 그처럼 적막강산 같은 그 시대 분위기 속에 김일성 수령은 남한에 경제지원과 함께 고차원적인 과학기술 문명으로 그 의식을 길러낸 이북의 천재를 남파시켰음이다. 그 인물이 군사정부시절 청와대에서 비밀하게 미사일 '핵 프로젝트'를 설계할 수 있도록 가이드(guide) 역할을 해 준 그 핵물리학자 김상봉 박사였다.

　그 분의 이력은 결코 평범하지 않았다. 어려서부터 남다르게 특출한 두뇌를 타고 났기 때문에 그 동네에서 '천재야!'로 호칭되었을 정도였다고 한다. 그 소문을 듣게 된 김일성 수령은 그 천재를 독일로 유학을 시켜 드레스텐 및 뮌헨 공대에서 정밀기계 전공을 익히게 했으며, 서독과 동독을 오고가면서 그 분야를 깊이 연구하도록 무려 20년을 체득시킨 특별한 천재였다.

　그처럼 이북 김일성 수령이 전력투구해서 길러낸 정밀기계를 연구 전공하신 김상봉 박사님을 박정희 대통령 군사정부시절 비밀하게 포장하여 남파시킴으로, 고려대학교 이공대 강사, 대한중기 효성중공업, 한국기계정밀센터(FIC), 중소기업진흥공단에 근무를 함으로써 황무지나 다를 것이 없는 남한의 산업발전에 크게 기여할 수 있게 해 주었던 것이다.

　그처럼 정밀기계전공을 독일에서 20년간을 체득하여 익히고 난파되어 획기적인 공헌을 크게 해 준 김상봉 박사님의 논문 저서 《한글 자형字形과 합자合字의 원리》《한글 모아쓰기 타자기 설계》였다. 그리고 이어서 《해동불교海東佛敎와 한국기계공업》《중소기업진흥사업의 객관적 중요성》《중소기업과 기술혁신》《민생시장경제 개론》이었다.

　그와 같이 남다른 그의 지식정보의 저서를 감안해 볼 때, 21세기는 글로벌 정치, 세계적 통합만이 생존 가능하다는 것을 설파하신 것이다.

그처럼 놀랍고 별스러운 천재를 길러내서 남파시킨 김일성 수령의 남북통합정신의 그 의도를 김상봉 박사님의 행보를 통해서 충분히 읽어 볼 수 있게 해 준다는 점이다.

거기에 더욱 놀라운 것은 과학지식정보를 들고 온 천재와 함께 그 당시 북측에서 황태성 무역상을 통해 남파시킨 그 거금을 회수하여 군사정부시절 이룬 업적을 열거해 보면 남산방송국을 세웠으며, 고속도로, 기계공단, 전투사단 등 그 자체보다 고속도로를 이용하는 사람, 기계공단에 일하는 사람, 그뿐만 아니라 전투사단에 배속된 군인 등 국민생활에 대한 깊은 관심을 가지고 전국적으로 새마을 사업운동을 벌렸던 것으로 황폐한 잿더미를 딛고 일어설 수 있도록 그 원동력의 초석이 되도록 크게 공헌을 해 준 셈이다.

그처럼 미국의 원조가 끊기고 암울했던 군사정부시절 한국경제를 발전시켜 나올 수 있게 해 준 그 통일공작금이 북한에서 어떻게 마련될 수 있었던 것인지 우리 국민들은 지금까지도 상상조차도 하지 못하고 있다.

그러나 그 지원자금은 이북 동포들이 김일성 수령의 주도하에 허리끈을 질끈 동여매고 그처럼 지하터널을 뚫어가며 천연광산자원을 개발한 노동의 대가로 취득할 수가 있었던 것이다.

그렇게 온 국민들이 심혈을 기울여 취득한 지하자금을 자주적 독립국가로 그 능력을 발전시키기 위해 민족주체 의식이 투철한 이북의 한덕수 씨를 일본에 파견 조총련계를 조직구성하고 활성화시키고 있었던 그 지하자금이 국제은행권을 쥐고 흔들 수가 있었던 그 원동력이 되어 주었던 것이다.

그처럼 북측에서 소중하게 관리해 오던 지하공작금을 주저 없이 남파시킨 데는 무엇보다도 박정희 대통령의 그 진취적인 애국애족의 통합정신이 있었기 때문으로 김일성 수령이 그 호의적인 마음을 그렇게 내비친 것이었다.

그와 같은 분위기가 박정희 대통령이 추구한 남북통합정신이 그동안 타율적으로 강대국에 의지해 오던 총체적인 분위기를 바꾸어 놓기 위한 노력의 대가였다. 우리 민족혼을 다시 되찾아야 한다는 이북 김일성 수령의 주체사상과 맞물리고 있었기 때문이다.

그러한 연계성에서 우리 국민들이 그 진의를 전혀 모를 정도로 황태성 특사에게 간첩이라는 포장을 씌워 보내진 그 거액을 회수하여 군사정부시절 그처럼 남한 국민들을 위해 경제개발을 시킬 수가 있었던 그 초석의 바탕이 되게끔 지원해 주었던 것이다.

그로부터 박정희 대통령이 경제개발을 시도하게 되면서 은밀하게 구상한 프로젝트가 남한 역시도 강대국에 의지해 온 주권을 찾기 위해서는 이북처럼 핵무기 개발을 해야 한다는 것이 그 추진방안이었다

그리고 1970년 8월 15일 박정희 대통령은 광복절기념식 경축사를 통해 남북한 이산가족의 재결합을 위한 회담을 열자고 제의했다. 거기에 북한은 기다리고 있었다는 듯이 남한의 제의를 즉각 받아들여 양측은 서울, 평양을 상호 방문했었다.

그 타협의도가 1972년 7월 4일 남북한 당국이 3.8선 분단 이후 최초로 조국통일과 관련하여 합의 발표한 공동성명은 무력통일을 포기하고 자주적 평화적인 통일을 다짐하는 중요한 의미를 담고 있었다.

그러한 공동성명은 당시 남한의 이후락 중앙정보부장과 북한의 김영주 조선노동당 조기 지도부장이 서울과 평양에서 동시에 발표했던 것으로 그 내용은 다음과 같았다.

첫째, 통일은 외세에 의존하거나 외세의 간섭 없이 자주적으로 해결해야 한다.

둘째, 통일은 서로 상대방을 반대하는 무력행사에 의지하지 않고, 평화적 방법으로 실현해야 한다.

셋째, 사상과 이념, 제도의 차이를 초월하여 우선 하나의 민족단체로서 민족적 대단결을 도모해야 한다. 즉, 자주평화, 민족대단결이라는 획기적인 통일의 3대 원칙을 발표했던 것이다.

이밖에도 공동성명서에는 상대방에 대한 중상모략 비방금지와 무장도발금지, 민족적 연계와 자주적 평화통일을 촉진시키기 위한 다방면의 제반교류 실시, 남북적십자회담 실시를 위해 적극 협조, 서울과 평양 사이의 상설 직통전화 설치 등, 중요한 합의사항들이 발표되었다.

이러한 합의사항을 추진시킴과 동시에 남북한 사이의 제반 문제를 해결할 목적으로 남한이 이후락과 북한의 김영주를 공동위원장으로 하는 남북조절위원회를 구성운영하기로 합의했다. 하지만 그러한 남북한 분위기에 닉슨 대통령은 한국정부가 완강히 반대해 온 주한미군의 철수를 의미해 한국의 국가보안에 심대한 위기감을 조성하는 것으로 이해되었다.

그처럼 남북한의 진취적인 개획 아래 1979년 10월 27일 박 대통령은 드디어 유신선포를 하게 될 정치철학을 당당하게 밝혔었다.

민주주의도 좋고, 자유도 다 좋지만 공산주의와 대결하는 미국의 국론이 저렇게 분열되어 수습을 못한다면 미국에 대한 자유체제는 신뢰가 떨어질 것이다. 우리는 결코 아보를 미국에만 의존해선 안 된다. 베트남을 보라! 자주국방을 하려면 중화학공업을 중심으로 경제를 발전시켜야 한다. 경제발전을 이룩하기 위해서는 국력의 낭비를 막아야 한다. 효율의 극대화, 국력의 조직화가 유신선포를 한 이유다.

박 대통령은 그 연설문에서 서구의 정치철학에서 너와 나를 개체로 가르는 이분법적인 그 사상논리로서는 남북통일의 대안이 나올 수가 없음을 그처럼 명백하게 밝혔던 것이다.

그리고 이어서 발표한 '헌법개정안 광고에 즈음한 특별담화문'에서 유신선포를 만들어낸 그 심정을 밝혔다.

남의 민주주의를 모방하기 위하여 귀중한 우리의 국력을 부질없이 소모하고만 있을 수는 없습니다. 몸에 알맞게 옷을 맞추어서 입는 것과 마찬가지로 우리의 역사와 문화적 전통, 그리고 우리의 현실에 가장 알맞은 국적 있는 민주주의적 정치제도를 창조적으로 발전시켜서 신념을 갖고 운영해 나가야 할 것입니다.

이 헌법 개정안은 능률을 극대화하여 국력을 조직화하려고 안정과 번영의 기초를 굳게 다져감으로써 민주주의 제도를 우리에게 가장 알맞게 토착화시킬 수 있는 올바른 규범임을 확신합니다.

그 담화문에서 박 대통령은 그 제안을 유신체제라고 불리게 될 능률적인 민주적 정치라고 표현하여 10월 유신으로 모든 유신작업을 진행할 것을 의결했다. 하지만 그 당시 미국 CIA에서는 그처럼 미국 정치권 간섭에서 벗어나 자주독립 유신정부 체제를 세우려는 박정희 대통령의 은밀한 국정논의를 그대로 관망만하고 곱게 보아줄 리가 없었다.

그 당시 한국에 주둔해 있던 미국 CIA 정보기관과 인사 업무적으로 관계를 맺고 있었던 육군보안사령관 출신이 김재규였다. 그에게 우리 정부기관에서 주어진 역할분담이 있었기 때문이다.

그렇게 특출한 역할이 주어져 있었던 김재규였기 때문에 박정희 대통령이 중앙정보부장으로 임명하고, 가장 가까운 측근에 두고 국정을 논의하곤 했었다. 그런 만큼 미국 CIA 측에서는 중앙정보부장 김재규를 은근히 주시하고 접근했었던 것이다.

그리고 마침내 어떤 방법으로 회유했던지 1979년 10월 26일 박정희 대통령이 비밀하게 정치논의를 하고자 했었던 그날, 궁정동 밀담 장소에서 그처럼 믿고 의지했던 김재규의 배신농락에 의해 안타깝게도 피살을 당하고 말았었다.

그와 같이 통탄을 할 김재규의 역신적인 행보에 의해 18년간 박정희 대통령의 근대화 혁명시대가 그 종말을 맞게 되고 말았다. 그 진상을 추적해 보면 그 배신자 김재규가 박 대통령의 심장부를 겨냥하고 쏘아 피살하고 난 뒤에 그처럼 당당하게 '내 뒤에는 미국이 있다!' 고 선포를 하고 나섰던 것을 보더라도 김재규가 미국에 어떻게 회유되어 어떤 형태 분위기를 이루고 있었던 것인지 충분히 짐작해 볼 수 있게 해 주고도 남는다.

그처럼 비통한 다큐멘터리 같은 사건의 진상을 반추해 보면 이 세상에 믿을 사람은 아무도 없다는 그 말이 기폭제가 되어준다. 그와 같은 실례가 또한 성자 예수 측근에서 가장 가까이 모시고 따랐던 제자 가롯 유다가 자신의 이익을 취하기 위해서 은 30냥에 그 스승을 유대교 제사장들에게 팔아먹은 배신행위나 조금도 다를 것이 없는 형태이기 때문이다.

그러나 이 세상에는 끝내 묻혀질 비밀은 없다고 했다. 그렇듯이 해방공간에서부터 있었던 그 모든 사건의 진상과 함께 이북에서 남한에 평화통일자금을 그처럼 비밀하게 내려보냈던 진상이 우리나라 초대루트사령관 경호원으로 근무했던 한상호 씨에 의해 밝혀졌다. 그러니까 해방공간에서부터 우리 국민들이 전혀 알지 못했던 그 비밀한 남북한 평화협상거래 관계가 2004년 6월, 연합뉴스에 보도되었다.

北 5.16세력에 거금 전달
'미군 정보부대 출신 한상호 씨 등 증언'

1961년 5.16군사쿠데타 직후 북한이 쿠데타 주도 세력에게 보낸 거액의 미화 현찰이 남산 텔레비전 방송국(현 KBS TV) 개국 비용으로 쓰였다고 2004년 8월 6일 관계자들이 증언했다.

지난 50년대 미군 정보부대 출신인 한상호 씨를 비롯해 당시 남산 TV 방송국 개국에 참여했던 여러 증인들은 북한이 보낸 달러를 TV 방송국 개국에 사용했다고 밝혔다.

북한이 당시 황태성 무역성 부상을 내려보내 공화당 창당자금을 지원했다는 설說은 있었으나 거금을 소지하고 남파된 북한 공작원을 직접 당국에 신고했다는 당사자가 증언하기는 처음이다.

光州日報

www.kwangju.co.kr   2004년 8월 7일 (음력 6월22일) 토요일

4   제16906호   종합·국제

"北, 5·16세력에 거금 전달"

미군 정보부대 출신 한상호씨 등 증언

'횡잿 돈' 現 KBS TV 개국비용으로 사용

1961년 5.16 군사쿠데타 발발 직후 북한이 쿠데타 주도세력에게 보낸 거액의 미화 헌납이 당시 남산 텔레비전 방송국(現 KBS TV) 개국 비용으로 쓰였다고 6일 관계자들이 증언했다.

지난 50년대 미군 정보부대 출신인 한상호(韓相虎,75,서울 서초구 원지동)씨를 비롯한 당시 남산TV 방송국 개국에 참여했던 여러 움인들은 북한이 보낸 달러를 TV방송국 개국에 사용했다고 밝혔다.

북한이 당시 황태성 무역성 부상을 내려 보내 공화당 창당 자금을 지원했다는설(說)은 있었으나 거금을 소지하고 남파된 북한 공작원을 직접 당국에 신고했다는 당시자가 증언하기는 처음이다.

한상호 씨는 자신을 주인공으로 지난 6월 발간된 실명소설 '역사의 수레바퀴'(한승연 작,한누리미디어 간)에서 "5.16 쿠데타 직후 거동 수상자가 있다는 말을 전해 듣고 내가 종로경찰서 형사특수계로 신고했다"면서 "경찰 조사 결과 그는

10만달러를 소지한 채 북한에서 온 공작원이었다는 사실이 밝혀져 중앙정보부로 돈과 함께 신병이 넘겨졌다"고 증언했다.

한 씨는 "그 달러는 이북 김일성의 지시로 일본 조총련계가 마련해 들여 보낸 정치공작금으로, 간첩의 말에 의하면 김일성이 남북협상을 하자는 듯으로 내려 보낸 것이었다"고 말했다.

관계 전문가 추산으로 당시 10만 달러는 현재 화폐구매력으로 1천200억원 대에 이른다. 5.16 주도세력들은 서울 소공동 조선호텔(現 웨스틴조선호텔)에서 '굴러 들어온 횡재'를 놓고 논의한 결과 김종필 중앙정보부장의 제의에 따라 시급한 현안 중 하나였던 TV방송국 개국에 사용키로 결정했다고 한 씨는

설명했다.

이에 대해 1961년 당시 남산TV 방송국 편성과장 김 제작과장이었던 최창봉(崔彰鳳,79) 전 문화방송 사장은 "북한 무역성 부상이던 황태성이 '그린백(greenback,달러의 속칭)으로 20만달러를 가지고 왔는데 그것을 압수해 TV방송 개시에 썼다는 말을 들었다"고 말했다.

최 씨는 "그런 얘기는 여기저기 쓰여 있는 것 아니냐"고 반문한 뒤 "달러가 부족했던 그때를 생각하면 그럴 수도 있다고 본다. 그만 얘기하자"며 더 이상 자세한 언급은 하지않았다.

KBS TV 개국직후 TV제작 과장을 역임한 고 김형근(金亨根,필명 金石野,2000년 10월 별세)씨도 생전 모 방송과 인터뷰에서 "KB

S TV(남산TV) 개국을 준비할 때 김종필 당시 중앙정보부장을 만날 기회가 있었는데 그 때 TV 개국을 도와달라는 부탁을 했다. 이후 자금이 지원됐는데 그 자금이 북에서 남파된 황태성이 가지고 왔던 공작금이었고 들었다"는 내용의 증언을 남겨 놓은 것으로 알려졌다.

최 씨와 김 씨가 언급한 '황태성' 북한 무역성 부상은 박정희 최고회의 의장의 형 박상희의 친분 관계를 이용, 61년 9월 1일 서울에 잠입해 박 의장과 김종필 중정부장과 만남을 시도하다 10월 20일 체포돼 63년 12월 사형됐다고 발표됐으나 이 사건의 진상은 정확히 알려져 있지 않다.

한 씨 등 관계자들의 증언은 돈을 가져 온 북측 공작원과 돈의 액수에 대해서는 일치하지 않으나 북한이 보낸 돈으로 KBS TV 방송이 시작됐다는 점에서는 공통적이다.

/연합뉴스

한상호 씨는 자신을 주인공으로 지난(2004년) 6월 발간된 실명소설 《역사의 수레바퀴》(한승연 작, 한누리미디어 출간)에서 "5.16쿠데타 직후 거동 수상자가 있다는 말을 전해 듣고 내가 종로경찰서 형사특수계로 신고했다"면서 "경찰 조사결과 그는 20만 달러를 소지한 채 북한에서 온 공작원이었다는 사실이 밝혀져 중앙정보부로 돈과 함께 신병이 넘겨졌다"고 증언했다.

한 씨는 "그 달러는 이북 김일성의 지시로 일본 조총련계가 마련해 들여보낸 정치공작금으로 간첩의 말에 의하면 김일성이 남북협상을

하자는 뜻으로 내려보낸 것이었다"고 말했다.

관계 전문가 추산으로 당시 20만 달러는 현재 화폐 구매력으로 2천 400억 원대에 이른다. 5.16주도세력들은 서울 소공동 조선호텔(현 웨스틴 조선호텔)에서 '굴러들어온 횡재돈'을 놓고 논의한 결과 김종필 중앙정보부장의 제의에 따라 시급한 현안 중 하나였던 TV방송국 개국에 사용하기로 결정했다고 한 씨는 설명했다.

이에 대해 1961년 당시 남산 TV방송국 편성과장 겸 제작과장이었던 최창봉(崔彰鳳, 79) 전 문화방송 사장은 "북한 무역성 부상이었던 황태성이 그린백(greenback, 달러의 속칭)으로 20만 달러를 가져왔는데 그것을 압수해 TV방송 개국에 썼다는 말을 들었다"고 말했다.

최 씨는 "그런 얘기는 여기저기 쓰여 있는 것 아니냐"고 반문한 뒤 "당시는 달러가 부족해서 그랬었을 수 있다고 본다. 그만 얘기하자"며 더 이상 자세한 언급은 하지 않았다.

KBS TV 개국 직후 TV 제작과장을 역임한 고故 김형근(2000년 10월 별세) 씨도 생전 모 방송과 인터뷰에서 "KBS TV(남산 TV) 개국을 준비할 때 김종필 당시 중앙정보부장을 만날 기회가 있었는데 그때 TV 개국을 도와달라는 부탁을 했다. 얼마 후 자금이 지원됐는데 그 자금은 북에서 남파된 황태성이 가지고 왔던 공작금이었다고 들었다"는 내용의 증언을 남겨 놓은 것으로 알려졌다.

최 씨와 김 씨가 언급한 '황태성' 북한 무역성 부상은 박정희 최고회의 의장의 형 박상희와 친분관계를 이용, 1961년 9월 1일 서울에 잠입해 박 의장과 김종필 중앙정보부장과 만남을 시도하다 10월 20일 체포돼 1963년 12월 사형됐다고 발표됐으나 이 사건의 진상은 정확히 알려져 있지 않다.

한 씨 등 관계자들의 증언은 돈을 가져온 북측 공작원과 돈의 액수에 대해서는 일치하지 않으나 북한이 보낸 돈으로 KBS TV 방송이 시작됐다는 점에서는 공통적이다. [연합뉴스]

거기에 잇달아 광주일보에 실린 기사 내용이다.

"북 공작금 압수해 한국방송 개국"

유운영씨 "김종필 전 총재 말해"

〈한국방송〉 텔레비전은 1961년 5·16 군사쿠데타 직후 쿠데타 주도세력을 만나러 온 황태성 북한 무역성 부상의 돈 20만달러로 세워졌다는 증언이 나왔다.

유운영 전 자민련 대변인은 11일 "김종필 전 총재가 '체포된 간첩 황태성의 '대납공작금' 20만달러를 압수해 한국방송의 전신인 남산 텔레비전 방송국 개국 비용으로 썼'고 얘기하는 것을 들은 적이 있다"고 말했다. 유 전 대변인은 이날 5·16 직후 초대 중앙정보부장이었던 김종필 전 자민련 총재가 5·16장학회(현 정수장학회)의 설립과정에 관련됐다는 의혹에 대해 해명하면서 이렇게 말했다.

전문가들은 당시 황 부상이 들고온 '공작금' 20만달러는 현재 화폐구매력으로 2400억원에 이르는 것으로 평가한다.

황 부상은 지난 1946년 이른바 '대구폭동' 당시 사망한 박상희씨의 친구로, 5·16 쿠데타 직후인 61년 9월1일 박상희씨의 동생인 박정희 전 대통령과 사위인 김종필 중정부장을 만나기 위해 서울에 잠입했다가 10월20일 체포돼, 2년여 뒤인 63년 12월 사형됐다. 역사학자들은 당시 북한이 쿠데타 주도세력과 남북협상을 시도하려 황태성 부상을 내려보냈다고 보고 있다.

김의겸 기자 kyummy@hani.co.kr

"북 공작금 압수해 한국방송 개국"

유운영 씨 '김종필 전 총재 말해'

'한국방송' 텔레비전은 1961년 5월 16일 군사쿠데타 직후 쿠데타 주도세력을 만나러 온 황태성 북한 무역성 부상의 돈 20만 달러로 세워졌다는 증언이 나왔다.

유운영 전 자민련 대변인은 11일 김종필 전 총재가 "체포된 간첩 황태성의 '대남공작금' 20만 달러를 아수해 한국방송의 전신인 남산 텔레비전 방송국 개국 비용으로 썼다고 애기하는 것을 들은 적이 있다"고 말했다.

전문가들은 당시 황 부상이 들고 온 '공작금' 20만 달러는 현재 화폐구매력으로 2400억 원에 이르는 것으로 평가한다.

황 부상은 지난 1946년 이른바 '대구폭동' 당시 사망한 박상희 씨의 친구로 5.16쿠데타 직후인 1961년 9월 1일 박상희 씨의 동생인 박정희 전 대통령과 사위인 김종필 중정부장을 만나기 위해 서울에 잠입했다가 10월 20일 체포돼, 2년여 뒤인 1963년 12월 사형됐다. 역사학자들은 당시 북한이 쿠데타 주도세력과 남북협상을 시도하려 황태성 부상을 내려보냈다고 보고 있다. [김의겸 기자 Kyummy@hani.co.kr]

그처럼 발표된 신문기사에서 놀랍게도 그동안의 남북한의 관계를 충분히 밝혀 볼 수 있게 해 주고도 남는다.

그 기사 내용들을 참고해 볼 때 해방공간에서 남측 이승만 정부가 그처럼 소련 공산주의 체제 집단으로 '독재자'로 매도하고 있는 김일성 수령의 주체사상이 무엇이란 것을 알아야 하고, 거기에 또한 박정희 대통령이 비명횡사를 당했던 이유를 우리 국민들이 바로 알아야만이 애절한 심정으로 '백두산~ 줄기줄기 피~ 어린 자욱~' 그 통한의 가슴이 '우리의 소원은 통일'이라는 그 숙제를 풀어나가는데 결속을 다짐하고 그 지혜를 모을 수가 있을 것이다.

박정희 대통령 피살 이후

천지창조 하나님께서 운행하시는 천지공사天地公事의 섭리역사에
는 계절적으로 바뀌는 그 분위기 풍경이 있다고 했다.

거기에 또한 그 시대적으로 쓰임을 받게 될 크고 작은 빛과 어둠의
역할이 한 그물판에 짜여 있다는 말을 오늘 우리나라 근대사를 다시
되돌아보면서 상기시켜 보게 해 준다.

그 실태가 하루에도 밤과 낮이 교차하듯이 박 대통령 정부시절 남
측의 경제개발을 도모해 주기 위한 북측 김일성 수령이 그처럼 비밀
하게 남파시킨 경제개발지원 자금이었다.

그리고 거기에 외세에 의지하지 않고 그 기술개발을 할 수 있도록
특출한 인력지원으로 중소기업을 발전시켰으며, 핵무기 개발계획까
지를 추진하려고 했던 그 계획이 미국 정보기관 CIA에 새어들어 가
게 하지 않도록 대통령 집무실에서 하지 않고 그 논의를 청와대 잔디
밭에 모여앉아 도모하고 있었다는 것이다.

그러나 그 정보가 배신자 김재규에 의해 흘러나게 되면서 그 참상이 일어나고 말았던 12.12 사건 이후, 그처럼 한국기계공업과 중소기업을 발전시키기 위해 이북 김일성 수령이 남파시킨 핵물리학자 김상봉 박사님과 또한 그 당시 은밀하게 미태평양을 건너오신 이휘소 박사님은 김재규의 그 어둠 역사에 의해 갑자기 청와대를 출입할 수 없게끔 그 문이 닫히고 말았다는 것이다.

그처럼 난감하고 안타까운 분위기 속에서 김상봉 박사님께서 저술하신 책자가 1991년 다나학술연구소에서 《하늘에서 온 사람들》이라는 충격적인 주제로 출간되었다.

그런데 그 표지에 붙여진 부제목 역시나 이북 김일성 수령이 우주의 비밀을 밝혀낼 천재로 인정하고 일찍부터 그 앞길을 열어가게끔 지원해 준 박사님의 우주과학 정신의식구조를 충분히 읽어볼 수 있게 해 주었다. 인류의 문화유산으로서 전설을 통해 창조세계를 과학적으로 조명한다.

그처럼 충격적인 주제부터가 천지창조 하나님의 천기운행天氣運行에 따르는 에너지 흐름을 과학적으로 밝히려는 부분임을 간파할 수가 있었다. 거기에 마음이 신통하게 움직이면서 그 내용을 한순간에 읊어나가기 시작했다.

과연 지구에 종말은 올 것인가!

이제 지구인과 같은 우주아宇宙兒들이 저 하늘 너머에 살고 있을 것이라는 추측은 결코 실망과 배신 또는 어떤 위협 같은 것을 느끼게 하는 비보가 아니라, 오히려 우주 속의 고아 같던 우리에게 또 다른 형제들의 존재를 알리는 희소식이라 할 수 있다.

그 뒤표지에 붙여진 부제가 또한 '우주의 신비, 미래에 대한 추억을 더듬어 본다' 였으며, 그리고 이어서 '이 책을 엮으며' 로 시작된 내용이 다음과 같았다.

우주의 삼라만상을 천지인天地人으로 대별大別하여 삼분류三分類한 우리 조상들의 지혜가 새삼스럽게 놀랍다.

이것을 좀 더 자세히 살펴보면, 하늘은 시공時空 속에 실재하는 우주의 물질을 총칭하는 것으로서, 해와 달을 비롯하여 태양계의 행성과 위성, 그리고 끊임없이 생멸生滅하는 우리 은하계의 수많은 별과 성운, 타은하계他銀河系 등을 모두 포괄하는 것이고, 땅은 사람이 태어나서 살다가 다시 흙이 되는 생태계로서, 우리가 알고 있는 우주 속의 유일한 '생명의 별' 지구를 가리키는 것이다.

그리고 사람은 지구의 모든 생물을 대표하는 최고의 영장일 뿐만 아니라, 하나님의 형상을 가장 잘 닮은 우주아宇宙兒로서의 존재를 뜻한다. 그래서 우리는 이곳을 '하나 밖에 없는 지구' 라 부르고 있으며, 인간 생명의 존엄성과 인류문화의 고귀함에 한없는 긍지를 가지면서 살고 있다.

그런데 현대의 첨단과학에 의해 은하계에는 우리의 태양과 같은 별(행성)들이 무려 2천 2백억 개나 존재하며, 20억 광년 이내의 우주 속에는 1억조에 달하는 별이 있다는 것이 밝혀졌다. 더욱 놀라운 것은 우리 은하계에는 우리들과 전파교신을 할 수 있는 수준의 문명을 가진 혹성들이 최소한 2백만 개나 있다는 것이다.

이것은 노벨상 수상자인 켈빈 MSAGAN 같은 세계의 석학 7명이 1951년에 채택한 소위 '그린뱅크 공식' 으로 추산한 것이다.

다시 말하면, 우리가 한 번도 의심해 보지 않은 지구의 우주적 독존성과 지구의 유일무이唯一無二한 독보성은 이제 재고되지 않을 수 없게 되었다. 냉철하게 생각해 보면, 지구인과 같은 우주아들이 저 하늘 너머에 살고 있을 것이라는 추측은 결코 실망과 배신 또는 어떤 위협 같은 것을 느끼게 하는 비보悲報가 아니라, 오히려 우주 속의 고아 같던 우리에게 또 다른 형제들의 존재를 알리는 희소식이라 할 수 있다.

그렇다면 그곳은 어디 공간空間이며, 그들은 언제부터 그곳에서 살고 있었던 것일까? 만약 그들이 우리의 지구보다 최소한 만년 정도만 앞섰다 하더라도, 그들의 문명 수준은 지구인의 서기 120세기의 것에 해당한 것이다. 아울러 그들에게 있어 4차원 이상세계의 과학지식과 초광속超光速 우주비행기술 같은 것은 우리가 먼 옛날 짐승의 털로 몸을 가리고 돌도끼로 사냥하던 석기시대의 기술을 보는 것과 같은 것이다.

또 한편 가정해 본다면 초고도화 된 과학기술을 이용하여 그들이 이미 우리의 지구를 내방來訪 했으리라는 짐작 또한 가져 볼 수 있다. 코페르니쿠스의 과학혁명 이래, 겨우 3세기 정도의 과학기술로 오늘날의 인류는 이미 달에 다녀왔고, 2000년대의 초에는 화성진입도 계획하고 있다. 서기 123세기의 지구문명을 상상할 때 우리가 은하수의 여러 별들을 왕래할 수 있을 것이라는 가능성은 이제 의심할 여지가 없다.

필자는 우리의 우주형제들이 이미 지구에 다녀갔다고 확신한다. 그린뱅크의 공식에 의하면 이 은하계에는 지구와 전파교신을 할 수 있는 수준의 문명을 가진 혹성이 최소한 2백만 개나 된다고 한다.

지구에 사는 우리에겐 물질적인 풍요로움에 비례해 예측을 불허하는 미래에의 불안이 늘 잠재해 있다. 이 우주에 생명의 별인 지구 이외에 또 다른 낙원의 도래는 과연 가능한가. 그 가능성을 탐구해 본다. 서양문화권의 사상논리는 종교적 가치기준을 크게 흔들어 놓고 있다. 특히 현대적 인식과정에 있어서 만사의 기준이었던 소위 '과학적 합리성'과 '자유의 무제한성'은 비록 그것으로 인하여 현대문명의 혁혁한 발전이 있었음에도 불구하고, 이제 그 자체 속에 내재하고 있었던 그 모순 때문에 재고되지 않을 수 없게 되었고, 그 효율성의 한계도 뚜렷해졌다.

　돌이켜 보면 코페르니쿠스(copernicus) 이래의 지난 500여 년 동안, 과학은 걷잡을 수 없이 가속적으로 전지전능하여졌고, 진보적 인간이라고 자처하는 사람들은 균형과 조화란 단어들을 비웃으면서 개체 또는 집단적 이기주의에 사로잡혀 고도로 지능화, 만능화 되었다.

　그 결과 인류의 문명발달과 인간의 편의증진에 도움은 되었겠지만, 인류문화의 고급화와 인간화에 있어서는 득보다 실을 더 많이 양산하였음을 이제 자타가 공인하기에 이르렀다.

　서양식 방법에 의해 극도로 전문화된 종적 부분성 지식들은 이제 균형과 조화를 전제로 하는 동양식의 횡적 보편성 지식 없이는 자신의 첨단지식만으로 인류문화의 진흥과 현대문명의 인간화에 기여할 수 없음을 스스로 인식하게 되었다. 그들은 심지어 같은 분야의 인접 학문 간에도 거의 연관 없이 독존과 독주를 계속해 왔다. 핵무기 공해, 환경파괴 등이 그 좋은 예들이다.

　특히 '부분과 전체'의 관계에 있어서는 데카르트(DESCARTES), 베이컨(BACON)에 의해 거의 완벽하게 무장되었던 소위 '기계론적 실증주의' 와 부분에 의해 전체가 규정되는 환원주의적 체계는 이제 전체의 필요에 따라 부분이 결정되는 신과학적 인식체계로 전환되어 가고 있다. 절대적이던 시간과 공간의 개념이 광속光速 차원에서는 하나의 상대적 개념으로 변모된 지가 오래다.

지금까지 결과란 반드시 원인에 앞서 결과가 먼저 존재하는 양자역학적量子力學的 현상을 설명할 수 없을 뿐만 아니라 주관이 객관으로부터 결코 분리될 수 없음도 분명해진다.

이상의 사례들은 현대의 인류문명을 주도한다는 서양문화권 속에서 일어나는 반가운 진화進化 현상이지만, 전통적 동양 문화권에서는 전혀 새로운 것이 못된다. 동양의 과학은 해체와 분석 및 합성을 위주로 하는 무기적 서양과학에 비해 총섭과 균형 및 조화를 위주로 하는 유기적 수단으로서의 학문이었을 뿐, 철학이나 종교에 대칭되는 동위 동격의 목적 학문이 될 수 없었다.

그러나 동서양의 문화는 이제 하나의 공통된 목표를 향하여 상호 보완적으로 그 수단과 방편을 서로 교환, 활용할 수 있는 단계에 도달해 있다. 다시 말하면 과학적 이론과 기술적 수단을 전제로 하는 서양식의 문명과 직관적 체험과 개체적 수행을 전제로 하는 동양의 문화가 이제 융합의 차원으로 진입하게 되었다는 사실은 분명히 인류문화의 새로운 개벽(?)이 도래하고 있음을 뜻하는 것이 분명하다.

돌이켜 보면 지난 100여 년 동안 동양은 자신의 유구한 문화유산을 현대적으로 조명하기보다는 차라리 질서정연한 서양학문에 기초하여 소위 선진화 또는 국제화란 명분으로 '동양의 서양화' 에 몰입해 있었던 것이 사실이다.

그러나 서양은 이제 동양문화의 진가眞價와 총섭적 보편성을 새롭게 인식하면서 '서양의 동양문화'를 서두르고 있다. 현재 서구에서 급격히 대두되고 있는 신과학운동(New Science Movement)이 바로 그런 예이다. 이러한 제반 움직임은 마치 태극太極에서 음양陰陽이 나온 후에 이제 다시 사상四象이 되는 과정과 유사하다.

이제까지 동서양의 비교는 양자택일兩者擇一식으로 정正과 부不의 차원에서 양극적兩極的인 직선적 대립관계로 인식되었다. 그러나 지금은 마치 춘하추동이나 동서남북과 같은 사상적 자연운동의 차원에서 동서양이 서로가 서로를 돕는 원운동을 시작하려는 것과 같다.

주지하는 바와 같이 사상은 노음老陰, 노양老陽, 소음少陰, 소양少陽으로 구성되어 있다. 양을 서양이라 하고, 음을 동양이라고 하면, 사상은 가장 서양적인 서양과 가장 동양적인 동양 이외에 동양적 서양과 서양적 동양을 의미하게 된다. 즉 동양의 서양화나 서양의 동양화가 아니라 동양과 서양이 그 주체가 되면서 상대방의 문화적 유산을 흡수하여 각각 고도화되고 인간화 된다는 뜻이다.

독보적 권위를 앞세우던 서구식 과학문명이 이제 그 한계를 드러내고, 동서문화의 상보적 융합이 시작되는 이 역사적 전환기에 즈음하여 최근 우리나라에서 민족의 시조와 민족공동체의 개국開國에 대한 신화와 고기古記들이 새롭게 재조명되고 있음은 매우 뜻깊은 일이라 하겠다.

그러나 우리의 '뿌리 찾기'나 또는 우리의 '제 모습 되찾기'는 오늘날의 현생문제와는 본질적으로 성격을 달리하는 문제이다. 이 문제는 오늘이라는 현실의 존재 그 자체의 존재 경위에 대한 생태학적 문제임과 동시에 사람이 가장 사람다워지려는 지극히 자연스러운 인간본능의 문제이므로 곧 우리 모두의 문제인 것이다.

전래되어 온 먼 옛날의 신화나 전설뿐 아니라 유사 이래의 수많은 고문헌과 역사기록들에 대한 해석이 시대에 따라 분분하였던 이유는 비현실적인 내용이나 관련 자료의 빈곤 때문이라기보다 사람들이 오늘날의 인식체계에 입각하여 목적 지향적 이해관계 때문에 과거를 의도적으로 조명하거나, 또는 오늘날의 사람들이 당시의 사람들과 지성적으로 또는 영감적으로 자연스럽게 교감交感하지 못하는 데 있다.

지금으로부터 약 50년 전인 1943년, 영국의 한 수송기가 서태평양 멜라네시아(Melanesia)의 어떤 섬에 불시착한 일이 있었다. 제2차 세계대전의 군수물자를 수송하던 영국 공군수송단 카르고(Cargo) 비행기였는데, 그 섬의 원주민들은 갑자기 하늘에서 요란한 소리를 내면서 지상으로 내려오는 이상한 큰 새를 볼 수 있었다.

그때까지 비행기를 구경한 일이 없는 그들은 그 큰새 속에서 나오는 조종사를 보고 그가 하늘의 사람, 즉 신이라 생각했다. 그것은 구약의 내용 속에 하늘의 사람, 그 신들이 타고 내려온 비행물체를 '까마귀' '독수리' 묘사하고 있는 것이나 다를 것이 없다.

원주민들은 멀리 떨어진 숲 속에 숨어서 조종사의 일거수일투족을 열심히 살피면서도 비행기에 접근할 엄두조차도 내지 못했다. 그리고 얼마 후에 또 다른 신들이 나타나더니 모두들 하늘로 되돌아 가버렸다.

원주민들에게 있어서 이 날의 목격과 체험은 분명히 비정상적인 것으로, 그들의 인식으로는 전혀 납득할 수 없는 초현실적이었을 것이다. 그들은 그때까지 막연하게 상상하던 하늘의 신이 실제의 모습으로 하늘에서 내려왔을 뿐 아니라 하늘로 사라지는 모습을 보았고,

자신들이 바로 그 선택받은 목격자라는 사실에 끝없는 긍지를 느꼈을 것이다.

그들은 신의 날틀을 보았고, 신의 옷도 보았고, 신의 음성도 들었다. 이런 체험을 그냥 덮어둘 수 없었다. 아이들은 부모에게, 어른들은 이웃에게 계속해서 전했다. 그 뒤에 그럼 이 일은 어찌 되었는가?

신들이 떠난 후, 원주민들은 곧 나무와 갈대와 풀잎 등으로 하나님의 날틀을 만들어서 본래의 자리에 놓고 하늘을 향해 신들이 다시 오시길 빌었다. 그들에게 있어서 날틀은 지극히 신성한 숭배물이 되었다. 그리고 그 주위를 돌면서 춤을 추고 노래를 불렀다.

그런데 1970년대 중반 스위스의 데니켄(E. V. DAENIKEN)은 이 섬을 찾아가서 그들이 만든 날틀과 노래를 그의 기록영화(미래에 대한 추억)에 담았다. 그들의 춤은 카르고 조종사의 동작을 연상케 하는 것이었고, 노래의 가사는 신이 자기들을 찾아와서 무엇을 하고 어디로 갔는가를 읊은 것이다.

그 장면이 구약시대 유대 이스라엘 민족이 숭배하는 여호와신이 호렙산, 또는 시내산에 하강할 때 불이 번쩍번쩍 나는 비행물체를 타고 땅이 진동하는 나팔소리를 내면서 그 백성들을 모아 면대했다는 기록이나 다를 것이 없다.

312 시내산의 모세

구약성서 중의 〈출애굽기〉는 성직자나 신도가 아니더라도 모든 사람에게 잘 알려진 이스라엘 민족의 역사이다.

야곱 이래 '고센 땅을 가득 메울' 만큼 막강하게 번성했던 이스라엘 자손들은 요셉이 죽은 후, 노예로 전락하여 이집트 사람들에게 극에 달하는 혹사를 당했다. 이때에 여호와 하나님의 명령을 받은 모세는 그들을 해방하여 풍요로운 약속의 땅으로 인도한다. 일명 엑소더스(EXODOS)라 불리우는 이 역사적 사건이다.

그 기록은 모세가 시내산에서 도덕, 민사 그리고 의식에 대한 여호와 하나님의 율법을 받는 과정과 십계명을 비롯하여 그가 광야에 세울 성전에 대해 지시를 받는 자세한 지시 등이 적혀 있다. 성서가 지닌 그 특징 가운데 하나는 다른 성서들처럼 개인적인 체험에 대한 기록이 아니고, 이스라엘 민족이 집단으로 겪은 체험과 고락을 기록하고 있다는 점이다. 그 중에서도 특히 시내산에 강림하는 장면은 지극히 감동적이면서 독특한 사건이었다.

시내산의 불 연기

이때에 하나님은 불과 연기를 동반하는 정체 미상의 비행물체를 이용한다. 이때의 하나님은 우리가 흔히 상상하는 영적인 비실체적인 형상으로서가 아니라 '사람이 친구와 이야기 함같이' (출 33:11) 또는 '우리처럼 사시는 신' (출 5:26)이 실체적 존재로서 나타나며, 거기서 모든 사람들이 들을 수 있게 모세와 대화한다. 우리가 여기서 알고자 하는 것은 바로 이때에 하나님이 이용한 그 정체 미상의 비행물체가 무엇이었느냐 하는 것이다.

당시의 상황에 대하여 '출애굽기' 제19장은 이스라엘 자손들이 시내산에 도착하는 장면을 기록하고 있다.

"여호와께서 시내산, 그 산꼭대기에 강림하시고 그리로 모세를 부르시니 모세가 올라가매 여호와께서 모세에게 이르시되 내려가서 백성을 신칙하라. 백성이 돌파하고 나 여호와께로 와서 보려고 하다가 많이 죽을까 하노라. 또 여호와께서 그에게 이르시되, 가라, 너는 내려가서 아론과 함께 올라오고 제사장들과 백성들에게는 올라오지 못하게 하라. 내가 그들을 돌격할까 하노라."

그 기록을 통해 우리가 상상해 볼 수 있는 것은 그 하강 비행물체에 혹시 접근방지를 위한 자동격퇴장치 또는 수동으로 조작할 수 없는 반격무기가 설치되었을 수 있다는 것이다. 이런 경우 화살 사용은 이해된다. 그런데 지극히 원시적이라 말할 수 있는 '돌'은 무엇 때문에 사용되는가? 독일어 성경에는 '돌팔매질 당한다'라고 번역되어 있다. 그러므로 이 돌은 탄환으로 쓰이는 돌이 아니다.

그렇다면 우리는 헬리콥터가 이륙할 때를 생각하여 볼 수 있다. 헬리콥터가 착륙할 때에 승객들은 프로펠러에서 땅쪽으로 내려치는 바람 때문에 모자를 누르거나 옷자락을 붙잡는다. 경우에 따라서는 먼지가 일고, 풀들이 옆으로 눕거나 또는 작은 모래알들이 사방으로 날린다. 그런데 만약 그것이 프로펠러에서 생기는 바람이 아니고 강력한 로켓 분사구噴射口에서 내뿜는 불기둥이라면 땅에 흩어져 있는 자갈이나 돌덩어리뿐만 아니라, 그 주변에 있는 나뭇가지들을 화살처럼 사방으로 무섭게 날려 보낼 것이다.

이렇게 '손댐이 없이' 사방으로 날리는 돌덩어리와 화살 같은 것들이 짐승이나 사람을 구별할 수 없을 것임은 당연하다. 콘크리트 바닥처럼 단단하고 깨끗한 이착륙장이 없는 한, 아무리 하나님이라 하더라도 그것들을 일일이 막을 수 없는 노릇이다.

로켓 추진형 비행물체의 이착륙 때는 불, 연기, 진동, 우레, 그리고 빽빽한 구름이 꽉 찬다. 로켓이 점화될 때에 누구도 발사대 부근에 접근할 수 없으며, 미국의 우주선 발사 때에는 수 Km 바깥까지 통제

구역을 설정한다.

그럼 본문으로 돌아가서 제 삼일 때의 일을 살펴보자. 이날 여호와 하나님의 예정대로 시내산에 강림한다(출 제19장).

"제 삼일 아침에 우레와 번개와 **빽빽한** 구름이 산 위에 있고, 나팔소리가 심히 크니 진중 모든 백성이 다 떨더라(19:16). 모세가 하나님을 맞으려고 백성을 거느리고 진에서 나오매 그들이 산기슭에 섰더니 시내산에 연기가 자욱하니 여호와께서 불 가운데서 거기 강림하심이라. 그 연기가 옹기점 용기같이 떠오르고 온 산이 크게 진동하여 나팔소리가 점점 커질 때에 모세가 말한즉 하나님이 음성으로 대답하시더라."

우리는 이 문장을 다시 한 번 읽어봐야 하겠다. 여기에는 대단히 중요한 사실이 설명되어 있다. 시내산에서 그리고 여기서 모세가 분명히 신비한 비행물체를 보았음을 알 수 있다. 뿐만 아니라 그 비행물체가 로켓 추진형이었다는 심증까지 충분히 갖게 된다. 모세의 기록에는 오직 여호와 하나님의 말씀만 적혀 있을 뿐, 에스겔이 남긴 것 같은 비행물체에 대한 기록은 없다.

엘리야의 승천

엘리야는 기원전 9세기 전반에 살았던 이스라엘의 선지자다. 히브리 사람들의 구전에 의하면 그는 본래 하늘에서 왔다고 한다. 그러나 성경에는 그의 출생에 대해 언급되어 있지 않으며, 다만 그의 선지자적 사역과 그가 일으킨 일들만을 소상하게 기록하고 있을 뿐이다.

'열왕기하 제2장 1:11' 에는 그의 승천장면이 다음과 같이 적혀 있다.

"여호와께서 회리바람으로 엘리야를 하늘에 올리고자 하실 때에 '엘리야와 엘리사'가 행하며 말하더니 홀연히 불수레와 불말들이 두 사람을 격하고 엘리야가 회리바람을 타고 승천하더라."

이 글에서 엘리야를 하늘로 승천시킨 회리바람은 운반수단으로 '불수레와 불말들'로 표현된 비행물체가 회리바람을 일으켰음을 암시하는 것이다.

데니켄과 블름리시

《에스겔 성서》를 처음으로 현대적 시각에서 해석하려 했던 사람은 외계의 지성체에 대해 남다른 견해를 가지고 있던 스위스의 데니켄 이었다. 1868년 그는 238항에 달하는 외계문제의 의문을 다룬 그의 '슈퍼 베스트 셀러'《미래에 대한 추억 Erinnerungen an die Zukunft》에서 에스겔이 본 '하나님의 이상'을 처음 언급하였다.

그 후 많은 보완자료와 함께 그는 그의 후속 저서《일곱 책》에서 이 문제를 거의 매번 취급하였는데, 비록 그의 주장이 낯설고 특이한 것이긴 하였으나 불과 5년 안에 24개 국어로 번역되면서 그 총판매부수는 여덟 자리의 숫자(억대)를 기록한 바 있다.

그 밖에도 크라샤 P.KRASSA, 나비아 L.ENAVIA, 웨스텐부룩그 E.VVESNTEBRUGG 등 베르기에르 J.BERGLER 하게나우 G.HAGENAU, 헨리시 R.HENNIG 등 다수의 저자들이《에스겔 성서》를 비롯하여 외계 지성체와 관련되는 문제들을 분야별로 꽤 심도 있게 분석하면서 현대적 해석을 시도하였다.

그런데 이들에 의해, 성직자를 비롯한 종교학자들과 일부 신앙심이 강한 언론인들은 도저히 납득할 수 없는 '인위적인' 반론과 반발을 보였다. 그들의 공통된 주장은 선지자 에스겔과 비정신적인 '우주선 같은 물체' 들은 서로 무관하다는 것이었다. 한 걸음 더 나아가서 그들은 《에스겔 성서》에 기록된 내용은 과학기술적 연구대상이 될 수 없다는 것이었다.

실로 놀라운 현상이다. 언제부터 종교계의 종사자들이나 종교철학자들이 과학기술의 연구대상이 무엇인지를 결정할 수 있게 되었는가? 도대체 그들은 언제부터 우주선과 같은 비행물체에 대한 과학기술자들의 기술적 해석의 옳고 그름을 판단할 수 있게 되었단 말인가?

이들 반발세력의 또 다른 공통점은 성경의 문장해석에 있어서 지난날 역사적으로 누적되어 온 자신들의 종교철학적 해석 이외의 그 어떤 것도 용납 포용하려 하지 않는다는 점이다. 그것이 종교적 내용의 것이라면 이해할 수 있다. 그러나 기술적 내용을 종교적으로 해석해야만 한다는 식의 논리는 전혀 설득력이 없다.

성경은 인류문화의 유산인가. 아니면 오로지 어느 한 집단을 위한 밀교서적인 문헌인가? 성경에는 기술적 연구를 필요로 하는 많은 기록들이 있다. 이런 기록들은 과학기술자들에 의해 해석되어져야 할 것이다.

과학자와 기술자들은 성경의 종교적 내용에 대하여 언급할 수 없다. 그들은 그러한 자격도 없고, 그렇게 할 수 있는 위치에 있지도 않다. 그러나 그들은 성경에서 발견하는 과학기술적 내용에 대하여 현실적이면서도 현대적인 과학적 해석을 시도할 수도 있다. 1633년 6월에 있었던 로마 이단 심문소의 심판에서 갈릴레오 갈릴레이가 그토록 모욕을 당했고, 그 전인 1600년에 지오다노 브루노가 같은 로마의 피오레 광장에서 화형당한 것으로도 아직 부족하단 말인가? 오늘은 아직도 중세기인가?

지금이라도 만약 종교학자들이나 성직자들이 과학기술자들의 해석을 이해하고, 오히려 그들을 격려하면서 그 결과를 수용할 수만 있다면, 신도든 신도가 아니든 성경을 읽는 지구상의 모든 사람들은 '책중의 책인' 성경의 내용을 더욱 확실하게 이해할 수 있을 것이다.

성경에 나오는 기술적 내용에 남다른 관심을 가진 대표적 인물은 앞서 본 블름리시(JOSEF F. BLUMRICH)이다. 그는 달착륙선 아폴로 11호와 그때 사용된 새턴 5호 로켓의 상단부 설계에 직접 참여한 로켓추진형 비행물체의 세계적 권위자다. 그는 《에스겔 성서》에서 무엇을 발견하였는가?

우리가 얻은 결론은 그것이 우주선이었다는 사실이다. 이 우주선은 기술적으로 아무 문제없이 제작할 수 있을 뿐 아니라 그 기능과 역할에 있어서도 매우 합리적인 것이었다. 우리는 그 기술 수준이 전혀 기상천외한 것이 아닌 것에 놀랐으며, 지극히 난해한 것으로 보였던 문제들이 거의 모두 우리의 원시점의 가능성 범위 안에 속하는 것들로 겨우 우리보다 조금 앞선 정도의 수준에 있는 것이었다.

그러나 우리가 도저히 믿을 수 없었던 한 가지는 이러한 우주선이 지금으로부터 2500년 전에 실재했었다는 사실이다.

잘 알려진 사실이지만 고대 미케네(Mycenac) 문명과 트로이성의 발굴과 슐리만(HSCHLIMANN, 1822~1890)은 신화도 전설도 아닌 하나의 옛 이야기를 믿었다. 그는 호르메스가 남긴 《트로이(Troy) 전쟁 이야기》를 그대로 믿고 1870에 아나톨리아의 히사리크 언덕에서 대규모의 발굴 작업에 착수했다.

그때 사람들은 그를 가리켜 '옛말을 믿는 멍청이' 라고 비웃었다.

그러나 그는 3년여에 걸친 노력 끝에 기원전 2000년경에 존재했던 트로이의 유지遺址를 찾아냄으로써 전 세계에 큰 충격을 주었다. 비록 그 당시 그가 발굴한 히사리크 언덕의 제2층이 아니라 제6층이 트로이 시대에 해당되는 것으로 얼마 뒤에 밝혀졌지만, 슐리만은 심지어 호메로스의 이야기 중에서 '황금이 풍부한' 이란 표현 하나까지도 믿었기 때문에 드디어 1878년 아르고리스만의 기슭에 있는 미케네의 고분을 발굴할 수가 있었다.

그는 여기서 경이로운 재물과 보화를 파냈을 뿐 아니라, 그리스(Gresse) 이전에 에게(Aegean)해에 고대문명이 있었다는 사실, 즉 크레타문명과 에게문명, 그리고 그리스문명의 관계를 펼쳐내는 데 도움을 줌으로써 그리스 선사 고고학의 시조 자리를 확보하게 되었다.

도곤의 별 시리우스

아프리카 옛 사람들에게는 하늘이 무한한 허공이 아니라 지극히 현실적이고 생동적인 공간이었다. 피부의 색깔을 비롯하여 문화와 종교뿐 아니라, 사회 또는 정치적 환경과 전통, 관습들이 전혀 다른 고립적 상태에서 그들은 모두 하나의 공통된 믿음을 그들의 신화나 전설 속에 간직해 왔다. 즉 그들에게 있어서 하늘은 신들이 사는 곳이었고, 그 신들은 현대화된 문명국들의 신화에서와는 달리 예외 없이 모두 인간처럼 육체를 가진 존재였으며, 신들은 그 모습 그대로 하늘에서 내려왔다.

아프리카의 신인神人들

동아프리카의 호전적好戰的 부족인 마사이(Masai) 족은 신이 신인들을 낳아서 지상으로 내려보냈다고 믿고 있다. 그들의 신화에는 하늘에서 내려온 신인들이 각각 적색, 청색, 백색 및 흑색의 피부를 가졌고, 비록 그들이 서로 하나가 만들면 다른 하나가 그것을 파괴하는 이상한 짓들을 했지만 지상의 모든 식물과 동물은 그들이 하늘에서 가지고 온 것이라 말한다.

수단(Sudan)의 마디모루(Madi Moru) 족은 인류의 조상들이 처음에는 하늘에서 살았지만 점차 지구를 왕래하게 되면서 지상에서 살게 되었다고 믿고 있으며, 우간다(Uganda)에 있는 반투(Bantu)계의 나이오로(Nyoro) 부족은 한 쌍의 신인들이 하늘에서 내려와 세상에 처음 생명을 심었다고 말한단다.

그 밖에도 나싸(Niassa) 호수 부근의 베나(Bena)라는 부족은 하늘에서 네 신이 내려와 자신들의 조상이 되었다고 굳게 믿고 있으며, 쿨루웨(Kuluwe)라는 부족은 신이 씨앗과 땅을 고르는 갈퀴, 그리고 도끼와 풀무를 가지고 하늘에서 내려왔다고 자랑한다.

비록 방법은 다르지만 고대의 타민족의 신들도 이스라엘의 신처럼 나름대로의 메시지를 남겼던 것 같다. 대개의 부족들은 그들 신의 이름도 알고 있다. 예를 들어 탄자니아(Tanzania)의 치바(Ziba)라는 반투족은 그들의 신을 루가바(RUGABA)라 부른다. 루가바는 옛날에 그들의 '위대한 선생님'은 암흑의 공간을 지난 후에 지구에 와서 인간을 창조했고, 지금은 다시 암흑의 공간 뒤에 가서 살고 있다는 것이다.

천자문에서도 하늘을 검을 현玄이라 했지만, 이들은 어떻게 우주의 공간이 암흑인 것을 알게 되었을까? 현대과학이 우주의 암흑성을 밝힌 것도 불과 수십 년밖에 안 된다. 케냐(Kenya)의 난디(Nandi)라는 부족은 그들의 신을 토로루트(TORORUT)라고 부른다. 토로루트는 그 모습이 사람과 같지만 날개가 달려 있고, 그 날개를 움직이면 번개가 치고 우레 같은 소리를 낸다고 한다. 그 장면이 유대민족의 역사 구약성서 내용과 다른 점이 무엇이겠는가?

새로운 시대의 인류는 자연을 배우며 자연과 우주와의 조화를 이룩하는 삶을 누리게 될 것이다.

21세기의 새로운 과학 문명사회에 대해 올바르게 인식하고 우리가 살고 있는 은하세계의 우주를 보다 현실감 있게 이해하는 것은 우리들의 인생에 있어서 가장 중요한 계기가 된다. 새로운 경험이 바로 새로운 것을 창출해내는 지혜를 얻게 해 주는 것이기 때문이다.

이런 맥락에서 21세기는 글로벌 정치(세계적 통치)만이 생존가능하며, 경제 역시도 자국을 포함한 세계 경제를 생각하지 않을 수 없다. 이러한 환경은 새로운 사고 패턴으로 개체와 전체를 동시에 사고하는 통합적 사고가 요구된다.

대자연계 속에 존재하는 우리 인체내에는 무수한 세포 세계가 조직되어 있다. 그 내부에는 원자의 세계가 존재하며, 우주세계와 같이 상호운동 작용을 하고 있다. 물질은 입자이면서 파동의 성격을 가진 불확실한 상태이나 집중적 사고가 투여되면 어느 쪽이든 확정될 수 있다는 양자역학 사고를 터득하게 된다.

이와 같이 우주세계 역시도 항상 변하고 있으므로 우주의식 있는 삶이 중요하다는 의미에서 철학을 배운다. 즉 과학적 사고를 바탕으로 사물을 관찰하는 사고가 형성된다는 것 때문이다.

새로운 정보는 새로운 의식의 음식과도 같다. 오늘 우리 사회 모든 분야는 컴퓨터의 생활화가 이루어져 가고 있고, 노동은 거의 자동 로봇이나, 생물로봇이 척척 해내는 환경으로 급속히 바뀌어가고 있는 과학적 현실에서 그 사고를 이해하는 데 많은 노력을 해야 한다. 노력하는 만큼 수확도 더 많아진다.

우주는 천문학자들이나 천체 망원경을 어깨에 메고 겨울밤에 북두칠성이나 안드로메다 성운을 관찰하는 애호가들의 것만은 아니다. 1969년 인간이 달에 착륙한 이래로 우주는 우리 인간들이 언젠가는 오고 갈 미래의 안식처로 인식되기도 했다.

17세기의 자연과학의 발달은 인간과 사회에 관한 지식을 추구함에 있어서 자연과학적 방법과 정신에 따른 경향을 갖게 해 주었다. 그만큼 중요한 시대변화가 일기 시작한 것으로, 신앙의 권위를 내세우는 당시 가톨릭교회에 대해 근본적인 회의를 갖게 하는 동기부여가 되어 주었다.

그처럼 역동적인 시대변화에 일부 지식인들과 대부분의 일반인들은 혁명적 과학발전에 당혹해 했던 것만은 사실이다. 특히 가톨릭 신앙에 큰 충격을 주었으며, 많은 사람들은 전통적인 세계관에 놀라움을 더해 주었다.

그 과학 정보가 우주에는 초자연적인 힘이나 기적의 작용이 없다는 새로운 우주관 즉, 신의 능력이 개입될 수 없다는 기계적 우주관이 정립되었던 것으로, 마치 거대한 시계가 움직이는 것과 같은 기계적 우주에 있어서 신의 섭리는 더 이상 필요치 않다는 결론을 내린 것과 같았다.

과학자들은 마르틴 루터와 같이 신을 신성하게 보지 않았으며, 과학적인 방법으로 해석하기 시작했다. 이러한 과학적 사고는 학문, 사상, 종교, 사회, 심리, 문화, 정치 등 사회전반으로 확산되었고, 서로 상호작용을 일으키면서 사회를 급속히 변화시켜 나가고 있다.

인류사에 있어서 17세기의 과학혁명(Scientific Revolution)에 대한 가장 중요한 평가는 우주 안에서 인간을 보는 지적 태도 전반에 걸쳐 커다란 자극을 주어 이른바 지적 혁명(Intellectual Revolution), 또는 사상혁명을 일으키게 한 것이라는 평이다.

　그러한 지적 혁명은 과학 혁명이 일어난 17세기 후반부터 일기 시작하여 18세기에 이르러 일반화되고 대중화되었다. 또한 사회 전반에 창조적 에너지를 불어 넣었고, 종교개혁을 가속화하여 전통적인 권위와 힘을 약화시켰다.

　이러한 지적 혁명에 대해서 역사가들은 다음과 같이 평가한다.

　첫째, 이때까지 우주 안에서 일어난 현상과 사물에 대해 인간의 이성으로 이해할 수 없는 초자연적인 힘의 작용은 있을 수 없다는 것이다. 이에 모든 학문의 여왕이라 일컬어지던 신학은 물러나고 자연과학이 크게 발전하게 되었다.

　그런데도 오늘 성서학자들은 유대민족 뿌리 역사만이 〈진실의 서書〉라고 내세우며, 그 이외 타민족의 역사는 실재성이 없는 허구의 신화라고 매도하고 있는 형태다. 그러나 그 나라 민족혼은 그 민족의 형상과도 같은 것이라고 했다.

　단재 신채호 선생이 우리의 옛말을 참고한 바에 의하면, 고사古史에 나오는 왕들의 성姓이 해解씨인 것은 해(태양)에서 뜻을 취한 것이 아니고, 왕호를 불구내弗矩內라 한 것은 붉은 태양의 빛에서 뜻을 취한 것이고, 천국天國을 환국還國이라 부른 것은 광명에서 뜻을 취한 것이라고 한다.

　우리 한민족은 파미르 고원, 또는 곤륜산崑崙山으로 추정되는 인류의 발원지로 지금의 백두산인 불함산을 해와 달이 드나드는 곳 즉 광명신光明神이 머물러 있는 곳으로 알아 그 부근의 토지를 '조선'이라 일컫게 되었는데, 조선이란 '광명'이란 뜻으로 후세사람들에 의해 조선朝鮮이라 쓰이게 되었다고 한다.

당시의 조선족이 이룩한 고대문화는 이 지역의 큰 강물 강변에서 발원하였는데, 단재 선생은 그 근거를 어원語源에서 찾는다. 이 한국에 대해 삼성기三聖記 전소 하편下編은 아래와 같이 전한다.

"옛글에 말한다. 파나류 산 밑에 한님의 나라가 있으니 천해 동쪽의 땅이다. 파나류의 나라라고도 하는데, 그 땅이 넓어 남쪽이 오만 리요, 동서가 2만여 리니, 통틀어 말하면 환국桓國이요, 갈라서 말하면, 즉 비리국, 양운국, 구막한국, 구다천국, 일군국, 우루국, 객혁한국, 구모액국, 매구여국, 사납아국, 수밀이국이니 합해서 12국이다."

그리고 큰 단군왕검의 출생에 대해서는 아래와 같은 신화를 전한다.

"환군제석桓君帝釋이 삼위산三危山과 태백산太白山을 내려다보고 널리 인간 세상에 이익을 끼칠 만한 곳이라 하여, 대위 환웅桓雄을 보내 천부天符의 인印 세 개를 가지고 가 다스리게 하였다. 환웅은 무리 3천을 거느리고 태백산 신단수神檀樹 아래 내려와서 신시神市라 일컬으니, 이른바 환웅천왕桓雄天王이시다. 환웅은 풍백風伯, 우사雨師, 운사雲師를 지휘하여 곡穀, 명命, 병病, 형벌刑罰, 선善, 악惡 등 세상의 360여 가지 일을 가르쳐 다스리게 하였다."

한민족의 경전 천부경이란?

천부경天符經은 81자로 된 조화주 조화경造化經으로서 그 유래를 보면 천상의 환인천제桓因天帝께서 환웅대성존桓雄大聖尊께 전하신 구전지로서 하늘신관 삼천무리를 거느리고 하강하신 환웅께서 사관신지 현덕에게 명하사 녹도문(사슴뿔 모양의 글자)으로 'BC 7100여 년' 기록 하였으며, 그래서 범천의 말씀 범어梵語라고도 한다.

신라시대 최치원이 옛 비문을 보고 한문으로 옮긴 것이 그 천부경 이라고 했다. '묘향산'에서 계연수 씨가 발견하여 발표한 석변본과 '최고운'의 사적본, '노사 전비문' 본과 환단고기桓檀古記에 있는 태백일사본이 현재 전해 오는데 모두가 같다.

그 기록의 내용이 이북에서 김일성 수령이 길러낸 핵물리학 박사 님께서 저술하신《하늘에서 온 사람들》그 책자 속에 담긴 종교적이 면서도 인류사적인 과학정보 제공이었다.

참으로 놀라움을 금할 수가 없었다. 우리가 말하는 기적이 어디 우 리와 멀리 동떨어져 있는 것이겠는가? 그처럼 일반인들로서는 상상 조차도 할 수 없을 정도로 성경 밑바닥까지를 싹싹 훑고 연구해 오신 박사님의 의식구조를 감안해 볼 때 그 영향은 분명히 '돌연변이'라 는 평가를 받으면서 민족 주체사상을 고집해 온 김일성 수령의 주도 하에 길러낸 그 정신의식 구조인 것만은 틀림없는 것 같았다.

김일성 수령의 그 출생 환경부터가 그처럼 명석한 두뇌로 어려서 부터 기독교 성경 신·구약을 읽고 섭렵했던 전력이 있었기 때문에 단일적인 그 서구신학의 문제점이 무엇이란 것을 일찍부터 파악하고 연구했었음을 느끼게 해 주었다.

그런 관계로 이북에서 출생한 그 보석 같은 천재를 양극사상의 범 주에서 벗어나는 인류사적인 보물로 길러내고자 했었음을 박사님께 서 서술하신《하늘에서 온 사람들》그 저서를 통해 충분히 읽어낼 수 가 있었다.

돌이켜 보면 그 카이스트 핵물리학 박사님과 주변국가에서 '독재자'로 평가받는 김일성 수령과의 연결고리 맺음의 인연이 결코 그냥 예사롭게 이루어진 관계가 아니라는 생각까지도 들었다. 그 필연적인 인연이 하늘이 섭리하시는 대한민국 국운에 의해 기필코 만나야만 될 그 천연天緣에 의한 것이 아니었겠는가 싶었다.

그 이유는 오늘 지구촌은 급격한 기후변동과 함께 국제정세 또한 예측할 수 없을 정도로 급변해 가고 있음이다. 그런데도 그러한 변화현상을 전혀 감안하지 못한 남측의 우리 국민들은 그야말로 우물 안에 갇혀 그처럼 분별의식이 없는 개구리처럼 개굴거리고 앉아있는 그런 모양새라고 해도 과언은 아니다. 우리 국민들은 이북 김일성 수령하게 되면 무조건 소련공산당 유물론주의에 깊이 협착되어 있는 정신이라고 매도하고 있기 때문이다.

그러나 근대사를 감안해 보게 되면 이북이 그처럼 강력히 주창해 온 민족주의는 서구에서 근대국가를 형성하고 그것이 자본주의적 경제체제와 결합되어 대외적 팽창주의로 발전하면서 본격적으로 등장했음이다. 그 한편 서구의 제국주의적 침략을 당한 제3세계에서는 그것에 대항하는 저항적 의미로서의 민족주의가 확대되어 발전해 왔다.

사실 1,2차 세계대전을 겪는 동안 세계평화와 안정이라는 문제를 놓고 미국은 국제주의와 민족주의라는 두 가지 입장이 대립하면서 미국의 대외정책 결정에 커다란 영향력을 미치고 있었다.

국제주의자들은 자유무역, 개방체제, 세계시장의 원활한 운영 및 대의민족주의, 전쟁피해국에 대한 원조, 그리고 미국이 누리고 있는 혜택과 타국과의 공유 등 초국가적 통합적 전 세계적 입장을 강조했다. 그러나 이에 반해 민족주의자들의 논리는 국가이익, 보호무역, 그리고 미국에 대항하는 강력한 대처 등 배타적이고 지역적인 상황을 특히나 북한 측에서 내보이고 있다.

그것은 남북분단이 해방공간에서 그들의 자의적 판단과 이익에 의해 이루어졌다고 믿기 때문에 아무리 국제정세와 주변 환경이 우리에게 분리하더라도 우리 민족이 대동단결하여 통합되기까지는 핵을 포기할 수 없음을 그처럼 은밀히 내비추고 있는 실태다.

이러한 관점에서 볼 때 민족주의적 통일관이 곧 진보적 역사관이 되며, 통일은 비로소 한민족이 독자적으로 근대국가를 형성하는 과업으로 간주되는 것이다.

그렇기 때문에 민족주의적 통일이 이상적 민족국가 건설에 최우선임을 그처럼 진통을 겪으며 내비쳐 온 남북분단의 근대사를 오늘 우리 국민들이 바로 알아야 할 그 문제다.

공자 성현의 말씀에도 하늘이 큰 사람을 만들기 위해서는 뼈를 깎는 고통을 준다고 하셨듯이 마찬가지다. 고조선시대 그처럼 인류평화의 조화사상으로 지구촌에 동방의 등불을 밝히던 우리 조상들이었다. 그러나 예수께서 물질은 일만 악惡의 뿌리라고 하셨듯이 서구의 물질문명이 지구촌에 발전되면서 그 어둠의 역사에 의해 그동안 불 꺼진 창속에 갇혀 남북분단으로 그 많은 진통과 시련을 겪어왔던 우리 대한민국이다.

그러나 하나님의 섭리역사 가운데 영성적인 하늘 제사권 민족으로 택함을 받고 백두대간에 세워진 민족이기 때문에 그래도 그동안 그 하늘 일꾼들을 보내시어 명맥을 이어 나오게 했었던 것임을 우리의 근대사를 통해 확인해 볼 수가 있게 해 주었다.

그와 같이 유별난 우리 민족의 결단 추구능력이 그토록 어려운 환란 속에서 견디어 낼 수 있게 해 주신 은혜로우신 하나님, 그 지혜의 축복으로 21세기는 세계적 통합만이 생존가능하다는 것을 모든 경전에서 예언해 주고 있음을 묵상해 보게 해 주었다.

지난날 그처럼 특출한 예지의 능력을 갖춘 하늘 일꾼들을 연속적으로 보내주셨기 때문에 그처럼 많은 환란과 시련을 겪어오면서 오늘에 이르기까지도 우리 민족의 특출한 예지의 능력을 그 한편으로 다독이고 보완해 왔기 때문에 그 특출함을 지구촌에 드러낸다는 것이 성현들이나 선지자들의 한결 같은 예언의 말씀이다.

그렇기 때문에 오늘 우리가 선택받은 제사장 민족으로서 그 준비를 위해 기독교 스승 성자 예수께서 말씀하신 그 시대변화론의 의미 개념부터 바로 알아야 하고 그 준비를 해야 할 때라는 생각이 들었다.

인류사를 살펴보면 일찍이 서양에 앞서 중앙아시아 백두대간에 조상 뿌리가 세워진 우리 한민족은 지구 정수리의 기파 에너지, 그 생명나무의 신성神性이 혈맥 사이클 속에 잠재해 있음을 성서적으로도 나타내주고 있다.

그렇기 때문에 때가 이르면 그 어둠에서 깨어나 인류구원을 위해 봉사하는 영적 스승의 나라로 만세전부터 예정된 민족이라는 것이 동서로 오고간 선구자들의 한결 같은 그 예언이었음이다. 그처럼 지고한 우리 한민족 뿌리 정신사상이 후사이신 개국조開國祖 단군왕검께서 사람을 유익하게 하도록 백성들에게 가르치셨다는 지침이 바로 그 홍익인간弘益人間 이화세계理化世界 이념이다.

그 정신사상이 고조선시대 그처럼 이웃 민족을 평화스럽게 다스려

왔던 고차원적 휴머니즘의 이데올로기로 윤리도덕과 정신문화를 이루게 했었던 하늘나라 대도大道의 정신사상이라고 하여 '한얼' 또는 '한사상' 이라고 했다는 것이다.

그러나 안타깝게도 그 후손들은 질곡했던 역사의 수난과정에서 지고한 우리 조상들의 민족정신을 잃고 우리 한민족의 상고사 뿌리 역사관마저도 표류시켜 버렸다. 그리고 그처럼 민족자존의 주체성을 잃고 강대국에 빌붙어 의지하려는 자기비하의 걸인근성으로 변태되고 말았다.

그로부터 외래사상에 젖어 혼미해진 우리 국민정신은 지난날 삼천리 금수강산에 배달한민족 상징의 백단심白丹心 무궁화 꽃을 심어 민족정신을 회복해야 되겠다는 군사정부 계획 아래 유신維新을 추진해왔었다. 하지만 강대국에 빌붙어있는 얼빠진 정신에 의해 우리 한민족 자존의 '주체성' 을 끝내 살려내지 못했다.

그처럼 시대적인 어둠 분위기에서 우리의 소원 통일이라는 그 과업을 끝내 이루어내지 못하고 말았다. 그리고 오늘에 이르기까지 그 결과를 예측할 수 없는 남북협상의 비핵화문제를 들고 오늘도 세계 속에 안타깝게도 그 시선이 집중되고 있는 대한민국이다.

그런데 뜻밖에도 우리 조상들로부터 전래되어 내려온 한민족의 전통문화가 세계적으로 한류열풍의 붐을 타고 있다는 반가운 소식이다. 그런가하면 1984년 4월 우리나라 대통령이 프랑스를 방문했을 때 '단군의 홍익인간 사상이 21세기를 주도할 것이다' 라고 말한 〈25시〉 작가 루마니아의 희랍 정교회 신부인 비르질 게오르규도 그의 태극기 송에서 기재 거론하기를 〈25시에서 영원의 시간으로〉 '한국의 국기는 유일하다.' 어느 나라의 국기와도 닮지 않았다. 거기에 세계 모든 철학이 요약된 것 같은 것이 새겨져 있다고 했다.

이제까지 세계문명의 흐름은 그처럼 찬란하게 빛나는 동방의 등불이었던 고조선시대의 역사 이후, 고대 그리스 로마문명에서 영국중심의 구라파문명시대를 거쳐, 20세기 재국주의 미·소 양극체제 그리고 공산권 붕괴 이후, 미국을 중심으로 하는 다극화 체제로 변화하면서 세계문명의 중심이 대서양 중심에서 태평양 중심의 다원체제로 본격적으로 전개되리라고 말한바 있다.

거기에 또한 역사학자 A. 토인비는 죽어 다시 태어난다면 동양철학에 심취해 보고 싶다고 말함과 동시에 21세기는 동아시아가 세계의 중심무대가 되리라고 시사했다.

그런가 하면 영성적으로 밝은 인도의 시성 타고르는 그 중에서도 코리아가 동아시아시대 동방의 등불이 된다는 것으로 '내 마음의 조국 코리아여 깨어나소서!' 하고 그 예언적인 시구를 읊조렸음이다.

그와 같은 예언은 현자 철인들뿐만 아니라 세계적으로 유일하게 전파된 성경 '요한 계시록' 역시나 마찬가지다. 그 계시가 놀랍게도 미래에 해가 뜨는 동방으로부터 흰옷을 입은 무리가 하나님의 인印을 가지고 세계로 나가게 됨을 예시해 주고 있다.

그러한 예언들을 종합해 볼 때, 21세기는 전 세계가 하나님이 예정하신 땅 한반도를 중심으로 인종과 종족, 그리고 종교적인 사상이념을 초월하여 조화를 이루는 '슈퍼팍스 코리아나'(Superpax Koreana)시대가 열리게 됨을 시사해 주고 있다는 점이다.

여기에서 오늘 우리는 거시적 문명사회 흐름을 직시하고 전쟁과 평화가 교차하는 이 시대에 한반도와 지구촌 전체에 온전한 평화가 자리 잡을 수 있도록 먼저 우리의 고질적인 지방색과 애매모호한 서구문화권의 종교논리를 정립하고 나아가서 남북이 평화적으로 화해하고 공존해야 함을 되새기고 결속을 다짐해야 할 때인 것이다.

그렇게 남북이 화해와 협력으로 대동단결했을 때 아시아의 황금시기 등촉의 나라 코리아가 인도의 시성 타고르가 예언했듯이 세계 인류평화를 주도해 나갈 영성지도국으로 세계를 향해서 자랑스럽게 하나님 사랑의 말씀을 들고 나가게 될 것이다.

지구촌 빛과 어둠의 역사

그 나라의 정치 안정과 경제발전은 그 민족 주체정신의 효율성과 정통성에 달려 있다는 것이 립세트(S.M.Liset)의 말이다. 그런데 공산주의 위기와 붕괴의 가능성 문제를 다룬 위아다(Howard)의 7가지 변수를 살펴보면 그 변수중 지배적 요소가 경제적 위기 문제다.

그렇기 때문에 공산국가 소련과 연계되어 있는 이북 역시도 그러한 위기를 맞게 될 것이라고 추측한 미국 측에서는 소련 공산주의에 편향된 북한체제 붕괴를 미연에 감안하고 주변국들이 개혁개방을 서두르도록 도와야 한다면서 그동안 여러 가지 타협방안을 가지고 회담을 열기도 했었다.

그러나 북한정부는 그 타협에 결코 반응을 보이지 않았다. 그리고 그 주체적 방안의 태도를 그대로 취하고 내세운 것이 지금까지 거기에 대두가 되고 있는 미사일 '핵' 문제다. 지난번 트럼프 대통령의 발언이 그것이다.

구체적으로는 남북정상회담과 미美북北정상회담을 앞두고 한미 FTA 개정을 방편의 도구로 삼아 미국이 추구한 북한 비핵화 목표와 정책에 한국 정부가 적극 협조할 것을 강조했었다. 물론 지금까지 남북한 대립관계에서 미국의 내정간섭을 받고 있는 남한은 그 취지에 따라주었다.

그런데도 오늘 남한이 북한 비핵화를 촉구하는 미국 측의 뜻을 적극적으로 돕고 따르지 않으면 한국과의 기존 합의까지 무산시키겠다는 경고를 그 취지발언에서 내비친 것이다.

그것이 강대국에 의지하고 있는 약소민족국가로서 감당해야 할 책무라는 것을 그처럼 은근히 내비쳐 강조한 셈이다. 거기에 대해 워싱턴 이진명 특파원은 매일경제신문 사설에 다음과 같이 거론을 했다.

트럼프 대통령 발언은 통상문제와 대북정책을 연계해 모든 상황을 미국에 유리한 국면으로 끌고 가겠다는 의지를 드러내 보인 것으로 보인다. 어떤 문제가 해결되면 그 다음 문제를 협의하는 단계적 협상이 아니라 기존에 합의된 것까지 모두 뒤집을 가능성을 열어놓고 새로운 타협전을 모색하는 트럼프식 협상의 지형이라는 평가다.

구체적으로는 남북정상회담과 미·북정상회담을 앞두고 한·미 FTA 개정을 '지렛대'로 삼아 미국이 추구하는 북한 타핵화 목표와 정책에 한국 정부가 적극 협조할 것을 더욱 강하게 촉구한 셈이다. 만약 한국이 이러한 미국 측 뜻을 따르지 않으면 기존 합의까지 무산시키겠다고 경고하고 나선 것이다.

트럼프 대통령은 지난번에는 '한·미 FTA 협상이 원활하게 진행되지 않으면 주한미군을 철수할 수 있다'는 취지의 발언을 해 경제 협상에 안보를 이용하기도 했다. AP 통신은 '트럼프 대통령이 미·북 협상을 위해 한국과 무역협정을 동결할 수 있다고 경고했다'면서 '트럼프 대통령이 미·북간 잠재적 협상에서 더 많은 레버리지를 얻으려고 한국과 이번 주 마무리한 무역협정을 연기하려는 것'이라고 분석했다.

트럼프 대통령은 또한 '한국은 지금까지 매우 잘 해 왔다. 하지만 우리는 계약을 잠시 뒤로 미루고 모든 일이 어떻게 될 것인지 볼 것'이라고 말했다. '한국이 잘 해 왔다'는 것이 FTA 협상을 의미하는 것인지, 대북체제와 압박을 가하는 것인지 분명하지 않다.

북한에 대해 트럼프 대통령은 '북한의 공격적 언사가 다소 차분해졌다'면서 '우리는 미·북정상회담에서 북한을 매우 신사적으로 대할 것이고 무슨 일이 일어나는지 볼 것'이라고 말했다. 그러면서 '결과는 좋을 수도 있고, 나쁠 수도 있다'며 좋은 일이 벌어진다면 받아들일 것이고 나쁜 결과가 나온다면 우리는 가던 길을 갈 것이다. 그 다음에는 매우 재미있는 일이 벌어질 것'이라고 말했다. 트럼프 대통령이 언급한 '매우 재미있는 일'은 북한에 대한 군사적 옵션 사용을 의미하는 것일 수 있어 북한의 비핵화 실행에 강력한 협박을 가한 것으로 풀이된다는 기사 내용이었다.

그처럼 트럼프 대통령 북 비핵화 취지발언에 민족 주체의식이 살아있는 한편에서는 그 발언은 한미통상문제와 대북정책을 연계해 모든 상황을 미국에 유리한 쪽으로 끌고 가겠다는 속셈으로 보인다고 그 느낌을 표출해 보이기도 했다.

그리고 그 협의문제가 해결되면 그 다음 문제를 협의하는 단계적

협상이 아니라 기존에 합의된 것까지 모두 뒤집어 엎을 가능성을 열어놓고 새로운 타협점을 모색하는 것이 미국 대통령의 전형이라는 평가를 내놓아 주목이 되기도 했다.

사실 북한 핵문제는 25년 간 수차례 미국의 비핵화 요청의 논의 과정에서 그 방법을 세분화하고 시간을 끌어왔다. 그리고 그 때마다 은근히 그 보상을 해 주겠다는 결정적인 순간에 그쪽 타협안의 속셈을 파악한 북측은 그 협상을 단호히 거절해 버렸었다.

그렇기 때문에 오늘 미국 측은 이 북핵 타결 협상책에 그 매듭을 어떻게 짓느냐는 타결방식에 부정적인 태도를 취하면서 은근히 남한 정부에 그 모색방안을 강조하고 있음을 보여주고 있다.

그 과제가 오늘 우리가 남북통합을 위해서 연구해 보아야 할 바로 그 문제점이라고 할 수 있다. 그렇기 때문에 그 숙제를 안고 남북이 분단된 해방공간으로 거슬러 올라가 그 원인부터 우리 국민들이 바로 알고 넘어가야 할 부분이다.

대한민국의 근대사를 살펴보면 일본이 구한말 조선을 노린 것은 대륙진출을 위한 지정학적 위치 때문이기도 했지만, 거기에 또한 주시한 것이 세계에서 찾아볼 수 없을 정도로 백두산 '천지못' 주변에 희귀한 천연지하자원이 묻혀 있다는 것 때문이기도 했다.

그 부분을 참조해 보면 백두산 '천지못' 으로부터 모든 물질계의 근본이 되는 강이 발원하여 갈라지는 물줄기는 북으로 토문강, 동으로는 송화강, 남으로는 압록강, 서로는 두만강으로 그 수맥은 저 멀리 태평으로 이어져 있는 지구 유일의 강의 원천이다.

그처럼 4대강으로 그 맥이 갈라져 흐르는 지형적 구조가 인간에게 유익하게 생기를 불어넣어주는 '생명의 나무' 가 있었음을 성서적으로도 입증시켜 주고 있는 삼천리반도 금수강산이다.

그러한 지형적인 연계성에서 서양의 유대민족 창조수호신 여호와가 동방에 에덴동산을 창설했었으며, 거기에 물체인간 아담과 하와를 창조하고 난 이후, 그 중앙에 세워놓은 선악과善惡果만은 따먹지 말라는 계율을 어기고 내어쫓김을 당할 때 보좌신명들에게 지시한 에덴동산 그 분위기 형태가 어떠했는가를 참고해 볼 필요가 있다(창세기 2장 24).

> 이같이 하나님(Yahweh)이 그 사람을 쫓아내시고 에덴동산 동편에 그룹들과 두루 도는 화염검을 두어 생명나무의 길을 지키게 하시니라.

그 내용이 그렇듯이 에덴의 동편은 천기天氣와 지기地氣가 뭉쳐 있는 지형으로 여호와(Yahweh) 신이 지구에 내려와 그 텃밭 흙을 주물러 물체인간을 설계 창조했다는 기쁨의 에덴동산이다.

그처럼 생체적 생명나무의 수기水氣가 뭉쳐 있는 동방의 백두대간은 인류 시원의 역사가 처음 시작되었던 곳으로 그 의미가 중앙아시아(Asia)로 그 에덴동산이 동방에 창설되었음을 성서는 분명히 기록하고 있다.

그 기록의 내용이 그렇듯이 지구촌 물체적인 생기를 발원하여 물질세계를 이루는 강이 에덴에서 발원하여 동서남북으로 갈라져 나왔다는 '창세기 2장 10:16'의 기록에서 그 지형적 분위기가 어떠했는가를 다음과 같이 밝혀주고 있다.

> 강이 에덴에서 발원하여 동산을 적시고 거기서부터 갈라져 네 근원이 되었으니 첫째의 이름은 비손이라 금이 있는 하윌라 온 땅에 둘렀으며, 그 땅의 금은 정금이요, 그곳에는 베델리엄과 호마노도 있으며, 둘째 강의 이름은 기혼이라, 구스 온 땅에 둘렀고, 셋째 강의 이름은 힛데겔이라 앗수르 동편으로 흐르며, 넷째 강의 이름은 유브라데더라.

그와 같이 서양 유대민족의 조상 뿌리 역시도 배달한민족의 시원의 분위기나 마찬가지로 분명히 동방에서 비롯되었다는 그 내용을 참고해 볼 필요가 있다.

'여호와 하나님이 동방의 에덴에 동산을 창설하시고…'

그처럼 동서민족東西民族 인류 시원의 뿌리 역사가 시작된 이곳이 지구에 해가 뜨면 제일 먼저 비친다는 동방으로 중앙아시아다. 그 지형이 지구 중심의 자궁혈맥(Black Hole)이기 때문에 그 4대강의 원천 '천지못' 주변에 희귀하게 묻혀 있는 천연자원의 광산물질이 세계적으로 찾아볼 수가 없을 정도로 진귀하게 뭉쳐 있는 지형임을 성서적으로도 그처럼 밝혀주고 있다는 점이다.

그렇기 때문에 인류 시원의 뿌리 역사에서 천상의 신명들이 지구에 내려와 그 능력을 펼친 동방의 백두대간 신단수神檀樹 아래 묻힌 그 지하자원이다.

그 입증이 되어주고 있는 형태가 특히나 우주과학 문명시대를 열어 가는데 화학성분을 내재한 천연자원으로 레이저를 조준하는 화학무기뿐만 아니라, 핵미사일을 만드는 데도 공적을 이루게 되는 그 천연적인 우라늄 지하광산자원이 그처럼 묻혀 있는 유일한 지형으로 예로부터 삼천리반도三千里半島 금수강산錦繡江山이라고 붙여진 그 의미를 다시 생각해 보게 해 준다.

그와 같이 천연지하자원이 무궁무진하게 묻혀 있는 지형이 백두산 '천지못'을 중심으로 한 금강산金剛山 일만이천봉一萬二天峰으로 남쪽의 우리 국민들은 그 사실을 전혀 모르고 있다. 하지만 지구촌 과학자들의 논의에 의하면 서양의 미사일 우주항공위성 미사일 로켓이 보이지 않게 그 상공에 총체적으로 집중되어 있다는 것이 공개되지 않은 비밀한 뉴스다.

그렇기 때문에 주변국가인 중국 일본은 말할 것도 없고 선진국에서는 과거에도 그 지형적인 형태를 유별나게 주시하고 관심을 모으고 있었음을 역사적으로 증명해 주고 있다.

그처럼 축복 받은 천혜의 땅이 하늘 제사권祭祀權을 부여 받고 조상 뿌리가 백두대간에 세워졌다는 장손민족으로 그 은혜를 입은 천속민족이라고도 했다.

그러한 관계성에서 그처럼 화려한 금수강산을 노리는 외세의 침략을 과거에도 역사적으로 930회가 넘게 받아왔다. 그러나 그와 같은 환경여건 속에서 그 고통을 수없이 겪어오면서도 하나님의 예정 가운데 제사장 권한을 부여받고 세워진 천손민족이었기 때문에 물질지향적인 지구촌 어둠의 역사에 의해 그처럼 진통을 겪으면서도 견디어 나온 그 후손들이었음을 다시 생각해 보게 해 준다.

그 형태가 지구촌 빛과 어둠이 교차하는 시대적인 변화의 역사로 그 어둠의 역사 분위기에 우리 조상들이 겪어 나온 수난의 역사를 반추해 보기 위해서는 특히나 망국적인 형태를 이루어 나온 조선의 상황분위기를 거슬러 올라가 참고해 보지 않을 수 없다.

그 망국적인 시초가 고려말기 외세에 의해 국력이 약해진 그 기회를 틈타 고조선시대 우리 조상들이 조화의 협동정신으로 평화롭게 다스려 왔던 12제국 중에 하나였던 명나라가 급부상을 하게 되면서 사신 12명을 보내어 우리 조상들의 활동무대였던 만주의 철령위를 내놓으라고 요구해 왔을 그때였다.

거기에 분노한 공양왕이 '이게 무슨 소리야?' 하고 최영 장군을 시켜 그 사신들을 모두 처형시켜 버렸다. 붙어 볼라치면 붙어보자는 일종의 도전장이나 다를 것이 없었다. 그리고 그 준비를 위해 이성계 장군에게 군사를 징집하여 위화도에서 군사훈련을 시키도록 지시했었다.

그러나 왕명을 받은 이성계 장군의 생각은 달랐다. 국력이 약해진 처지에서 급부상한 명나라와 맞붙게 되면 그 승부를 가늠할 수 없게 될 것이라고 생각한 것이다.

그처럼 불충不忠한 이성계의 사심적인 그 행보가 오히려 왕명을 거슬리고 그 기회를 빌미로 삼아 회군을 하여 왕권을 찬탈하고 말았다. 그 형태가 나와 더불어 있는 국가와 민족은 일체관계라는 민족 주체성을 잃어버린 상태로 그 역신적인 행보가 과거에 우리 조상들이 조화의 협동정신으로 다스려 왔던 명나라에 소중화로 자처하고 들어가 오히려 굽실거리며 조공을 바쳐 올리면서 중국의 모화풍조를 그대로 받아들인 것이 그 유교儒敎였다.

그러나 모든 종교가 스승의 본질적인 가르침과는 달리 시대적으로 변질되어 들어오듯이 공자님의 유교 역시도 마찬가지였다. 공자님의 가르치심은 하늘이 인간의 명으로 준 자성自性을 길러 나가기 위해서는 군자의 도를 행하라고 하셨고, 이것을 수행으로 닦으라고 한 것을

교教라고 했다.

그러한 공자 성현의 가르침이 격물치지 천지사상으로 그 옛날 유림 선비들이 배우지 않으면 안 되었던 성의정심, 수신제가 치국평천하의 팔조목이다. 그런데 그러한 공자 성현의 근본 가르침과는 달리 지배자의 방편으로 이 태조가 사심적으로 구상한 귀하고 천한 반상제도에 의해 구한말 그처럼 관권수탈과 탄압을 받아오던 농민들이었다.

그러한 분위기에 마침내 죽기를 각오하고 지방 곳곳에서 농민들이 불을 켜들고 일어나는 민중봉기의 사태로 번졌으며, 거기에 뜻을 같이한 동학도 총대장이 전봉준이었다. 동학의 성격은 망국적인 이조 말기의 시대적 분위기에서 귀하고 천함의 반상제도를 타파하자는 것이었고, 또 한편으로는 서양문물에 업혀 들어와 우리 한민족 뿌리 시원의 역사를 서양 유대민족의 뿌리 조상(아담과 하와) 혈통 계보에 접목시키고 있는 천주학논리에 대처하기 위한 민족주의적 성격을 강력하게 표출시키고 있는 것이었다.

그처럼 동학도들이 농민들과 합세를 했던 민중봉기는 지배층에 있는 사대부와 탐관오리들이 자행한 수탈이 그 원인이 되어 일어났던 조선시대 최대의 민중항쟁이었다.

동학을 창설한 교조 수운 최제우(1824~1864) 선생은 우리 배달한민족 조상님들이 숭배해 온 '한얼님' 사상을 종교적으로 그 사상체계를 새로운 양상으로 정립하신 분이다. 그 주요 골자의 맥은 우리 한민족 고유의 전통문화 성삼위聖三位 삼신일체론三神一體論의 '삼신사상'을 바탕으로 천지인天地人을 '한틀' 속에 통합하는 조화주 하나님의 우주정신을 '한사상'이라고 했었다.

그 한사상이 또한 천지부모 하나님의 분자체이신 그 칠성님 숭배 사상으로 동네 어귀에 칠성각七星閣을 세워놓고 귀한 자손을 점지해 달라고 빌어 왔던 민간 토속신앙으로 우리 조상들의 전통문화 풍속도였다. 그 개념이 인간 존중과 자유와 박애, 만민평등사상으로, 개체와 전체를 '한틀' 속에 모아서 살릴 수 있는 조화의 홍익인간 이념이 그 초석의 바탕이었던 것이다.

그처럼 우리 조상들의 지고至高한 '한얼' 정신문화 그 옛것을 새롭게 복원하여 살리자는 것이 동학의 교리였다. 사실 동학도들의 주체가 되었던 동학란은 엄격히 말해서 동방의 해가 뜨는 나라, 고조선시대 우리 조상들의 만민평등의 조화사상을 바로 찾아 복원했을 때 국태민안國泰民安할 수 있다는 정신개혁운동이었던 것이다.

그 창도는 조선시대 지배자의 방편으로 창시된 신분제를 타파 강조하고 있었기 때문에 당시 반상제도에 억눌려 왔던 가난한 민초들이 거기에 위로를 받으며 선호했던 종교나 다름이 없었다. 그런 관계로 서민층으로부터 많은 호응을 받았던 동학 농민운동은 최제우 선생이 창시한 동학에 그 기초를 둔 민중항쟁이었다.

그렇게 동학혁명의 농민운동이 불이 붙어 치솟는 그 기세를 진압할 수가 없게 된 조정에서는 그 진압방안의 모색으로 주변 외세의 도움을 청하게 되었던 구한말, 그 틈을 기회로 삼은 일본정부의 강압에 의해 체결된 병자수호조약(강화도 조약)이었다.

그로부터 실제적으로 국권을 빼앗긴 조선은 1905년 을사보호조약 이후 대한제국을 강제 탄압하여 세계 속에 없는 유일한 광산권을 빼앗아가게 되었다.

그 강화도조약이 계기가 되어 조일朝日 연합군에 의한 호남일대의 농민군 대학살로 번진 대립전쟁은 거병한 지 1년 만에 끝나고 말았다. 총대장이신 전봉준 선봉장이 순창에서 체포되어 한양으로 압송된 후, 일본 공사의 재판을 받고 처형되고 말았기 때문이다.

그러한 분위기에 황제 고종은 당시 밀려 들어오는 강대국의 침략정책에 국권을 회복하기 위해 일본과 체결된 을사조약의 무효를 선언하는 등 여러 가지로 외교적인 노력을 펼쳤다. 하지만 그것이 이성계로 그 문이 열린 조선조 말엽의 국운이었던지 물거품으로 돌아가고 말았다.

그처럼 일본과 을사조약을 맺고 난 그 이후부터 대한제국은 언제 태풍이 일어날지도 모르는 풍전등화의 상황에 놓이게 되면서, 드디어 1905년 10월 한양과 경기도 일대의 치안 경찰권을 일본 헌병대에로 넘겨주게 되었다. 뿐만 아니라 그해 대한민국의 국고를 일본 제일은행으로 하여금 관장하게 하였고, 그 이듬해 일본과의 통신기관 위탁에 관한 협정서를 강제 조인하여 국내외 통신권마저도 박탈당했었다.

그처럼 조선 후기에 들어와 거센 태풍을 몰고 일어났던 동학 농민전쟁은 실패할 수밖에 없는 그 한계를 가지고 있었다. 그렇게 동학농민전쟁으로 외세의 도움을 청했던 조선에서는 이윽고 청일전쟁이 일어났으며, 그 싸움에서 일본이 우세하게 되면서 그 다음 해 오토리게스케가 군사를 거느리고 대궐을 침범하여 고종을 위협하고 제멋대로 식민지화 하려는 약정을 맺었다.

이때에 적중에 망명해 있던 박영효, 서광범, 서재필 등 개화파들이 이윽고 그 모습을 드러내 국가의 권력을 쥐고 국내에 있던 적당과 호응 결탁하고 공사公私 문적文蹟의 단기檀紀 음력을 서양제도를 따라 서기西紀 양력으로 표기하도록 지시했다.

거기에 또한 관아명조차도 변경시켰으며, 심지어는 의복 빛깔까지도 바꾸고 주군을 개혁했던 것으로, 관찰사나 군수가 된 자가 이미 적당의 앞잡이 노릇을 하고 있었기 때문에 그 명령을 시행함이 불길보다 더 빠르게 진행되었다.

그처럼 개화파들에 의해 서양문물을 받아들이기 시작한 시대분위기는 이태조로부터 비롯된 소중화小中華 문화가 변해서 동학란을 계기로 소일본少日本 문화로 바꾸어지는 시대변화를 가져오면서 그로부터 일본 정부의 내정 간섭은 더욱 심화되어 갔다.

그러한 시대 분위기에 조정에서는 수구파와 개화파가 서로 기득권을 차지하려는 권력다툼이 계속되면서 마침내 김홍집, 유길준 등 기득권을 잡은 적당들이 그 앞잡이들을 시켜서 왜병을 거느리고 대궐을 침범하여 동궁을 구타하고, 마침내 중전 명성황후를 잔인하게 살해하는 참상이 일어나고 말았다.

그리고 연이어 친일파와 합세한 일제가 궁궐 주위에 대포를 설치하고 고종 및 동궁과 대원군, 여러 내외 백관에 이르기까지 강제로 삭발을 당해야 했고, 부녀자들은 어떤 대책 없이 적병에 강간을 당해야만 했었다. 그처럼 치욕적인 분위기에 어찌 할 바를 몰라 했었던 백성들은 짐을 싸들고 조상으로부터 물려받은 족보를 내다팔고 북간도, 그리고 해외로 이주해 떠났다.

그처럼 어지럽고 복잡한 정국에 1896년 아관파천俄館播遷이 일어나고 갑오경장 내각이 붕괴됨으로써 개화파에서 국왕을 황제로 격상시키려는 운동이 중단되면서 열강에 이권을 빼앗긴 조정은 친러적 수구파 농단에 의해 고종은 러시아 공관으로 파천되었다. 그 해를 넘기고 고종이 러시아 공관에 파천당한 지 그 1년 만에 경운궁으로 다시 환궁하게 되었다. 그때에 비로소 개화파와 수구파가 하나로 힘을 모아 칭제건원稱帝建元을 추천한 것은 조선 자주독립을 강화하는 그 방법이라고 본 것이다.

거기에 고종과 조정에서는 '칭제'를 위한 준비를 위한 작업으로 그 행사의식 장소인 소공궁에 원구단을 만들고는 1897년 10월 문무백관을 거느리고 황제 즉위식을 마치고, 조선의 국호를 '대한제국'으로 고쳐 국내외에 선포했었다.

그러나 대한제국 설립 후, 정치체제를 놓고 독립협회파와 수구파 사이에 정치적 견해가 크게 대립되면서 갈등은 다시 격화되었다. 그 논쟁의 결과 독립협회파는 궁궐을 에워싸고 철야상소를 전개하여 친러 수구파의 정부를 붕괴시키고 박정환, 민영환을 중심으로 개혁파 정부를 수립하는 데 성공하면서 1898년 우리나라 역사상 최초의 의회설립인 중추원 관신제를 선포하게 되었다.

하지만 문제는 다시 또 심각해졌다. 중추의회가 설립되고 개혁파 정부가 수립되면 그 정권에 친러적 수구파는 영원히 배제될 것으로 판단한 그들은 음해 모략전술을 펴낸 것이다.

그처럼 독립협회가 의회를 설립한 목적은 황제 고종을 폐위하고 박정양을 대통령으로, 그리고 윤치호를 부통령으로 공화제를 수립할 것이라는 허위 전단을 독립회의 이름으로 시내 각 요소마다 뿌리게 한 것이다.

그들이 말한 윤치호는 우리나라 최초의 일본 유학생으로 2년여 유학생활을 하고 돌아왔고, 이어서 미국 유학생활에서 미국의 번영이 기독교라는 정신적 가치에 토대를 둔 민주주의에 있다는 생각을 갖게 되었던 것으로, 이후 초대 주한 미국공사의 통역관이 되어 귀국했었다.

그런데 그러한 허위 전단 포고에 놀란 고종황제는 경무청과 친위대를 동원하여 독립협회 간부들을 기습적으로 체포하고 개혁파를 붕괴시킨 조병식을 중심으로 하는 수구파 정부를 수립했다.

그로 인해서 대한제국의 정치체제를 전제군주로부터 입헌대의군주제로 개혁하려 했던 독립협회 등 개혁파 운동은 독립협회 지도자 430여 명이 일시에 체포됨으로써 성공 일보직전에서(1898년 12월) 좌절당하고 독립협회 만민공동회도 강제 해산을 당하면서 정국은 더없이 어둡기만 했다.

그 후 고종황제와 정부는 관인官人만이 정치를 논할 수 있는 것이며, 인민이 정치를 논하는 것은 부당한 것으로, 백성들의 언론 집회와 결사를 엄금한다고 포고하고, 대한제국은 전제군주국이므로 이를 고치려고 하는 모든 위원회 시도는 반역행위로 처벌할 것을 공포했었다.

그처럼 어두운 시대 분위기에 대한제국의 정책 중에 가장 큰 문제점은 대외정책이었다. 그러나 조정에서는 독립을 수호할 수 있는 자력을 기르는 데 총력을 기울이지 못하고 강대한 재정러시아에 빌붙어 의지하려는 성향으로 다분히 친러적인 색체가 짙었다.

그 결과 대한제국은 강대국 러시아에 여러 가지 이권을 강탈당했으며, 거기에 반발하는 일본을 무마하기 위해 그 편에도 이권을 넘겨주어야만 했었다. 그로부터 1901년, 대한제국은 일본에게 직산금광 채굴권을 빼앗겼을 뿐만 아니라, 프랑스에게는 평안북도 채굴권을 허용했다. 조정에서 자력으로 독립을 지킬 대책을 제대로 수립하여 실행하지 못했었기 때문이다.

그러한 분위기에서 일본은 이윽고(1902년) 영일동맹을 체결하는데 성공하고, 그로부터 더욱 전쟁준비에 박차를 가하고 러일전쟁을 일으킬 기회를 노리고 목포개항을 시도했다.

상황이 그쯤에 이르게 되자 대한제국 정부는 전쟁에 휘말리지 않기 위한 조치로 국외중립을 선언했지만 이미 늦은 사태였다. 일본은 대한제국의 중립선언에도 불구하고, 드디어 그해 2월 인천항에 정박하고 있는 러시아군함 2척을 선제공격하여 격침시켰다.

그로부터 일본제국의 침략은 본격화 되면서 일본군을 대대적으로 인천항에 상륙시키고 2월 10일 선전포고를 함과 동시에 여수항에 정박 중인 러시아 군함을 기습 공격했다. 그리고 이어서 한양을 점령하고 2월 23일 대한제국을 무력으로 위협하고 한일의정서를 강제로 체결했다.

그 체결형태는 일본군이 한반도에서 군의 전략상 필요한 장소와 토지를 수용하는 그 수용권을 가진다는 것으로, 그로부터 대한제국의 주권은 일본에 의해 그처럼 침해되기 시작했던 것이다.

그로부터 일본은 전선배후에서 대한제국을 지배하기 위한 군사력으로 1904년 6월 일본군 2개 사단 병력을 대한제국 주차군으로 편성하여 상주시키고, 러일전쟁에 투입하지 않은 주차군의 군사력으로 대한제국 정부를 위협하고 모든 권리를 조직적으로 침탈했다.

그러한 시국 분위기에 서민층의 인권마저 침해 당하면서 그 형태가 적병의 노리개감이나 다를 것이 없는 형국이었다. 그처럼 망국적인 시대 분위기에 야심에 찬 일본이 본토를 떠나서 하는 전쟁이나 전화는 그 길목이 되는 대한제국이 고스란히 덮어썼다. 그 전략에 의해

(1899년) 경인선이 개통되었고, 경부선이(1905년), 경의선이(1906년)에 개통되었으며, 대전 목포간의 호남선이(1914년) 이리 여수간의 전라선이 같은 해에 개통되었다.

일본이 이 철도 노선을 개설할 때 가장 말썽을 일으켰던 지역이 곡창지대 호남으로 전라도 유생들이었다. 일본이 본국을 떠나서 전쟁을 해야 했던 만큼 우선적으로 노린 것이 군량미였다. 그러한 상황에서 그들이 호남지방의 미곡을 탈취 수매해 가는 길목에 철로를 개설하는 데 동원되어야 했던 지방민들이었다.

거기에 반기를 들고 일어선 전라도 선비 유생들이 의병과 합세하여 잦은 격전이 벌어져 그들의 골칫거리가 된 것으로, 그로 인해 그때 말썽을 부린 유생을 상대로 불미스럽게 만들어진 욕설이 '빠가야로! 전라도 개똥새' 였다.

그것은 그들의 혀가 짧아 전라도 개똥-생원들이 말썽을 부린다는 말이 그로부터 전라도 사람을 두고 폄하하는 욕설처럼 '전라도 개똥새' 로 와전되어 버렸던 것이다.

그렇게 철로를 개설했던 일본은 마침내 서해안 어업권까지 강탈해 갔으며, 또한 조정에서 그동안 신경 쓰지 못하고 버려두고 있었던 전국 황무지 개간권까지 모두 요구해 왔었다. 그와 같은 그들의 요구에 뜻있는 인사들이 모아 보안회保案會를 조직하고 대대적인 반대운동을 전개함으로써 일단은 저지되었다.

그러나 거기에 뒤이어 1904년 7월, '군사경찰훈령' 을 만들어 일본군이 치안을 담당하겠다고 우리 정부에 통보함으로써 그처럼 치안권마저도 빼앗아 갔다. 그런 한편으로 친일파의 양성과 조직의 절감성을 느끼고 그 해 8월, '진보회' 를 조직하고, 또 '유신회' 를 조직하도록 하였다가 9월 '일진회'로 통합함으로써, 그 뒤 일진회는 일본의 지시를 받아 매국활동을 본격적으로 전개하기 시작했다.

그처럼 혼란스러운 분위기에 황제 고종은 그 해(1904년 11월) 일찍부터 신학문에 크게 눈을 뜨고 미국이 한양에 입성하고 세운 배재학당에서 영어반의 조교사로 있던 이승만에게 밀지를 주어 미국 정부에 협조를 구하도록 파견했다. 하지만 고종황제의 그 밀지는 과거 이성계의 야심적인 역신행보가 그렇듯이 이승만의 입신출세의 길만 열어주는 계기가 되었을 뿐 무색하게 되고 말았다.

이승만의 출세지향적인 야심은 그의 성장배경에서부터 만들어 준 것으로, 그의 가계는 한파로 알려진 양녕대군파에 속한 데다가 양녕대군의 다섯째 아들 이혼의 서계庶系였기 때문에 유교적인 반상제도가 심했던 조선사회에서 오랫동안 벼슬길이 막혀 있었던 것이다.

그러한 가계 혈통을 부여 받은 부친 이경선은 서당 훈장 김창훈의 외동딸과 결혼했었지만 서계는 벼슬길이 막혀 있었던 관계로 일찍부터 보학과 풍수지리에 눈을 돌려 거기에 남다른 조예를 가지고 전국의 명당을 찾아 돌아다니는 풍류아적인 생활로 가산은 넉넉하지를 못했다.

그러나 서당 훈장의 딸이었던 어머니는 그런 아버지와는 달리 아들에게 직접 천자문을 가르쳐 줄 정도로 당시의 여성으로서 훈장 아버지의 영향을 어느 정도 받았기 때문에 기초적인 학식이 있었던 만큼 아들을 학자 아니면 정치가로 성장하는데 그 후원자가 되고 싶었던 것이다.

그 모친은 외아들만은 훌륭하게 키워내기 위해서 황해도에서 한양 남대문 밖 영동으로 집을 옮겼다가 다시 또 옮겨 앉게 된 곳이 양녕대군의 위패를 모신 지덕사 근처 도동 골짜기였다. 그곳에서 이승만은 유년시절을 보냈으며, 그 생계는 어머니의 삯바느질로 꾸려나가야 했던 궁핍한 생활이었다.

그러한 분위기 속에서 성장한 이승만은 어머니의 외아들에 대한 극진한 보살핌의 정성으로 소년기에 이르러 양반집 자제들과 마찬가지로 서당 공부를 시작하여 사서오경四書五經을 익히고 13세부터 나이와 신분을 속여 해마다 과거시험에 응시했지만 거듭 낙방의 고배를 마셨다.

그처럼 평범하지 않았던 이승만의 성장과정의 환경이 그때부터 출세지향적인 강박관념을 형성해 주었던 것인지도 모른다. 1894년에 불이 붙어 일어난 청일전쟁을 계기로 서당공부를 중지한 이승만은 갑오경장의 일환으로 과거제도가 폐지되었기 때문에 신학문에 일찍 눈을 돌렸다. 청일전쟁에서 일본이 청국을 제압 승리한 사실이 정치적으로 그만큼 중요한 세계적 변동임을 재빠르게 감지했던 것이다.

청년 이승만은 1896년 2월 개화파 신긍우의 권유로 단발을 결행하고 정동에 있는 미국인 신학교 배재학당에 입학했다. 그 학교는 미국인 감리교 선교사 '아펜젤러'가 1885년에 설립한 학교로 한국인, 서양인, 청국인이 두루 섞여 있는 분위기였다. 어려서부터 유교적인 체습만을 배워온 청년 이승만에게는 별천지 같은 분위기로 서양문물과 새로운 종교논리에 눈을 뜨게 해 준 것이다.

배재학당은 서양 신학교를 졸업한 선교사들이 그 사명감을 가지고 한국에 건너와 성경뿐만 아니라, 영어를 가르쳐 주고 있었기 때문에 이승만이 배재학당에 입학한 기본 동기는 영어를 배우기 위한 것이 주목적으로 그만큼 시대분위기를 재빠르게 간파한 이승만이었다.

그렇기 때문에 그처럼 미국식 민주주의를 근대적 정치이념으로 선호하는 서재필을 존경하고 따르면서 그의 훈도에 '협성회' 라는 토론회를 조직함과 동시에 '협성회보' 라는 잡지 창간호 주필로서 논설을 쓰기도 했었다.

이승만은 그 모임 만민공동회의 총대장으로 맹활약을 하면서 극렬한 반정부데모 데모대원을 조직하고 선동하다가 투옥되어 경무청 감방에서 목에 무거운 형틀을 쓰고 모진 고문을 받았다. 투옥된 그 직접 동기는(1898년 11월) 중추원 의관에 임명되고 난 다음이었다. 고종황제를 퇴위시키고 그 대신 의화군을 황제로 옹립하려고 했던 것으로, 일본에 망명 중이던 급진적 개혁정치가 박영효를 영입하여 새로운 혁신내각을 조직, 정치개혁을 추진하려는 음모에 가담함으로 고종황제의 노여움을 크게 샀었기 때문이다.

그러나 다행히도 재판과정에서 그 혐의가 충분히 입증되지 않아 사형을 면하고 종신형을 받았던 이승만이 옥중생활을 하고 있을 그때였다. 선교사들이 차입해 준 523권의 책을 가지고 옥중 서적실을 개설하는 한편, 감옥서장의 허락을 받아 1902년 10월 옥중학교를 개설했다.

그리고 동료 죄수들과 함께 글을 깨우치지 못한 강포적인 어린이 13명과 옥리를 포함한 어른 40명에게 언문과 한문, 그리고 성경과 찬송을 가르쳐 주며 6년 반 동안 옥중생활을 하던 이 무렵 대한제국은 러일전쟁에 휘말리고 있었기 때문에 일본의 침략적 본성이 노골화되면서 나라의 운명은 풍전등화같이 되어버렸다.

그처럼 급박해진 시국상황에 고종황제의 주위에 있던 개혁파 충신 민영환과 한규설이 생각해낸 것이 영어를 잘하는 이승만을 감형시켜 미국으로 밀파시키자고 의견을 모아 고종황제에게 제안함으로써 종신형을 감형 받게 된 것이 그 배경이었다.

그것은 머지않아서 러일전쟁이 끝나고 강화회의가 열릴 때에 미국 국무장관과 대통령이 1882년 체결된 조미조약의 '거중조정조항' 따라 한국의 독립을 도와줄 것을 요청하기 위해 영어를 잘하는 이승만을 밀사로 보내자고 제의한 것이었다.

그러한 계획에 의해 고종황제는 이승만을 미국으로 보내기에 앞서 시녀를 통해 이승만을 궁중으로 불러들여 밀명을 직접 하달하려고 했었다. 하지만 평소에 황제를 존경하지 않았던 이승만은 반정부 음모에 가담했을 정도였기 때문에 황제와의 알현을 사절하고 민영환을 통해서 밀사를 받아들고 미국으로 떠났던 것이다.

그 시대 분위기에 1904년 11월 처음으로 미국이라는 나라 하와이의 호놀룰루에 도착한 이승만은 그곳 교포들로부터 환영을 받았다. 그곳에서 이승만은 배재학당에서 동문수학을 함께했던 감리교 선교사 윤병구 목사를 만나게 되었고, 그와 나랏일을 의논한 끝에 장차 미국에서 열리게 될 강화회의에 한국인들의 의사를 대변하여 전달하기로 서로 약속하고 하와이를 떠나 샌프란시스코를 거쳐 미국의 수도 워싱턴 DC에 도착하여 여장을 풀고 사행使行에 대한 협조를 부탁했다.

그리고 난 다음 민영환과 한규설이 지시한 대로 친한파 하원의원 단스모어를 접촉하고 그를 통해 이승만은 1905년 2월 미국 국무부에서 국무장관 헤이(John Hay)와 면담을 할 수 있게 되었다. 헤이 장관은 이 자리에서 미국이 한국에 대한 조약상의 의무를 다하도록 최선을 다하겠다고 약속했다.

그 행보가 민영환과 한규설의 밀사로서 거둔 초보적인 이승만의 외교성과였다. 그러나 그해 7월에 헤이 장관이 사망함으로써 이때 얻어낸 약속은 무효로 돌아가고 말았다. 그리고 5개월이 지난 그 해 8월 이승만은 미국 대통령 루즈벨트를 만날 수가 있었다.

그러나 이승만이 루즈벨트를 만나기 그 1개월 전 7월 초에 루즈벨트는 미국의 뉴햄프셔주 포즈머스 군항에서 자신의 중계 하에 미일美日 강화회의가 열린다고 발표했고, 그와 동시에 그의 심복인 육군 장관 데프트를 아시아로 파견, 일본지도자와 미일美日 현안에 관해 사전협의를 하도록 지시했었기 때문에 일본 방문길에 오른 데프트 장관 일행들이 7월 12일 기항했었다.

그 일행들이 도착하기에 앞서 한국 교포들은 '특별회의'를 소집하고 윤병구와 이승만을 강화회의에 파견할 대표로 선정했었으며, 미국 대통령에게 제출할 청원서를 채택했고, 윤병구는 육군장관 데프트가 호놀룰루에 도착했을 때 감리사를 통해 데프트가 루즈벨트에게 이승만과 자기를 소개하는 소개장을 받아내는 데 성공했었다.

그런데 거기에 문제가 된 것은 하와이 교포들이 특별회의에서 채택한 청원서에 이승만은 자신이 고종황제의 사신이 아니라 혼란스러운 시국에 미국으로 떠난 8,000명 하와이 교포들의 대표라고 자처했다.

그리고 자신은 다만 조국에 있는 1,000만 백성의 민의를 대변한다고 주장하고, 일본이 러일전쟁 중에 한국에서 자행한 각종 침략과 배신행위를 규탄하고 난 다음에 이어서 미국 대통령이 포즈머스 회담을 계기로 한미조약 정신에 입각하여 한국의 독립을 지켜 주기를 바란다고 호소했다.

그와 같은 청원서를 가지고 하와이를 출발, 7월 31에 도착한 윤병구 목사를 맞은 이승만은 함께 필라델피아에 거주하는 서재필을 찾아갔다. 그리고 그 청원서의 문장을 다듬어 만반의 준비를 끝낸 윤병구와 이승만은 호놀룰루에서 데프트 장관에게서 얻어낸 소개장을 가지고 루즈벨트 대통령을 찾아가 고종황제의 밀사가 아닌 교포들이 만든 청원서를 제출했다.

그렇게 꾸며진 청원서에 루즈벨트는 사안이 워낙 중요함으로 사적인 개인의 청원은 받아줄 수 없음을 말하고, 정식 외교 채널을 통해 그 청원서를 제출하면 자기는 그것을 강화회의에 내놓겠다고 대답했다. 어쩔 수 없이 면회장을 물러나온 윤병구와 이승만은 그날 밤으로 기차를 타고 워싱턴의 한국공사관을 찾아갔다. 그리고 공사관 김윤정을 붙들고 당장 필요한 조치를 취하자고 졸랐지만, 그러나 김윤정은 그들의 요구에 전혀 응해 주지를 않았다. 본국 정부의 훈령, 고종황제의 옥쇄가 찍히지 않은 청원서였기 때문에 그 요구를 들어줄 수가 없다는 것이었다.

그 반대 표시에 이승만은 달래기도 하고, 또 으름장을 놓기도 했었지만 허사였다. 사실 한국정부 공사관 김윤정의 입장에서 볼 때, 국가가 존망지추의 위기에 놓여있는 상황처지에서 자신들은 고종황제의 사신이 아니라고 삽입시켜 넣은 그 문구 자체가 반정부 행위임에 틀림이 없고, 그것은 오히려 강대국에게 국가의 허점을 보여주는 일이라고 불쾌하게 생각했었기 때문이다.

결국 그 청원서는 미국 국무성에 정식으로 제출되지 못한 채, 사문서가 되고 말았다. 그처럼 고종황제의 밀사로 미국에 보내졌던 이승만의 그 같은 반정부 행보의 처사로 포즈머스 강화회의에서 고종황제의 목소리가 대변되지 못하고 말았던 것이다.

그처럼 국가의 위기 앞에서 반정부적 외교를 펼쳤던 이승만의 사행은 무참하게도 그렇게 좌절되면서 한국 정부 공사관 김윤정을 통해 입신지향적인 이승만의 사행의 족적이 고국에 있는 민영환에게 전달되었음이다.

그러한 이승만의 역신행보는 개화기에 들어온 기독신학을 발판으로 신학문을 배웠고, 그와 같은 동기 배경으로 하여 미국에 건너갈 수가 있게 된 행운을 얻을 수가 있었다.

그 이후 미국에 그대로 주저앉은 이승만이었다. 그처럼 고종황제가 미국의 협조를 요청했던 밀사가 무색하게 되고 말았을 때였다. 1907년 고종은 네델란드 헤이그에서 개최된 만국평화회의에 이준, 이상설, 이위종 등 밀사를 파견하여 다시 또 세계 각국에 일본과 체결한 을사조약의 부당성을 호소하기 위해 옥쇄를 찍은 문방을 가지고 가게 했었다.

이준을 옹위하고 떠난 이위종은 그때 나이 21세였다. 7세 때부터 부친 이범진을 따라 구미 각국을 거치면서 서양 말을 습득했었기 때문에 그를 함께 따라 보냈던 것이다.

헤이그에 도착한 일행은 을사조약은 잘못된 것이라고 자초지종을 피력했지만, 그러나 회의 참석자들은 한국인은 외교권이 없다면서 들으려 하지도 않았다. 이때 의분을 강개한 밀사 이준은 그 억울함을 이겨내지 못하고 스스로 자기 배를 칼로 찔러 흐르는 피를 움켜쥐고 그들의 좌석에다가 뿌리며 '이같이 해도 족히 믿지 못하겠느냐?' 하고 외치다가 이윽고 바닥에 쓰러지자 회의 참석자들은 크게 놀라 서로를 쳐다보면서 '천하의 용맹 있는 대장부다' 라는 말과 함께 모두가 일본의 소행이 나쁘다고 말했다.

그때까지 유럽인들은 반신반의하다가 그 충격적인 사건으로 모든 것이 폭로되자 일본은 변명도 하지 못하다가 도리어 이상설, 이위종을 해치려고 했었지만 이때 미국 사신들이 그들을 데리고 회의실을 나갔다고 했다.

그처럼 참담한 비보를 전해 들은 고국의 국민들은 땅을 치며 통곡을 했고, 드디어 나라의 주권을 잃어버린 백성들의 통탄의 울음은 일본에 나라를 팔아넘긴 매국노들을 향해 「대한매일신보」 사설란에 다음과 같이 실어 퍼뜨렸다.

> 원수놈의 일진회야! 잘 보아라, 국세를 보건대 분개를 금할 수 없노라. 우리 민족 생맥이 일조에 패망하였으니 무슨 면목으로 개국조 단군 기자를 대하리요, 백두산 밑 강물은 예와 변함없어도 삼천리금수강산은 간데없고, 한설寒雪만 쌓였도다. 북간도 서간도로 이주하는 동포의 발소리가 요란하고, 단군의 자손들은 돈 없어 눈물 흘리니 이 꼴을 차마 볼 수 있는가.
>
> 남편은 본가로 가고, 처는 친정으로 가니 생이별이 가엾구나, 가엾구나, 단군의 자손 한국 종자들아! 뿔뿔이 헤어져 걸식하고 도처에서 구타되니 오호라! 이렇게 만든 자가 그 누구냐, 바로 일진회가 아니냐, 이제 합방문제를 냈으니 머지않아 만물세萬物稅를 낼 것이다.
>
> 이놈들아! 골육상쟁도 정도가 있느니라. 내가 살면 너도 살고, 내가 죽으면 너도 죽을 것인데 너희들은 무슨 권리를 얻고 무슨 짓을 했기에 이 따위 짓을 하는가. 이 주먹 받아라! 원수놈의 일진회야! 너희도 똑같은 운명이다.

그 불화살을 날린 논객은 장지연으로 「황성신문」 사설에 '시일야 방성대곡'을 썼다가 일본 관헌에 붙잡혀 3개월간 투옥됐다가 풀려나와 윤효정 등과 '대한자강회大韓自强會'를 조직하고 구국운동을 펼치다가 강제로 해산을 당하자 '대한협회'로 개편을 하고 「대한매일신보」 논설을 맡고 있었다.

그 신문사는 영국인 배설이 설립하여 이름을 「매일신보」라고 하였으며 박은식을 초빙하여 주필로 삼았었기 때문에 황성신문을 폐간당한 장지연이 그 사설란에 불화살을 실어 날릴 수가 있었던 것이다.

그런 일이 있고부터 위축된 일본공사였다. 각 신문에서는 의병을 비적으로 몰아 폭도라고 칭했지만, 오직 「매일신보」만이 일제에 항거하고 나선 의병이라고 칭했었다.

그처럼 일본의 포악성을 들춰 일거수일투족을 폭로하여 구독자 수가 늘어나면서 무려 7~8천 장에 이르게 되었던 것은 그 신문에 민족 정신이 투철하고 기계가 있는 논객 장지연이 그 한 목숨을 나라를 위해 바치겠다는 비장한 각오가 있었기 때문이다.

구한말 그처럼 나라를 위해 그 목숨을 내놓고 일어서는 우국지사들이 있었는가 하면, 나라의 안위는 아랑곳도 없이 일신의 영달만을 도모하는 매국노들이 함께 공존하는 시대상황에서 헤이그에 이준 일행을 밀사로 보냈던 고종황제는 일제의 친일 역신들에 의해 강제로 폐위를 당하고 순종황제가 즉위하게 되었던 것이다.

그러나 이미 국권을 침탈한 일본은 대한제국의 황제까지도 그렇게 마음대로 갈아치웠으며, 순종황제의 즉위를 계기로 그 나흘 뒤인 정미년 7월 24일 소위 7조약이라는 한일신협약韓日新協約을 체결하기에 이르렀다. 망국함은 거기에서 끝나지 않았다. 이토 히로부미는 8월 1

일 대한민국 군대를 강제로 해산시키고, 재판권과 경찰권마저도 강탈해 갔다. 그리고 각 도에 전문을 보내 재정부족으로 군제 쇄신을 한다는 것을 그 이유로 황제친위대를 해산시키도록 했다.

그와 같은 일본의 만행에 백성들은 장차 변란이 조석지간에 있을 것을 예감하고, 오강민五江民들이 드디어 들고 일어나 용산 인쇄국을 습격하여 파손했고, 중화민中華民들까지도 들고 일어나 일본이 설치한 전차를 때려 부수는 사태가 일어났다. 그와 동시에 안성학교의 모든 생도들은 떼를 지어 한양으로 입성하여 일진회원을 '나라를 망친 도적놈이라'고 머리를 베어 땅에 내던져 버리는 사태로 번졌다.

그 형세가 사방에서 난을 일으킬 것 같다는 소문에 이토 히로부미는 7적과 밀의하였고, 송병준은 그 산병지책散兵之策에 앞장섰지만, 그러나 눈만 뜨면 일본 제국주의에 만행에 분노하는 국민들은 그 원한을 풀길이 없어 비탄에 빠져 울부짖었고 글줄이나 읽은 선비들은 그 사태를 보면서 시국을 한탄했다.

그러한 혼돈의 시대 분위기에 미국 정부가 10만 불을 들여와 세운 그리스도 청년회관이 낙성되었다. 그때 일본인 목하전종태랑目賀田種太郎이 그 회관을 상량하는데 이만 냥을 기부했던 것으로 장안에서 제일 높아 공사관청도 그만한 것이 없었다고 했다.

미국이 그처럼 혼선을 빚고 있는 대한민국에 들어와 그리스도 청년회관을 짓고 상량식을 하는데 일본이 거금을 투자했다는 것은 그만큼 목적하는 속셈이 따로 있었음이다. 인간정신을 움직이게 하는 것이 그 어떤 무기보다도 강력한 힘을 발휘한다는 그 신심信心이 종교사상에서 비롯된다는 것이기 때문이다.

그러한 관계성에서 지난날 그처럼 우리 한민족 뿌리 역사를 왜곡시키고 있는 그 천주학 논리에 순조임금이나 대원군이 그처럼 서양 신부들을 박해했었던 이유가 바로 거기에 있었던 것이다.

그런데 그처럼 외세에 의해 국력이 약해져 가던 구한말, 미국은 당당하게 일본인의 기부까지를 받아가며 합세를 하고 기독청년회관을 세웠던 것이며, 그 이후 일본은 중앙복음 전도관 이외에 신궁경의회神宮敬義會, 정토종淨土宗, 신리교神籬敎, 천조교天阻敎를 세웠었다.

그 속셈은 일본에 저항하고 일어선 동학도들의 사상이 본래 우리 배달한민족의 근본정신을 바탕으로 하고 일어선 애국애족의 민족정신으로 그 민중봉기였었기 때문에 우리 민족정신을 말살시키고자 미국과 일본이 합세를 했던 그 전략작전이었던 것이다.

일본이 그처럼 대한민국 주권을 강탈하고자 총력을 기울였던 그 전략작전에 경술년(1910년 8월) 마침내 대한제국을 일본에 병합하고, 대한제국 국호를 다시 조선朝鮮이라고 하여 통감부를 조선총독부라고 칭했다.

이렇게 체결된 '한일합방조약' 이 그처럼 치욕적인 '한일합방' 으로 황제폐하는 한국정부의 소관 일체와 통치권을 일본제국 황제폐하께 그 권한 모두를 인계함으로 조정대신들과 모든 관원들은 소속근무처에 나와서 조선총독부의 잔무를 정리하도록 지시했던 것이다.

그렇게 한일합방이 된 이후, 조선총독부를 설치하고 일차적으로 시도한 것이 조선을 그들의 영구식민정책의 일환으로 과거 고조선시대 동방의 정신문화를 펼쳐 그 위상을 찬란하게 빛냈던 배달민족 그 뿌리 역사에 토테미즘을 삽입시켜 곰의 자손으로 왜곡시켜야 한다고 생각한 것이다.

그 계략에 끌어들인 인물이 한국근대사 사학계의 거성으로 민족을 위해 독립운동 조직과 연결하여 1919년에 3.1독립선언 문서를 기초하여 만들었던 역사지리 연구학자로 국민들로부터 존경을 받아오던 우남 최남선 선생이었다.

일제가 조선총독부 조선사편수회에 최남선을 끌어들인 것이 바로 그 목적이었다. 당시의 지식인들이 그를 민족의 양심으로 믿고 있었을 정도로 한국 지식인들을 대표하는 걸물이었기 때문이다.

그처럼 일제가 조선사편수회를 설치했던 목적은 조선 사람들의 정신개조 작업이 필요하다고 생각했던 것으로, 사람이 동물과 다른 것은 정신, 즉 마음이 있다는 점이다. 그래서 개개인에게 그 정신이 있듯이 인간 집단이나 국가와 민족에게도 그 나름대로 주체적인 민족정신의 집단정신이 있게 마련이다. 이러한 정신은 일정한 방향을 가지고 움직일 때에 그 가치가 인정되면서 엄청난 힘을 발휘하게 되기 때문에 일제가 한민족의 뿌리를 과소평가하기 위해 국사를 잘라 곰의 자손으로 왜곡시키게 했던 것이다.

그 논리가 개국조開國祖이신 단군왕검이 과거 우리 배달한민족 조상 시원의 뿌리 역사 이룸의 신불시대神佛時代 웅녀라는 암곰과 교접하여 탄생된 인간으로 토테미즘을 삽입시키게 한 것이 그 의도였다. 하지만 《환단고기桓檀古記》를 펴낸 임승국 선생의 '배달겨레의 얼과 뿌리를 되찾자'는 글, 《삼국유사》에 나오는 웅녀熊女는 암곰이 아니라 하늘나라 웅장하신 물질모태의 근원이신 영계靈界의 백보좌 성모님의 혈손이라는 것을 상징하는 뜻이었다.

그 표명을 환단고기桓檀古記에 환웅천제桓雄天帝님이라고 했음은 그처럼 광명한 하늘나라 웅장하신 성모님이라고 할 때 쓰는 웅雄이다. 그 의미를 일제는 '암곰'으로 변조하게 했던 것으로, 그러한 토테미

즘에 숨겨진 함정은 최고의 문화향상을 대표하는 민족에게는 토테미즘 따위는 존재하지 않고, 최저 문화형상을 나타내는 민족에게만 존재한다는 논리로 그처럼 역사왜곡을 하게 했던 것이 그 목적이었다.

그렇게 이치적으로도 부합될 수가 없는 변조형태가 우리 한민족 조상 뿌리 역사를 허구의 단군신화로 오도시키면서 말과 글씨와 전통문화를 말살시켰으며, 그것도 모자라 조상대대로 불려 받은 성씨마저도 바꾸게 했던 것이다.

그때 조선총독부가 고등경찰에 내렸던 지시가 다음과 같았다.

> 먼저 조선인이 자신의 역사와 전통을 알지 못하게 하라. 조선 민족의 혼, 조선민족의 문화를 상실하게 하라. 그들의 조상과 선인의 무능과 악행을 들추어내되 그것을 과장하여 조선인 후손에게 가르쳐라. 조선인 청소년이 그들의 부모 조상을 멸시하는 감정을 일으키게 하여 그것이 기풍이 되게 하라. 그렇게 함으로써 조선인 청소년들이 자국의 모든 인물과 사적에 대하여 부정적인 의식을 갖게 하고, 반드시 실망과 허무감에 빠지게 하라. 그럴 때 일본의 사적, 일본의 문화, 일본의 위대한 인물을 소개하면 동화同化의 효과가 지대할 것이다. 이것이 일본제국이 조선인을 반半 일본인으로 만드는 요결인 것이다. (조선총독부 요사에서 발췌)

그러한 일본의 강압정책에 그 거성 최남선이 살아남기 위해 그들의 요구를 그처럼 거절하지 못하고 조선사편수회에 동참했었다는 그 사실만으로도 그 오명을 씻어 낼 수가 없게 된 것이다.

그와 같이 조선을 침략 정복한 일본은 배달한민족 뿌리 역사를 왜곡시켜 말살하기 위한 전략으로 전국 방방곡곡에서 20만권 이상의 역사책을 강제수거하여 불태워 버렸다. 그러나 다행히도 일본이 수거해 간 고사자료 중에서 참고자료로 변조되지 않은 서적원본이(서기 1904년) 동경제국대학 중앙도서관에 소장되어 있었던 것인데 놀랍게도 이후 역사 연구학자들 눈에 띠어 기적처럼 발견되었던 것이고 보면, 이 세상에 비밀은 없다는 말을 다시 상기시켜 보게 해 준다.

백두白頭의 기적

오! 본심本心 본태양本太陽으로
태초 광명하신 일월성신日月星辰이시여!
그 우주 영혼靈魂 빛의 말씀(Logos)으로
천지만물을 창조하신 대자대비하신
건곤乾坤 조화주 하나님 그 사랑과 자비
그 섭리역사(Time-travel)에 의해 선천시대先天時代
지구촌 중앙 정수리에 찬란한 동방의 등불을 밝혀
만민을 감싸 안을 배달한민족 그 원목뿌리 세우신
참으로 은혜로우신 천지인天地人 참부모 하나님
그 크신 섭리역사 하늘나라 사랑의 축복이여!!

그토록 영원무궁하신 능력,
천지부모 하나님의 우주 이성理性이신
성부와 성모 하나님(Ectoplasm) 음양陰陽의 기파
그 건곤태극乾坤太極 깃발 찬란하게 휘날리던

영대靈臺의 백두대간 신단수神壇樹 아래 천지天地 못은
그 수맥 저 멀리 태평양으로 흐르는
세계 속에 유일한 4대강의 원천으로
오늘도 이승과 저 세계의 모든 얼들에게
하늘의 밝은 빛, 그 영생수永生水의 기파를 담아
태고로부터 여전히 변함없이 흐르고 있음이여!
오! 그 장대함, 그 불변함
그토록 시공을 초월한 의연한 모습은
천지인天地人 경천敬天 숭조崇祖 애인愛人
생명의 근본이신 하나님을 공경하고
조상님의 은혜를 바로 알고 숭배하며
이웃을 내 몸처럼 사랑해야 한다는
홍익인간弘益人間 이화세계理化世界를 장엄히 선포한다!

오! 영원불멸한 그 효정孝情의 불빛
지구촌 거짓된 종교논리를 종식하고
영원한 유토피아 이상세계를 지향하는
지상천국시대의 문을 여는 천지신명天地神明
서구 물질만능주의 어둠 역사 격투 속에서
자비롭게 다시 떠오르는 동방의 등불로
재림再臨 한배검님의 숨결을 만나보게 하리라.
초림시대初臨時代 그토록 순결무구하고 아름다운
우주 정신문화를 백두대간에 심어주신 영혼의 숨결
그 감로수甘露水는 이제 금파, 은파, 만파되어

천지부모 하나님께서 목적하신 지상낙원세계
지구촌 인류구원의 평화를 위해
청사초롱 두 금촛대에 불을 밝히고
남북으로 흐르고 동서東西로 흘러
마침내는 세계로 도도하게 흐르리라!

오! 그 빛난 일월성신日月星辰 통합의 능력,
물질위주 사상에 눈이 어두워 있는
불쌍한 사망의 자식들을 구원하시기 위한
천지창조 하나님께서 목적하신 성공시대로
선천시대先天時代 눈부신 흰 옷에 흰 구름 타고
천상의 삼천三千 조화신장 그 옹립을 받으시며
하늘문을 여시고 백두대간 밝달나무 아래 하강하신
배달민족 개천성조開天聖祖 환웅천제桓雄天帝 한배검께서
그 우주원리 원문도原文道의 진리를 펼치시기 위해
서양보다 4000년 앞서 동방 중앙아시 땅에
천상의 삼천무리 조화신명 그 능력 동원하여
하늘 제사권祭祀權 장손민족 뿌리 세우도록 하시고
인간이 행해야 할 소승적인 세상의 기초 도리道理
그리고 생사윤회生死輪廻의 이치를 일깨우기 위해
인생 굽이굽이 눈물과 한숨으로 알 듯 모를 듯한
아리～ 아리～ 아리랑亞理朗～ 고개를 넘어섰을 때
그리운 낭군님을 만나보게 될 것이라는 그 지침
그처럼 대의적(Time machine)인 섭리역사를 펼치고

때가 이르면 간방艮方에 다시 불을 밝히러 오신다는
그 재림 약속 기다리는 애달픈 신심信心의 기도 가락이
간방艮方에 다시 뜨는 간艮~ 간艮~ 수월래水月來~ 였다니
그 재림약속 후천말법시대後天末法時代에 이루어지게 되면
동서東西민족이 화합을 이루어 손에 손을 마주잡고
평화롭게 웃으며 곤지坤地 곤지~ 짝 짝꿍하게 될 것이라니…

오! 놀라운 하늘의 그 섭리역사
삼천리반도 이 강산에 예정되어 있었기에
그토록 배달한민족이 수난을 겪어 왔었다니,
그러나 그 귀한 천기운행天氣運行의 말씀을 마침내
세계에 배달할 자랑스러운 천손민족天孫民族으로
하늘나라 웅장하신 백보좌百寶座 환웅桓雄 한배검께서
천부인天父印 말씀으로 설파하신 그 재림약속이
말법시대 구원의 방주가 된다는 전라도 지리산이라
정심正心 정도正道 정법시대正法時代 구주미륵救主彌勒께서
흠 없고 거짓 없는 새 생명을 잉태 출산하시는
천기天氣와 지기地氣가 뭉쳐 있는 그 텃밭 지형이라
지구촌 사상적인 어둠 역사 격투 속에 진통을 앓고
그 많은 피를 흘려야만 했었다니, 그 의미 개념이
열두 폭 치마 휘날리는 여성상위의 곤도시대坤道時代
남쪽 나라 십자성은 어머니 얼굴로 묘사되는 십승지十乘地
그 텃밭 혈맥자리가 만 생명 구원의 방주로 현자들
비결서秘訣書에 소 울음소리가 나는 곳을 찾으라고 함은

그 울음 자체가 조상인 모체의 애절한 가슴의 기도로
그의 영광을 위해 출산시킨 그 혈맥 자손이
만물을 다스리는 고귀한 영장체靈長體가 되어
천지부모 하나님의 자녀로 성인의 반열에 올라
그 왕권을 획득하고 인류평화의 원리강론을
세계인에게 전파하기를 고대하심이 아니겠는가

그 천기운행天氣運行하심의 구원의 방주가
석삼극析三極 무진본無盡本이라는 성삼위聖三位 상징으로
삼신산三神山, 영산靈山, 그리고 만 생명을 살린다는 방주方舟
그 방장산方丈山이라는 지명으로 여성상위의 말법시대末法時代
지리산 정도正道의 기운을 타고 출세出世하실 구주미륵救主彌勒께서
용화세계龍華世界 그 신선도법神仙道法 화엄운기華嚴運氣를 펼치실
그 뜻 내포하고 있는 천리적天理的인 지명地名으로
예禮를 구求하는 구례求禮 지리산智異山 천왕봉天王峯과
배달한민족에게 심어주신 전통문화 천상의 풍류도風流道
그 숨결 고이 간직하고 있는 기쁨의 동산이 남원으로
천왕봉과 그 맥을 함께하고 있는 운봉雲峯이라니
이제 21세기에 인류를 구원할 우주 계획 속에서
신계와 교류가 가능해지는 한류열풍이 불게 되고
지리산이 세계적인 성지聖地로 복귀되어지는 그때
세계의 왕들이 자기의 영광을 가지고 거룩한 성城
그곳으로 금은보화를 싣고 들어온다는 계시가
성경 '계시록 22장 22:27 이 암시해 주고 있듯이

하나님의 장막이 이 땅에 세워지는 천계탑에서
2020년부터 기쁨의 새 노래를 힘차게 부르게 될
그 기적을 기필코 만나보게 되리라고 귀띔하시었다니……

오! 그 희망찬 새 소식의 말씀이
후천後天은 모사재천謀事在天이요 성사재인成事在人이라
천지인天地人 참부모 하나님의 사랑을 이룬 자만이
원격이동遠隔移動을 하여 인류를 구원할 효정의 빛으로
어머니 열두 폭 치마에 칠보배합이 싸인 천일국天一國에서
가슴 속 한맺힘의 눈물을 감사함으로 닦고 닦으며
휘영청 보름달이 뜨는 날 두 손을 마주잡고 회포를 풀고
결속을 다짐하며 노래 부를 간艮~ 간艮~ 수월래水月來~
그 소원 이루어주신 가락이 하늘부모 숭배의 찬송으로
마침내 지리산 노고단老姑壇에 제를 올리게 될 것이라니
그 영적 제사가 우리의 소원통일이라는 조화의 지침으로
서구 물질숭배사상과 종파주의적 종교사상에서 벗어나
천지인天地人이 조화주 하나님과 한 틀 계보 속에서
만민평등으로 너와 내가 조화를 이루는 지상천국세계
그 열쇠고리를 오늘 우리 모두의 가슴 속에 깊이 담아
보석처럼 다독여야 할 배달한민족 주체성 자각으로
백보좌百寶座 한울님 구주미륵救主彌勒 치마폭에 감싸 안고
세계로 나갈 한 많은 배달민족의 기적이 아니고 무엇이겠는가
아주我主…….

그 이름 사랑으로 남아

오!
선善하고
광명光明하신
참사랑의 불빛
그 이름 문채文彩도
고매하고 거룩하여라!
밤처럼 어두운 분수령 이 땅에
영적靈的인 문명시대를 열어주시기 위해
십계十界의 우주원리宇宙原理 햇살처럼 반짝이시다가
그 소명의 불빛 찬란한 빛으로 남겨주고 승화하신
그 텃밭 둔덕에 모여 앉아 반추해 보는 거룩하신 사랑
참으로 새벽 미명을 일깨우는 잔잔한 시냇물 소리처럼
가난한 Korea의 태극 깃발 국제 무대에 높이 올려 세워
더 없이 아름답고 빛나게 세계에 알리신 그 지혜의 숨결
천지인天地人 조화주 하나님 사랑으로 영원히 남아있을 것입니다.
… 아주我主! …

한승연의 作述 약력

장편소설
- 데뷔작《바깥바람》(1986년 3월 5일, 도서출판 남영사)
- 이데올로기 해부작《그리고 숲을 떠났다》(1987년 5월 1일, 도서출판 한멋)
- 여인의 성심리와 사회부조리 고발작《갈망》(1988년 8월 15일, 장원)
- 한반도 역사의 주변열강 역학관계 분석작《개천 그리고 개국》
  (1988년 9월 5일, 도서출판 문학시대사)
- 신과 인간의 고리 그 실체 분석작《묵시의 불》(1989년 1월 10일, 장원)
- 소설문학 영역의 확대작《심상의 불길》(1990년 11월 30일, 도서출판 답게)
- 여인의 자리 찾기 작《남자를 잃어버린 여자》(1993년 7월 3일, 장원)
- 사람과 도인의 관계, 인간의 운명에 대한 심층 분석작《운명의 카르마》(2002
  년 4월 7일, 도서출판 마당문화)
- 한민족 가무의 파노라마《꽃이 지기 전에》(2003년 6월 30일, 도서출판 한누리
  미디어)
- 광복 후의 역사와 반역사의 올바른 분석작《역사의 수레바퀴》(2004년 5월 30
  일, 도서출판 한누리미디어)
- 한류열풍의 주역들 조명작《빛으로 날고 싶었다!》(2007년 1월 30일, 도서출
  판 모델)
- 근대사를 조명한 남북관계 분석작《아! 무적》(2007년 4월 25일, 도서출판 한
  누리미디어)
- 질곡에 처한 운명 속에 살아온 여인의 조명작《어머니의 초상화 1, 2권》(2009
  년 6월 20일, 도서출판 한누리미디어)
- 민족혼을 일깨우는 역사소설《매천야록上》(2009년 12월 31일, 도서출판 한누
  리미디어)
- 민족혼을 일깨우는 역사소설《매천야록下》(2010년 9월 1일, 도서출판 한누리
  미디어)
- 기독교를 재해석한 야심작《우주정신과 예수친자확인 소송》(2011년 5월, 도
  서출판 대원사)

- 질곡의 역사를 이어온 한 여인의 인생사 《천계탑1, 2》(2012년 12월 20일, 도서출판 한누리미디어)

사상서
- 인류시원과 동서 문명의 분석작 《성서로 본 창조의 비밀과 외계문명》(2002년 2월 25일, 도서출판 대원사)
- 세계 칠대 성현의 뿌리 조명작 《성서로 본 칠성님의 비밀》(2002년 10월 3일, 도서출판 한누리미디어)
- 우주의 기원과 동서양의 종교 분석작 《우주통일시대》(2008년 5월 26일, 도서출판 한누리미디어)
- 배달민족의 뿌리 역사 조명작 《평화의 북소리》(2009년 1월 20일, 도서출판 한누리미디어)
- 배달 한민족 상징의 꽃 《무궁화를 아십니까?》(2012년 5월 10일, 도서출판 한누리미디어)
- 우리 한민족의 뿌리 역사 조명작 《개벽, 그리고 개천 개국 1, 2》(2013년 12월, 도서출판 자문각)
- 인간사 고해를 헤쳐 나가는 대역사임을 조명한 《진흙밭에 핀 연꽃》(2016년 5월 3일, 도서출판 한누리미디어)
- 우리 한민족의 역사가 세계사적 등불임을 일깨우는 《동방의 빛 KOREA 불 밝혀라》(2016년 11월 25일, 도서출판 한누리미디어)
- 우주의 기원에서 지구촌의 역사를 조명하는 《지구촌 빛과 어둠의 역사》(출간 준비중)

시집
- 《소라의 성》(1986년 3월 15, 도서출판 남영사)
- 《내가 바람이고 싶어 했을 때》(1987년 6월 30일, 도서출판 문학시대사)
- 《황혼연가》(1997년 4월 10일, 도서출판 답게)
- 《내가 사랑하는 이유》(1996년 6월 5일, 도서출판 답게)
- 《묵시의 신곡》(1999년 8월 10일, 도서출판 한누리미디어)
- 《사랑하며 산다는 것은》(2002년 2월 10일, 도서출판 답게)
- 《등신불 수화》(2005년 4월 30일, 도서출판 한누리미디어)

- 《할미꽃 연가》(2006년 12월 11일, 도서출판 한누리미디어)
- 《오늘도 살아 있는 존재 이유》(2011년 10월 10일, 도서출판 한누리미디어)

수필집
- 《이중에서 가장 위대한 것 사랑》(1986년 12월 10일, 가톨릭 다이제스트)
- 《별이 된 가슴아》(1993년 9월 15일, 도서출판 세훈)
- 《산다는 것, 그 멀고도 긴 터널》(2001년 6월 10일, 도서출판 마당문화)
- 《슬픔이 안겨준 찬란한 약속》(2001년 9월 3일, 도서출판 마당문화)
- 《섬진강 파랑새 꿈》(2007년 8월 25일, 도서출판 한누리미디어)

수상경력
- 1995년 제3회 『허난설헌』 문학상 《심상의 불길》 소설부문 대상
- 1996년 제3회 『열린문학상』 《내가 사랑하는 이유》 본상 수상
- 2000년 『세계계관시인』 문학상 《묵시의 신곡》 평화대상 수상으로 시문학 박사학위 수위
- 2007년 제11회 한국문학예술상 《역사의 수레바퀴》 본상 수상
- 2008년 고조선역사재단 제5회 단군문학상 《우주통일시대》 대상 수상
- 2012년 제1회 매천문학상 《소설 매천야록(상, 하)》 대상 수상

지구촌 빛과 어둠의 역사

•

지은이 / 한승연
발행인 / 김영란
발행처 / 한누리미디어
디자인 / 지선숙

08303, 서울시 구로구 구로중앙로18길 40, 2층(구로동)
전화 / (02)379-4514, 379-4519
Fax / (02)379-4516
E-mail/hannury2003@hanmail.net

신고번호 / 제 25100-2016-000025호
신고연월일 / 2016. 4. 11
등록일 / 1993. 11. 4

•

초판발행일 / 2020년 3월 31일

•

•

값 18,000원

•

ISBN 978-89-7969-821-3 03210